D1690645

ALI H. QLEIBO

WENN DIE BERGE VERSCHWINDEN

ALI H. QLEIBO

WENN DIE BERGE VERSCHWINDEN

DIE PALÄSTINENSER IM SCHATTEN DER ISRAELISCHEN BESATZUNG

VORWORT VON AMOS OZ

AUS DEM ENGLISCHEN VON ARNO SCHMITT

PALMYRA

Die Originalausgabe erschien 1992 unter dem Titel *Before The Mountains Disappear. An Ethnographic Chronicle Of The Modern Palestinians* bei Kloreus Book, Jerusalem/Kairo
© Copyright 1992 by Ali H. Qleibo

Die Deutsche Bibliothek – CIP-Einheitsaufnahme

Qleibo, Ali H.:
Wenn die Berge verschwinden : die Palästinenser im Schatten der israelischen Besatzung / Ali H. Qleibo. Vorw. von Amos Oz. Aus dem Engl. von Arno Schmitt. – Heidelberg : Palmyra, 1993
   Einheitssacht.: Before the mountains disappear <dt.>
   ISBN 3-9802298-8-2

© Copyright der deutschsprachigen Ausgabe 1993 by
PALMYRA VERLAG
Bienenstr.1, 69117 Heidelberg, Germany
Telefon 06221/165409, Telefax 06221/167310
Alle deutschen Rechte vorbehalten
Lektorat: Kathrin Razum
Umschlaggestaltung: Franz Schmucker und Georg Stein
Umschlagfotos: Georg Stein
Satz: Reinhard Kratzke, Heidelberg
Druck und Bindung: Ebner Ulm
Printed in Germany
ISBN 3-9802298-8-2

Inhalt

Berge, Vulkane, Dichtung
Vorwort von Amos Oz 11

Einleitung
Eine Reise ins palästinensische *widschdan* 15

Ein Begräbnis
Sterben in Gaza 23
Normale Streiks und Generalstreiks 25
Totenfeier 28
Koran-Rezitation 31
Orangenhaine 37
Gaza und das Meer 41
Hasan und Husein 43
Stammessolidarität 47
Arabische Tischsitten 51
Familientreffen 54

Äpfel und Trauben
Dschelazun 56
Die zentrale Handlung 57
Eine Liebesgeschichte 59

Familienerbe 66
Die weiße Sonne 75

Die *intifada* erreicht Jerusalem

Umm Nabil 79
Das Freitagsgebet 83
Tabasch überquert die Straße 85

Die *intifada*

Mehr als ein Wort 89
Ängstliche Löwen 92
Die göttliche Vorsehung 95
Ein komplexes Wesen 98
Die Löwenjungen 103

Der Klang der Heimat

Der Fallschirm 110
Palästinenser im Exil 111
Bilder und Abbilder 113
Freiheitssinn 115

In der Altstadt

Die Wad-Straße 119
Unser Heiliger 121
Stadt aus Stein 128

Ein Geschlecht von Propheten

Örtlicher Adel 133
En-niswan schabakeh 135
Ursprungsmythen: Qais und Jemen 137
Ein Geschlecht von Propheten 140

So wie wir waren

Was wurde aus Wadha? 145
Ein Kulturmuseum 148
Semiramis – Donner und Regen 150

Feiruz, Jerusalem und der Mond

Niemand da 156
Aus dem Jerusalemer Telephonbuch 167

Bis auf weiteres

Unregelmäßige Routine 175
Die Dorfvorsteher und der Gouverneur 181
Bodenschatz Wasser 183
Der erste Märtyrer 188
Ein entscheidender Augenblick 191

Romantische Phantasien

Eine persönliche Beziehung 194
Der Verrat 196
Rote Rosen 201

Ramadan in Jerusalem

Rhythmuswechsel 207
Ramadanlieder 210
Nahalin 213
Tage der Lobpreisung 218
Heilige Zeit / Unheilige Zeit 219
Palästinensische Küche 221
Die Nacht des Schicksals 230
Neumond 235

Der Märtyrer

Ein Familienbild 238
Ein Held weint 239
Ein Photo für den Personalausweis 242
Eine Frage der Identität 243
Eine Familie 245

Sommer 1990

Terror in Tqu 248
Eine Hochzeit in Hizma 255
Verlorenes Paradies 262

Schuldig

Ich kann nicht hassen 267

Epilog

Im Schatten der *intifada* 274

Zur Wiedergabe und Aussprache der arabischen Wörter

Das im Alltag gesprochene Arabisch unterscheidet sich sehr vom Hocharabisch der Freitagsprediger und offiziellen Redner. Jede Region der arabischen Welt hat ihren Dialekt. Selbst innerhalb Palästinas gibt es große Unterschiede. Die Beduinen des Südens sprechen anders als die Bauern des zentralen Hochlands. In Gaza spricht man anders als in Galiläa. Der Wiedergabe der arabischen Ausdrücke liegt die Jerusalemer Aussprache zugrunde. Etwaige Unregelmäßigkeiten in der Rechtschreibung ergeben sich aus dem sprachlichen Kontext des jeweiligen Wortes.

Die Transkription arabischer Wörter ist nicht einfach, da es im Arabischen mehr Phoneme (bedeutungsunterscheidende Laute) gibt als im Deutschen. *Wenn die Berge verschwinden* ist kein Fachbuch für Orientalisten, sondern wendet sich im Gegenteil an ein breites Publikum, das neugierig auf eine andere Kultur, eine andere Lebensweise ist. Aus diesem Grund wurde für dieses Buch an Stelle der wissenschaftlichen die phonetische Transkription gewählt, die den Leserinnen und Lesern am ehesten eine Vorstellung vom Klang der arabischen Wörter vermittelt.

Berge, Vulkane, Dichtung

Vorwort von Amos Oz

Ali Qleibos *Wenn die Berge verschwinden* ist ein faszinierendes, erhellendes und mitunter auch provozierendes Buch. Es zeigt uns die Palästinenser zwischen Vergangenheit und Vergangenem, befangen in einer alptraumartigen, schmerzhaften Gegenwart, zeigt sie als ein Volk, für das Zukunft entweder gar nicht oder nur als metaphysische Wiederbelebung des Vergangenen existiert.

Unbehagen bereiten mir einige palästinensische Stimmen im Buch, die Israel die Schuld am Einbruch der Moderne in Palästinas pastoral-idyllisches Leben zu geben scheinen. Israel erweckt hier keine Neugier, ja nicht einmal Haß. Manche von Qleibos Gesprächspartnern nehmen Israel als Erdbeben wahr oder als Vulkanausbruch – schrecklich, zerstörerisch, sinnlos und dabei unvermeidlich und unaufhaltbar.

Die Stärke, Schönheit und Faszination des Buches liegt in den wunderbaren Beschreibungen der Familie und des häuslichen Lebens der Palästinenser, ihrer gemeinsamen Stimme, ihres Humors, ihrer Sehnsüchte und ihrer Persönlichkeit.

Es ist ein sehr menschliches Buch – Verlangen, Einsamkeit und Zugehörigkeit werden nachempfindbar. Ali

Qleibo ist eine einzigartige Mischung aus anthropologischer Dokumentation, Familiengeschichte, Reisebericht aus der eigenen Heimat und mitreißendem dichterischem Bekenntnis gelungen.

Ich habe *Wenn die Berge verschwinden* nicht nur als eine hervorragende anthropologische Studie des palästinensischen Volkes gelesen, sondern auch als einen Roman voller Schmerz und von dichterischer und visionärer Kraft über eine Gemeinschaft, die in einer tragischen Lage für die Bewahrung ihrer Identität kämpft und dabei die Überlegenheit des Lebens und Erinnerns über Gewalt und Wut zeigt. Ali Qleibos Stimme ist die Stimme der Menschlichkeit.

Arad, Israel, 9. Juni 1993

Widmung und Danksagung

Dieses Buch widme ich den Palästinensern der besetzten Gebiete, die bei allen Schwierigkeiten an ihrer Tradition festhalten. Sie bewahren eine Kultur, die vom Verschwinden bedroht ist. Trotz der tragischen Umstände haben sie durchgehalten. Ihr Leben, ihre Ideale, ihre Werte und ihre Spiritualität repräsentieren das palästinensische Kulturerbe. Durch ihren Kampf sind sie zum Symbol für das Wesen der Palästinenser schlechthin geworden.

Während wir die Interviews für dieses Buch führten, sind meine Frau und ich kreuz und quer durch das Westjordanland und den Gazastreifen gefahren. Überall wurden wir sehr gastfreundlich aufgenommen – von Bauarbeitern, Müllmännern, Bauern und Studenten, Professoren, Ärzten und Großgrundbesitzern. Es ist kaum möglich, jedem einzeln zu danken. Einige werden im Buch genannt. Andere haben unsere Forscheraufmerksamkeit auf bestimmte Gegenstände gelenkt oder haben meine Erfahrung der heutigen Palästinenser bereichert. Ich möchte auch denen danken, die mit der Abfassung des Textes unmittelbar zu tun hatten, wie jenen Lesern meiner Zeitungsartikel, die mir mit wertvollen Bemerkungen und eigenen Erfahrungen halfen. Ein Leser wollte mich treffen, nachdem er seine eigene, unterschiedliche Ramadan-Erfahrung aufgeschrieben hat. Diese Menschen haben ein Zuhause geschaffen, zu dem meine Frau und ich nun gehören. Meine Dankbarkeit kann nie gebührend ausgedrückt werden.

Bevor die Berge verschwinden

Bevor die Berge verschwinden,
bin ich zu dem zurückgekehrt, was uns von Palästina
geblieben ist.

Ich wohne innerhalb der Mauern Jerusalems und sehne
mich nach seinen Gassen, seinen überdachten Passagen,
seinen Kuppeln.
Ich freue mich darauf, sie wiederzusehen – jeden Morgen
und jeden Abend.
Ich fahre durch unsere Landschaft, und beim Betrachten
der Felder und Täler fühle ich Nostalgie.
Ich atme unsere Bergluft und sehne mich im gleichen
Augenblick danach.

Ich fürchte, daß noch vor dem Ende dieses Jahrhunderts die
Berge des Westjordanlandes und des Gazastreifens zu
Wohnkasernen für jüdische Siedler geworden sind.

Diese Furcht ist mehr als ein flüchtiger Alptraum, der
unseren Schlaf stört.

Die Wahrheit ist klar und bitter:
In naher Zukunft wird jede arabische Stadt und jedes
arabische Dorf von einem dicken Gürtel von Siedlungen
umgeben sein – und wir sind Fremde im eigenen Land.

Früher oder später – wenn nicht ein Wunder geschieht –
werden die Berggipfel vom Horizont verschwinden, werden
sich zurückziehen, um Geiseln in ein paar
Naturschutzgebieten zu werden.

Ali Qleibo

Einleitung

Ja, es gibt palästinensische Intellektuelle ohne einen eigenen Staat, weil der Westen ihr politisches Anliegen nicht so ernst nahm wie den Staat Israel. Der Westen löste das Problem des »wandernden Juden« und ersetzte es durch das Problem des »wandernden Palästinensers«.

Taufiq al-Hakim, In The Lost Time (1987)

Eine Reise ins palästinensische *widschdan*

Der Begriff der Entfremdung paßt im politisch-gesellschaftlichen wie im individuell-psychologischen Sinn auf die Erfahrungen der Palästinenser. Seit der Katastrophe von 1948 ist die palästinensische Gesellschaft das hauptsächliche Opfer des israelischen Staates. Die Mehrheit der Palästinenser mußte ihre Heimat verlassen und wurde über die ganze Erde verstreut. Mit der wirtschaftlichen Infrastruktur der besetzten palästinensischen Gebiete hat der Staat Israel gemacht, was ihm paßte. In den zwanzig Jahren nach der Eroberung hat Israels Politik des wirtschaftlichen Anschlusses dazu beigetragen, die Bindung des palästinensischen Bauern an sein Land zu durchtrennen: aus Dörfern sind verarmte Schlafstädte für Fremdarbeiter geworden. Die Zerstörung der palästinensischen Infrastruktur und der damit zusammenhängenden Produktionsverhältnisse versetzte der Gesellschaft den schwersten Schlag. Der Gefahr der Entfremdung sind die Palästinenser sogar in der Heimat ausgesetzt. Fremde im Ausland und in der Heimat von Entfremdung bedroht, sind sie in schwermütige Nostalgie gehüllt. Der Alltag ist in ein Gefühl des Verlusts und des Kummers getaucht, denn alles, was mit unserer Identität zu tun hat, und alles, was unserem Leben Sinn und Bedeutung verleiht, ist in Gefahr.

Wenn die Berge verschwinden ist eine persönliche Reise durch den palästinensischen *widschdan*, den kulturellen und emotionalen Bereich der palästinensischen Gesellschaft. Von einem Anthropologen geschrieben, ist es eine Sammlung von kurzen Charakterisierungen, Anekdoten und Essays, die auf persönlichen Erfahrungen des Autors zwischen 1987 und 1991 beruhen. Nach 13 Jahren im Ausland war er in die Heimat zurückgekommen, um als Dozent an der Bethlehem University zu arbeiten. Gerade zu der Zeit begann die *intifada*. Der Autor, der auch Maler ist, vermittelt den gesellschaftlichen und emotionalen Kontext der *intifada*; zugleich wird er sich in diesem Prozeß, auf einer eher individuellen Ebene, über sein eigenes Gefühl von verpflichtender Bindung und Zugehörigkeit klar.

Der Autor fühlt sich nicht verpflichtet, übliche Wissenschaftsprosa abzuliefern. Gesellschaftswissenschaftler haben die Leser an eine Literaturform gewöhnt, in der sich der Schreibende – um der Objektivität willen – ganz zurücknimmt. Der Autor verweigert sich der üblichen Unterscheidung zwischen subjektiver Dichtung und objektiver Dokumentation. Als einheimischer Anthropologe – Palästinenser, genauer: Jerusalemer – leugnet er nicht die Rolle, die seine eigene Erziehung für seine humanistische Interpretation der palästinensischen gesellschaftlichen Realität spielt. Im Unterschied zu anderen Ethnographien bleibt dieses Werk im wesentlichen ein analytisch-kontemplativer Blick auf die Sitten und Gebräuche eines von der Ausrottung bedrohten Volkes. *Wenn die Berge verschwinden* zeichnet eine Reihe von Erfahrungen nach und dokumentiert so die Entwicklung der *intifada* vom anfänglichen Chaos zum neuen Lebensstil. Zwischen September 1987 und Februar 1990 reiste der Autor von Jerusalem nach Gaza, Dschelazun und Dschabalja, nach Hizma, Kofr Ein und Nahalin, fuhr in Städte, Flüchtlingslager und Dörfer des Westjordanlandes und des Gazastreifens. Das meiste Material beruht auf persönlich geführten Interviews und wurde zuerst in palästinensischen Zeitungen veröffentlicht, in *An-Nahar, Al-Fadschr, Al-Schaab*, oder in der Kairoer Zeitung *Al-Ahram*. Die beiden arabischen Ausgaben des Buches wandten sich in erster Linie an ägyptische und palästinensische Leser.

Das Buch kann als eine Sammlung von Liebesgeschichten gelesen werden, welche sich nur dadurch von anderen Liebesgeschichten unterscheiden, daß das Liebesobjekt ein Gemeinschaftssymbol ist: die Heimat. Der Autor ist ein Palästinenser, der seine Liebe nicht versteckt. Vielmehr analysiert er diese Liebe und seine mit melancholischer Nostalgie nach seinem Volk, seiner Geschichte und seiner Kultur getönte Leidenschaft. Das Heimatland ist Beweggrund und Rechtfertigung seines Schreibens. Die Rückkehr ins Land der Väter verleiht seiner Existenz Sinn, der Umgang mit den Menschen des Landes stärkt ihn, die Geschichte des Landes, Sitten und Gebräuche seiner Bewohner inspirieren ihn.

Mittels einer allgemeinen Beschreibung der palästinensischen Kultur bestimmt *Wenn die Berge verschwinden* das Gefühl der Zugehörigkeit der Palästinenser. Der Autor nimmt den Leser mit auf eine Reise durch die palästinensische Gesellschaft und erklärt ihm die Sehenswürdigkeiten: eine Hochzeit in Hizma, ein Begräbnis in Gaza und religiöse Rituale (Ramadan) in Jerusalem. Andere Kapitel, die auch auf wahren Begebenheiten beruhen, werfen Licht auf den Alltag der Palästinenser im Schatten der *intifada*: *Die intifada erreicht Jerusalem, Dschelazun, Nahalin* und *Der Märtyrer*.

Des Autors Beschreibung und Analyse der palästinensischen Sitten und Gebräuche ist nicht untypisch für die moderne Suche der Palästinenser nach ihren Wurzeln; so bekräftigen sie ihre kulturelle Identität. Seit den siebziger Jahren regt sich in der palästinensischen Gesellschaft neues Leben und neuer Stolz auf die eigene kulturelle Identität. Die Kunst der Stickerei blüht auf nie gekanntem Niveau. Die Volkstänze werden gepflegt: die *dabke* zog vom Dreschplatz auf die Bühne. Dichter besingen die alte Lebensart. Musikinstrumente der Beduinen und Bauern sind wieder allgemein bekannt: die Flöten *arghul* und *schabbabe* sowie die Streichlaute *rababe*. Unmengen von Büchern, Zeitschriften und Zeitungen erzählen alte Sagen und Märchen, drucken traditionelle Sprichwörter und Gedichte ab und bringen Rezepte regionaler Spezialitäten.

Dieses Buch vermittelt den gesellschaftlich-politischen Hintergrund, der die Leidenschaft der Palästinenser für alles Palästinensische als Symptom verständlich macht, als Reaktion auf ihr intuitives Gefühl des Fremdseins und ihre diffuse Angst vor Entfremdung. Das überstarke Bewußtsein von einer eigenen Kultur ist Antwort auf traumatische politische und wirtschaftliche Bedingungen. Da die Bedrohung politisch ist, ist auch die kulturelle Reaktion politisch.

Der Palästinenser ist davon überzeugt, daß er *das* Opfer des 20. Jahrhunderts ist. Man hat ihm seine Geschichte genommen und sein Land; der Staat Israel erhebt sich auf den Trümmern seiner Gesellschaft. Trotz internationalem Druck ist es immer noch nicht zu einem endgültigen Arrangement mit den Israelis gekommen; das verstärkt das angstvolle Gefühl der Bedrohung. Ohne seine immense Identifikation mit der palästinensischen Kultur wäre der Palästinenser fast verzweifelt. Doch selbst das tiefe Gefühl der Zugehörigkeit, verbunden mit seiner nie nachlassenden Hingabe zur palästinensischen Sache und seinem Glauben an deren Gerechtigkeit, kann ihn nicht vor dem Gespenst der Entfremdung schützen.

Die Palästinenser leben in melancholischer Nostalgie. Für den Durchschnittspalästinenser außerhalb des philosophisch-intellektuellen Bereichs ist das Gefühl der Identifikation mystische Nostalgie, Sehnsucht nach den

Dingen, mit denen er aufwuchs, die seinem Leben erst Sinn verliehen. Kulturelle Identifikation, emotionale Zugehörigkeit und verpflichtende Bindung drücken sich weniger politisch als sehnsuchtsvoll aus: in einem Volkslied, das der Großvater gesungen hat, in einem bestimmten Geruch und Geschmack eines besonderen Festtagsgerichtes. Oder man bewahrt in sich das Bild einer baumgesäumten gepflasterten Straße, die sich unter Bögen entlangschlängelt, vorbei an einem Haus, das von der Sichel des drei Tage alten Mondes gekrönt wird.

Wenn die Berge verschwinden verbindet Erzählung mit Cinéma-realité-Dokumentation und mit der Inszenierungsmethode mancher ethnographischer Filme. Der Erzähler zeigt Ereignisse; gleichzeitig analysiert, kommentiert und erklärt er ihre Elemente. Überdies erlaubt der erzählerische Stil den Lesern nicht, auch nicht für eine Minute, zu vergessen, daß sie einen Blick auf die palästinensische Gesellschaft und Kultur während der *intifada* werfen, indem sie an den persönlichen Erfahrungen eines Palästinensers teilnehmen, dessen Hauptmotiv fürs Schreiben eine starke Leidenschaft für eine von der Vernichtung bedrohte Kultur ist.

Als Folge des ausgesprochen traumatischen politischen Konflikts, in dem die arabische Welt alle entscheidenden Kriege verloren hat, lebt eine große Anzahl von notleidenden palästinensischen Flüchtlingen im Ausland und eine ähnlich große Zahl unter israelischer Militärbesatzung im Westjordanland und im Gazastreifen. Die Psyche der Palästinenser der Gegenwart – in der Diaspora wie in der Heimat – wurde und wird noch immer geprägt von der Erfahrung der Vertreibung und des Elends. Wir haben den größten Teil von Palästina an den 1948 gegründeten Staat Israel verloren. Doch die Vertreibung droht nach wie vor, da die Israelis sich in den besetzten Gebieten, die sie von Jordanien und Ägypten nach deren Niederlage 1967 erobert haben, weiterhin Land aneignen. Sogar während die 1991 in Madrid begonnenen Friedensgespräche weitergeführt werden, mißachtet die israelische Armee unverändert das Bleiberecht der Palästinenser, ihr Recht auf Bewegungsfreiheit und Privatbesitz. Palästinenser können ohne Gerichtsverhandlung deportiert und inhaftiert werden; im Gazastreifen nahmen im Winter 1993 Kollektivstrafen – von willkürlichen Ausgangssperren bis hin zur Verwüstung ganzer Wohnviertel – ungeahnte Ausmaße an; die Beschlagnahmung von Land für neue jüdische Siedlungen geht weiter.

In dieser kritischen und komplexen Situation löst das vorliegende Buch die bestehenden Klischees über die Palästinenser auf, indem es die Ängste, die Sorgen und den Alltag eines bedrohten Volkes aus dem Blickwinkel eines Insiders darstellt. Fremde reagieren im Gespräch oft überrascht, wenn sie erfahren, daß es palästinensische Christen gibt oder daß ich, der Autor, Moslem bin (ich sehe aus wie ein Europäer). Im Rahmen der demographischen Veränderungen, die sich aus der massenhaften Auswanderung ins Ausland ergeben – die palästinensische Diaspora –, werden die alten islamischen und christlichen Gemeinschaften von einer ständig wachsenden Anzahl israelischer Siedlungen umgeben, in denen jüdische Neueinwanderer leben. Gleichzeitig wird dadurch das Überleben der Palästinenser in ihrer Heimat täglich schwieriger. Die Palästinenser, die bleiben, erleben die Freude und das einzigartige, wohltuende Gefühl des Zuhauseseins nur im Privaten: nur Freunde, Familie und ein vertrauter Lebensstil spenden Trost und Geborgenheit.

Auch nach der gegenseitigen Anerkennung zwischen Israel und der PLO und der israelisch-palästinensischen Grundsatzerklärung über eine Teilautonomie im Gazastreifen und in Jericho geht das Leben in einem Klima der Unruhe und Anspannung weiter.

Ali H. Qleibo, Jerusalem, September 1993

Ein Begräbnis

Sterben in Gaza

Wir mußten nach Gaza. Mein Vetter war gestorben. Beim Begräbnis durften wir nicht fehlen.

Für einen Palästinenser war der Tote recht jung: nicht mal siebzig. Besonders traurig waren wir, weil er fern von Frau und Kindern gestorben war. Den Sommer über hatte Isliman seine zwei in Gaza gebliebenen Schwestern besucht. Gerade als er zurück zu seiner eigenen Familie nach Kuwait wollte, kam es zu Aktionen, die man bald den Anfang der *intifada* nennen sollte.

Wegen nicht vorhersehbarer Generalstreiks mußte er seine Reisepläne immer wieder verschieben. Während eines Generalstreiks steht nämlich jeder Verkehr still. Die knapp zweistündige Fahrt von Gaza zur Allenbybrücke, der jordanischen Grenze, wird unmöglich. An anderen Tagen hatte der israelische Militärgouverneur Kollektivstrafen verhängt: das Verlassen des Gazastreifens untersagt oder allen Bewohnern die Ausreise nach Jordanien verboten.

Woche für Woche packte Isliman seine Koffer und machte sich zur Abfahrt bereit. Jedesmal kam etwas dazwischen. Sein verlängerter Aufenthalt war eigentlich kein Problem; schließlich war er in *dar abuhu*, in seines Vaters Haus. Für Palästinenser hat der Ausdruck *dar el-ab*, Haus des Vaters, einen magischen Klang. In einer schnellebigen, hochmobilen Welt bleibt das Haus im Land der Väter das einzig Verläßliche, der Ort, nach dem man sich sehnt. Von dem Substantiv *ab* leitet sich der Ausdruck *rihet abuyi* her – wörtlich: »das Aroma meines Vaters« – der das spirituelle und moralische Erbe vom eigenen Vater bezeichnet. Das *dar el-ab* – auch *dar el-ele*, Haus der Familie, genannt – wird so gut wie nie verkauft oder vermietet. Das Erbe, das Vaterhaus mit all seinen wohligen Erinnerungen, ist weniger ein materieller Wert als Heimat. Wenn eine Familie aus Gaza oder Jerusalem in ein größeres Haus in der Vorstadt zieht, läßt sie im alten Haus alles, wie es ist, und schließt es ab. So hat das Haus seinen festen Platz, nicht nur im Gedächtnis, sondern auch in der Realität.

Dr. Isliman, ein Chirurg im Ruhestand, lebte bei seinen zwei Schwestern im Haus der Familie, nicht weit vom Grundbesitz der Familie, einem der verbliebenen Orangenhaine, die sich einst an Palästinas Küste entlangzogen und den palästinensischen Hafen Jaffa so berühmt machten. Er war daheim. Es gab keinen drängenden Grund, nach Kuwait zurückzufahren.

Woche für Woche packte er seine Koffer und machte sich zur Abfahrt bereit. Aber jedesmal mußte er sie verschieben. Vor einer Woche hatte er allen gesagt, daß es nun wirklich an der Zeit sei, zu seiner Frau und den Kindern zurückzukehren. Doch ist – abgesehen vom Abschied von der Mutter – für einen Palästinenser nichts schwieriger, als sich von der einzigen Frau zu verabschieden, die ihm Kameradin und Vertraute sein kann, seiner

Schwester. Als die Woche zu Ende ging, konnte er die Abreise wirklich nicht länger hinausschieben. Das Spätherbstwetter war schon vom Gebirge zur Küste herabgestiegen; Jerusalems Dezemberkälte machte Gaza frösteln. Der lange Sommer war vorbei. Isliman fuhr herum, sich zu verabschieden. Auswärtige Freunde rief er an. Er ging zu den Nachbarn, alles Familien, die er aus der Jugendzeit gut kannte. Im Gegensatz zu Jerusalem hat das landwirtschaftlich geprägte Gaza seine alten Familien nicht verloren.

Der Abschied stand bevor. Beim letzten Abendessen scherzte er und neckte seine Schwester. Als auch das zu Ende war, fühlte er einen dumpfen Schmerz, der sich im linken Arm und der Brust breitmachte. Die Symptome waren eindeutig. Er rief einen Freund, einen Herzspezialisten, an. Keine drei Stunden später hatte ihn »der Herr in seiner Gnade zu sich gerufen«.

Normale Streiks und Generalstreiks

Wir wurden aus dem Schlaf gerissen; jemand klingelte Sturm. Halbwach hörte ich unten die Stimme meiner Mutter; beruhigend wiederholte sie: »Alles in Ordnung. Steht auf und macht die Tür auf.« Meine Mutter, Umm Ali, hatte uns immer beschützt und behütet, bewahrt vor der dunklen Seite des Lebens, vor Krankheit und Tod. Solange wir klein waren, hatte sie meine große Schwester Suhad und mich, sooft ein Nachbar sterbenskrank war, für ein paar Tage zur Großmutter geschickt.

Von der anderen Seite der verriegelten Tür wiederholte sie: »Habt keine Angst. Zieht euch schnell an. Wir fahren nach Gaza. Das Auto ist schon fertig.« Im Zimmer war es eiskalt. Noch halb schlafend, war ich zu träge, aus dem warmen Bett zu steigen. Elena, meine Frau, rannte zur Tür. Ich hörte, wie Mutter ihr sagte: »Um fünf hat Leila angerufen: Isliman ist tot.«

Seit dem Beginn der *intifada* war die eineinhalbstündige Fahrt von Jerusalem nach Gaza sehr gefährlich. Im Peugeot mit gelbem israelischen Autokennzeichen konnten wir nicht fahren; er würde die Steinewerfer geradezu anziehen und uns zu Zahlen in der Statistik der Angriffe machen.

Meine kluge, einfallsreiche Mutter mit ihren überraschend vielen Beziehungen hatte wie meist eine Lösung. Trotz des Generalstreiks brauchte sie nicht mal eine Stunde, um Bassam aus Hebron, Fahrer eines Taxis mit grünem Autokennzeichen, aufzutreiben. Anders als den Jerusalemern, deren Stadt annektiert ist, gibt Israel den Palästinensern aus dem Rest der besetzten Gebiete Personalausweise, die ihren besonderen politischen Status anzeigen. Zusätzlich sondert man sie durch farbige Autokennzeichen ab: Weiß für den Gazastreifen, Blau fürs Westjordanland, Grün für Taxis. Am Tag des Begräbnisses war Generalstreik. Kaum hatten wir einen der Vororte von Gaza erreicht, als auch schon ein Stein ein Seitenfenster zersplitterte. Niemand war verletzt, doch alles war mit Splittern übersät. Während die Männer sie leicht von ihrer Kleidung schüttelten, blieben sie im feinen Gewebe der Damenstrümpfe hängen und rieben die Beine wund. Aus Elenas Beinen mußte man sie einzeln mit einer Pinzette entfernen. Im Al-Schifa-Krankenhaus trafen wir viele Leute aus Gaza, deren Strafe fürs Autofahren an einem Tag mit Generalstreik ernster ausgefallen war.

In der *intifada* haben sich zwei Streikarten entwickelt: normale Streiks und Generalstreiks. Während die normalen schon Teil des täglichen Lebens sind, begeht man die Generalstreiks als eine Art nationalistischer Feiertage. Bei einem normalen Streik haben alle Läden, Büros und Schulen zwischen neun und ein Uhr offen. Danach ist alles geschlossen: ein feierlicher Ausdruck der Weigerung, so zu tun, als ob unter der Besatzung normales Leben möglich wäre. Während eines Generalstreiks bleiben Schulen, Läden, Ämter und Büros den ganzen Tag geschlossen. Autofahren und Reisen ist streng verboten. In den Dörfern nimmt der nationale Widerstand zu, und maskierte palästinensische Jugendliche veranstalten nationalistische Aufmärsche. Stets erscheint die israelische Armee und es kommt zu gewalttätigen Zusammenstößen. An Tagen mit Generalstreik verschärft sich die *intifada*, meist gibt es drei oder vier Erschossene und viele Verletzte.

Wir kamen an einem Tag mit Generalstreik nach Gaza. Eine Gruppe Steinewerfer hatten wir schon in den Außenbezirken erlebt. Im Zentrum umzingelten Jugendliche mit Stöcken in der Hand den Wagen. Bassam stellte den Motor ab. »Wir sind Araber wie ihr«, sprach er die Jugendlichen mit breitem Hebronakzent an. Für uns gab es nichts zu tun; die helle Haut meiner Mutter und das blonde Haar meiner Frau wiesen uns als anders aus. Doch wir vertrauten darauf, daß der Fahrer freies Geleit aushandeln würde. »Sie sind aus Jerusalem und kommen zu einem Begräbnis.« Er verstummte, seufzte tief, endete mit einem bissigen Schluckser, der ihre Skepsis vertreiben sollte: »Oder glaubt ihr wirklich, daß man unter diesen Umständen eine Spritztour nach Gaza unternimmt?«

Die zornigen maskierten Jungen besprachen die Angelegenheit. Sie ließen uns durch. Einer setzte sich als Wache auf die Kühlerhaube, als Garant des freien Durchzugs ins Rimal-Viertel.

Totenfeier

Trauerriten sind in Palästina eine öffentliche Angelegenheit. Zur dreitägigen Koran-Rezitation kommen nicht nur Verwandte und Freunde; auch Nachbarn, Bekannte, Geschäftsfreunde und Kollegen müssen ihren Respekt bekunden, müssen persönlich erscheinen. Und weil der *aza*, der Kondolenzbesuch, mit einem Gegenbesuch beglichen werden muß, ist er von größter gesellschaftlicher Bedeutung, ein politisches Ereignis, das verschiedenartige Verbindungen und Bündnisse verstärkt. »Auf Hochzeiten muß man nicht gehen, aber Trauerbesuche sind Pflicht«, erklärte meine Mutter meiner mittelamerikanischen Frau.

Hunderte von Leuten kommen zum Haus des Verstorbenen. Die Hinterbliebenen sind von der Menge der Trauernden überwältigt; mit der Befolgung der Regeln der arabischen Gastfreundschaft sind sie voll ausgelastet. Unter diesem Druck bleibt ihnen keine Gelegenheit, sich zurückzuziehen und in sich selbst zu versenken.

Die Trauergäste kommen, um am Schmerz der Hinterbliebenen Anteil zu nehmen und dem Toten Respekt zu bekunden, *jakhdu bil khater*. *Khater* ist ein komplizierter Begriff der volkstümlichen arabischen Psychologie. Er bezeichnet den verletzlichen, zarten, empfindlichen Teil der Persönlichkeit, seine Würde. Frauen haben ein besonders empfindliches *khater*, deshalb darf man Mädchen nicht so hart tadeln und bestrafen wie Jungen.

Dem *khater*, dem persönlichsten, eigensten Element des Individuums, muß mit entgegenkommenden Worten und freundlichen Taten Tribut und Achtung gezollt werden. Eine Bitte soll man jemandem *aschan khatro*, wegen seines *khater*, nicht ausschlagen. Wenn man jemandem ein böses Wort sagt, *kassar khatro*, sein *khater* verletzt (wörtlich: »bricht«), bekommt man ein schlechtes Gewissen. Eine Mutter bringt ihren Jungen dazu zu tun, was sie will, wenn sie ihn mit »*aschan khatri* (mir zuliebe)«, anfleht.

Das Haus füllt sich mit Gästen, die am *aza* teilnehmen, mit *muazzin*, Kondolenzbesuchern, die für *el-akhed bil khater* kommen. Ihre Anwesenheit legt den Hinterbliebenen Zurückhaltung auf: sie dürfen ihrem Schmerz nicht freien Lauf lassen. Man schwelgt nicht im Schmerz; ungehemmt Kummer zu zeigen, wäre schamlos (*aib*). Auch bei freudigen Ereignissen wie Hochzeit und Geburt muß man sich zurückhalten. Der Ausdruck von Freude und von Schmerz ist Benimmregeln unterworfen.

Die Hinterbliebenen üben äußerste Selbstkontrolle, um Peinlichkeit und Beschämung zu vermeiden. Jammern, Klagegeschrei, Ausraufen der Haare und Zerreißen der Kleider sind ungern gesehen. Man soll sich traurig zeigen, ohne zu übertreiben oder den Gefühlen freien Lauf zu lassen. Leila und Isliman waren nicht nur Geschwister, sie waren einander die besten Freunde. Doch alles, was ich von ihr hörte, war ein sofort unterdrückter Schrei, als der gewaschene und geölte Leib die Schwelle des Hauses passierte und auf dem Weg zu Moschee und Friedhof davongetragen wurde.

Während der ersten drei Tage spielen die Hinterbliebenen, noch im Schockzustand, die Rolle, die von ihnen erwartet wird. Sie sollen sich zwar tief getroffen zeigen, aber den Gästen Respekt bezeugen; übertriebene Trauer wäre peinlich. Sie sollen sich in Gottes Willen schicken. Ständig werden Koran-Verse (*ajat*), die zur Ergebenheit in den Willen Gottes mahnen, zitiert. Jeder Besucher bekommt bitteren Kaffee. Immer wieder werden Zigaretten angeboten. In den Pausen der Koran-Rezitation haben die Hinterbliebenen an den Gesprächen teilzunehmen. Jeder Gast muß persönlich begrüßt und verabschiedet werden, und ihm muß gedankt werden für sein *ghalabet khater*, dafür, sich die Mühe gemacht zu haben.

Der Trauerbesuch folgt bestimmten Regeln. Männer und Frauen kommen und gehen in Gruppen von drei bis sieben. Entfernte Verwandte und Bekannte melden sich vorher an. Sie bleiben nicht länger als eine halbe Stunde.

Fernerstehende kommen während der *wasta*, dem mittleren Tag des dreitägigen *aza*. Gute Freunde und nahe Verwandte bleiben den ganzen *aza*. Einer der älteren Hinterbliebenen empfängt die Männer im Männerzimmer, eine Frau empfängt die Frauen und geleitet sie in den Frauenbereich.

Nach dem Austausch der speziellen Trauergrüße fordert ein jüngerer Verwandter die Gäste auf, Platz zu nehmen, und führt sie zu einem Stuhl. Ein Aufwärter bietet den Gästen bitteren Kaffee in kleinen fingerhutähnlichen Porzellantassen an. Der *scheich* (islamischer Geistlicher) gibt das Zeichen zum Aufbruch; wenn er die Koran-Lesung unterbricht, wissen die Gäste: Es ist Zeit zu gehen. Ein kurzer Augenkontakt untereinander bringt sie in Bewegung. Die Gruppe steht geschlossen auf. Sie sagen: »*Azzama Allahu adschrakon* (Vermehre Gott euren Lohn über alle Maßen)!« – Der ältere »Gastgeber« erwidert: »*La arakum Allah makruh* (Möge Gott alles Hassenswerte von euch abhalten)!«. An der Haustür wird jeder ordentlich verabschiedet.

Koran-Rezitation

Drei Tage lang hörte ich Geschichten über Todesfälle. Da Dr. Isliman plötzlich verschieden war, spielte in den Erzählungen sich lang hinziehendes Sterben keine Rolle. Man konzentrierte sich auf unerwartete Todesfälle; so drückte man Staunen und Verwunderung über die menschliche Zerbrechlichkeit und Vergänglichkeit aus. Mit palästinensischen Sprichwörtern und islamischen Redensarten wurde die These bekräftigt, der Mensch sei im Grunde genommen ein schwaches Geschöpf, körperlichen Zwängen unterworfen. Ständig wurden Koranverse zitiert, in denen einer geradezu asketischen Auffassung von der Vergänglichkeit des menschlichen Lebens Ausdruck verliehen wurde. Hätte man sich nicht der Sprache der Religion bedient und so seinen tiefen Glauben ausgedrückt, dieses Sich-Ergeben in die Nichtigkeit und Absurdität des menschlichen Lebens wäre fast existentialistisch gewesen.

Angeregte Diskussionen wechselten mit verlegenem Schweigen; dann hörte man nur Lippen an Mokkatassen. Jedesmal wandte sich einer an den *scheich*, wieder zu rezitieren. Der *scheich* rückte sich dann bedächtig zurecht, nahm noch einen Schluck Minztee, räusperte sich. Schließlich führte er wie einer, der genau hinhört, die Finger der rechten Hand hinters Ohr; dabei war der Ellenbogen ganz nach außen gedreht. Alle verstanden: Sie machten die Zigaretten aus und setzten sich ordentlich hin; wer die Beine übereinandergeschlagen hatte, stellte sie nebeneinander.

Hörte die Rezitation auf, ging das Gemurmel weiter. Leute, die nebeneinander saßen und sich kannten, fingen an, sich zu unterhalten. Andere hörten zu. Bald redete man im größeren Kreis über die aktuelle Lage. Diesmal ging es vor allem um die *intifada*. Mit Verwunderung und Staunen diskutierte man den ausgefallenen Sadismus der israelischen Strafen. Damals war die Kälte und Grausamkeit der Israelis irgendwie unwirklich. Erst ein Filmdokument des amerikanischen Fernsehteams sollte das ändern: Auf einem gottverlassenen Hügel traten vier Soldaten zwei gebundene arabische Jugendliche mit

Stiefeln und schlugen sie mit Stöcken und Gewehrkolben.

Die Geschichten lösten in mir ein derartiges Horrorgefühl aus, daß ich sie gar nicht glauben wollte. Das Leben ist schon schwer genug – auch ohne die Härten der israelischen Besatzung. Haarsträubende Geschichten über barbarische Taten von Soldaten wurden aufgetischt. Ein Mann sei verprügelt und ins Meer geworfen worden. Die Soldaten hätten niemandem erlaubt, ihn herauszuholen. Dann die schaurige Geschichte von den vier jungen Männern aus dem Westjordanland, die lebendig begraben wurden. Wie in alten Märchen sah eine alte Frau, die in der Nähe ihr Feld bestellte, die Untat; sie rannte ins Dorf und holte Hilfe. Aber dies war kein Märchen. Im israelischen Fernsehen sah ich, wie man die vier Ausgebuddelten interviewte. Der Vorfall sei eine persönliche Verfehlung, hieß es, und die betreffenden Soldaten würden zur Rechenschaft gezogen.

Die Leute waren von solch unerhörter Grausamkeit entsetzt. Ihre völlige Hilflosigkeit konnten sie nur mit altehrwürdigen Worten ausdrücken: »Es gibt keine Zuflucht, und es gibt keine Macht außer bei Gott!«, »Möge Gott den Fluch abwenden!« Bevor die Stimmung ganz melancholisch wurde, rückte sich der *scheich* zurecht, nahm einen Schluck Minztee, räusperte sich und führte die Finger der rechten Hand hinters Ohr. In Erwartung der Koran-Rezitation hört man zu reden auf.

Die nahen Verwandten, guten Freunde, direkten Nachbarn und Kollegen, all jene, von denen erwartet wurde, daß sie in Reichweite blieben, kamen sich näher.

Viele hatten sich vorher nicht gekannt. In solch einem rituellen Rahmen bleiben die Gespräche förmlich; man redet über Religion und Ethik. Dem alten Glanz der muslimischen Zivilisation stellt man die fade Gegenwart gegenüber.

Zum Fortschritt in der arabischen Welt war folgendes zu hören: »Die Araber haben sich immer mehr vorwärtsentwickelt und schließlich einen hohen Grad von Modernität erreicht.« Abu Ahmed schaute sich um, ob vielleicht jemand widerspreche. Doch keiner ergriff das Wort. Bleischwere Stille lag im Zimmer, bis Dahud, ein gutaussehender Mitvierziger, die Herausforderung annahm.

»Ich würde ja gern zustimmen, guter Abu Ahmed. Aber die Tatsachen sprechen eine andere Sprache. Die Araber erleben einen mitleiderregenden Niedergang. Wir sind weit hinter den Stand der dreißiger Jahre zurückgefallen. Wo ist denn der Fortschritt, von dem du sprichst?«

»Der Lebensstandard ist heute viel höher.« Abu Ahmed schien mit seinem Gegner zufrieden. »Und das Bildungsniveau; heute können doch viel mehr Erwachsene lesen und schreiben«, fuhr er fort. »Vielleicht weißt du nicht, wie es war, als meine Generation groß wurde? Unsere Väter brauchten einen Schreiber (*kateb*), der für sie Briefe las und schrieb. Vielleicht weißt du gar nicht, wie beschränkt und unwissend unsere Gesellschaft vor sechzig Jahren war.« Abu Ahmed wirkte mit sich zufrieden. Er führte Belege an: »Die Welt bessert sich ständig. Die Veränderungen sind offensichtlich. Flugzeuge, Autos, Straßen und Telephone haben die Welt klein gemacht. Internationale Zeitschriften, Zeitungen, Bücher sind gut zugänglich, und heute können nicht nur die Privilegierten und Bürokraten lesen. Die Verbesserungen liegen auf der Hand.«

»Im Gegenteil«, ließ sich der gut zwanzig Jahre jüngere Dahud vernehmen, »meine Generation weiß ganz gut, was sich verändert hat. Und was die Verbesserung des Lebensstandards angeht, kann ich dir nur recht geben. Elektrischer Strom und fließendes Wasser gibt es heute in fast allen Häusern. Jeder hat eine Waschmaschine, einen Kühlschrank und ein Fernsehgerät. Ja, der Analphabetismus ist enorm zurückgegangen. Nur«, und seine Augen funkelten diabolisch, »die Veränderungen sind unerheblich und belanglos. Fortschritt muß man qualitativ messen, nicht quantitativ. Unsere gefeierte moderne arabische Zivilisation erzeugt fast nur Halb-Alphabeten.« Er machte eine Pause, schaute sich um und fuhr fort: »Gestattet, daß ich das erkläre. Nach über hundert Jahren, in denen wir versucht haben, den Westen einzuholen, sind wir immer noch am Anfangspunkt, hoffnungslos abgehängt von der westlichen Wissenschaft und Industrie.«

Abu Ahmed mußte ihn unterbrechen. Er war davon überzeugt, daß wir im besten aller möglichen Zeitalter leben. »Aber in den Wissenschaften haben wir doch Riesenfortschritte gemacht. Denk nur an die Computer, die es jetzt überall gibt.«

Dahud fuhr fort, er redete Abu Ahmed respektvoll mit »mein väterlicher Onkel« an: »Ja, *ammi* Abu Ahmed, aber auch diese Computer haben wir nicht selber gemacht. Ganz im Gegenteil, wir haben gewartet, bis ein anderer Kulturkreis sie sich ausdachte, sie baute und uns beibrachte, wie man sie bedient. Dies belegt meine Auffassung: Wir sind eine reine Konsumgesellschaft. Der Gedanke des Konstruierens, das Ausdenken von etwas Neuem übersteigt unsere Vorstellung. Die Idee, zu konstruieren, schöpferisch tätig zu werden, kommt uns gar nicht.« Er erregte sich: »Das ist die grausame Wahrheit.«

»Es gibt keinen Grund, den Kopf hängen zu lassen und die Augen vor dem langsamen, aber stetigen Fortschritt zu verschließen«, tröstete Abu Ahmed seinen Gegenspieler – und sich selbst.

»Ich sage ja nur, daß der Fortschritt immer relativ ist. Ich bin ganz deiner Meinung, guter Abu Ahmed, wir haben uns bewegt, sind vorwärtsgekommen, sind nicht einfach stehengeblieben. Und nenn dieses Vorwärtskommen Fortschritt, wenn du willst. Aber das ändert nichts daran, daß die Kluft, die uns vom Westen trennt, die ganze Zeit zunimmt; für einen Schritt, den wir vorankommen, macht der Westen hundert. Die entscheidende Frage ist nicht, ob wir auf der Stelle treten oder nicht. Es geht vielmehr darum, daß der Westen fortschreitet, seine wissenschaftlichen Paradigmen entwickelt und verfeinert und dank seiner ständigen Entdeckungen seine Technologien weiterentwickeln kann. Wir dagegen sind nach über hundert Jahren der *nahda*, der arabischen Renaissance, immer noch Lehrlinge; schon beim Versuch, ihre Produkte richtig zu gebrauchen, kommen wir aus der Puste. Schlimmer: Wir sind sogar stolz darauf, ihre Produkte kaufen zu können. Wir geben unsere Konsumhaltung auch noch als Vorteil aus.«

Eine neue Gruppe von Trauergästen kam. Aus Höflichkeit hörte man auf zu diskutieren. »*As-salamu aleikum*«, grüßten die Kommenden die Anwesenden. Die vorgeschriebene Antwort ließ nicht auf sich warten: »*Wa aleikum as-salam*.« Die Neuen wurden zu ihren Plätzen geleitet. Während sie es sich bequem machten, schauten sie umher; sobald jemand ein bekanntes Gesicht entdeckte, hob er die Hände neben den Kopf, Handflächen nach vorn, und nickte ein wenig. Die Geste verstärkte den mündlichen Gruß: »*Masa el-kher* (Guten Abend).«

Höfliche Stille füllte das Zimmer. Der Aufwärter beeilte sich, den bitteren Kaffee zu bringen. Alle setzten sich für die nächste Runde der Koran-Rezitation zurecht.

Orangenhaine

In großer Gesellschaft fühle ich mich unwohl. Meine Fähigkeit zum Gespräch kommt mir abhanden. Ich beobachte mich selbst. Das Denken löst sich vom Körper. Meine Gedanken, denen ich doch das Bewußtsein zu existieren verdanke, gehen ihre eigenen Wege. Sie ziehen mit mir umher und versuchen, sich die Natur meines Wesens vorzustellen. Die anderen, die keine Ahnung von meinem inneren Gedankenstrom haben, nehmen nur die Mauer des Schweigens wahr. Für sie bin ich eine unbewegliche Statue. Menschenmassen schüchtern mich ein. Informellen Diskussionen im großen Kreis verweigere ich mich. Paradoxerweise fürchte ich mich in meinen

Seminaren keineswegs, eigene Gedanken vorzustellen und schaffe gern Raum für allgemeine Diskussionen. Ich habe auch keine Schwierigkeiten, in großen Sälen Vorlesungen zu halten. Ich kenne keinen vernünftigen Grund, der meine Schweigsamkeit und meinen Rückzug in mich selbst bei Familientreffen erklären könnte, ausser einer tief in mir steckenden Schüchternheit, einem Überbleibsel der höflichen Zurückhaltung, die man mir in meiner frühen Kindheit anerzogen hat.

Nach Stunden völligen Schweigens, während der die anderen mich immer wieder anschauten, eine Stellungnahme erwarteten, einen beipflichtenden oder widersprechenden Koranvers oder einen Bericht über die *intifada* in Jerusalem, hatten sie es aufgegeben und sich an meine stumme Teilnahme gewöhnt. Ich sollte dazu sagen, daß ich mich keineswegs unzulänglich oder bemitleidenswert fühle wegen meiner scheinbaren Unfähigkeit, zusammen mit anderen die Richtung von Gesprächen zu beeinflussen. Ich höre viel lieber zu. Als Anthropologe ist mir teilnehmende Beobachtung zur zweiten Natur geworden. Ich spiele mit. Ich störe den freien Fluß der Interaktion nicht, greife auch nicht bestimmend ein. Jede meiner Äußerungen würde die Wechselbeziehung verändern und womöglich zu einem Themenwechsel führen. Das unauffällige Äußere, das manche für Ali Qleibo halten, könnte, strukturalistisch gesprochen, als Null-Grad-Anwesenheit bezeichnet werden. Ich lasse die anderen sie selbst sein und studiere ihre Interaktion.

Meine Augen tasten das Zimmer und die Leute darin ab: Ich bin von kulturspezifischen Zeichen umgeben. Für den Anthropologen ist ein palästinensischer *aza* ein symbolüberladenes gesellschaftliches Ritual. »Das Studium jedes Zeichens«, sage ich mir, »könnte der Anfang meiner Erforschung der palästinensischen kulturellen Identität sein.« Doch sobald ich daran denke, daß es sich um den *aza* Islimans handelt, kommt mir das Ausschlachten für wissenschaftliche Zwecke pietätlos, ja unmoralisch vor. Als mir das klar wird, kommen meine Gedanken nicht mehr recht voran. Meine Ruhe und mein Seelenfrieden sind dahin. Ich fühle mich schuldig: Ich hatte mich durch freies Assoziieren davongeschlichen. Mein geliebter Vetter ist gestorben. Wie kann ich nur von dem traurigen plötzlichen Verlust in Gedanken abschweifen?

»Ich muß mich besser im Zaum halten«, sage ich mir. »Ich muß lernen, mit dem Tod zurechtzukommen und mit allem, was er persönlich bedeutet: Verlust, Niederlage, Ohnmacht und Fürsorge. Ich muß meinen Schmerz zulassen. Ich werde für meine Gefühle Verantwortung übernehmen und mich in Gedanken auf Isliman konzentrieren, schließlich bin ich wegen des *aza* hier.«

»Es fällt mir schwer, diesen Tod zu akzeptieren, einzugestehen, daß er seines Rechts zu leben beraubt wurde, mich der Tatsache zu beugen, daß ihm das Glück zu leben genommen wurde. Isliman ist tot, er hat aufgehört zu sein. Von nun an hängt seine Existenz daran, daß man sich seiner erinnert, sei es in Liebe oder in Haß. Von nun an wird man in der Vergangenheitsform von ihm reden: Isliman war ... Gern machte er ... Er wird nichts mehr erleben. Im Gedächtnis machen wir uns ein Bild: Eindrücke, die zusammengefügt eine Person ergeben, die es nicht mehr gibt – ein Mythos.«

Ich werde ihn immer als Lebenden in Erinnerung behalten. Ein innerer Widerwille hielt mich davon ab, der Waschung des Leichnams beizuwohnen. Schon das Leben anzunehmen ist nicht einfach, der Verneinung des Lebens, dem Tod, ins Auge zu sehen, wäre zu beunruhigend gewesen. Ich bin nicht hineingegangen. Ich wollte den nackten, bewegungslosen, schlaffen, leblosen Leib nicht sehen. Isliman war mein Vetter, und gemäß der Tradition hätte ich hineingehen müssen. Stattdessen beschäftigte ich mich mit der Begrüßung der Trauergäste, die schon den Garten, die Zimmer und Terrassen füllten. Sie würden am Leichenzug zur Moschee und von dort zum Friedhof teilnehmen, wo man Isliman über seinem Vater beerdigen würde.

In meiner Erinnerung bleibt Isliman lebensfroh, auf Vergnügen aus und immer gewillt, glücklich zu sein. Für mich ist sein Tod ein Symbol. Vor einer Woche gab es ihn noch. Ab jetzt gibt es ihn nur noch im Familienalbum und im Gedächtnis. Man wird sich seiner erinnern. Jedesmal wenn wir das Familiengrundstück betreten werden und die Wasserpumpe hören, wird sein Bild in uns entstehen.

Isliman hörte das Dröhnen des Motors gern, der aus dem artesischen Brunnen Wasser für die Zitrusbäume hochpumpte. Er liebte den rhythmischen Klang der Pumpe. Elena und ich suchten Ruhe und Stille, wenn wir in den Obstgarten gingen; der monoton schnarrende Lärm störte uns. Isliman erklärte: »Aber die Pumpe ist doch das Herz des Gartens, ohne das er auch keine Seele hätte.«

Er liebte das Leben. Schon bei Sonnenaufgang war er wach, angezogen und bereit, frisch gepflückte Feigen und Trauben zu kaufen. Der Frühstückseinkauf war nur ein Vorwand, um am Meer spazierenzugehen. Die Promenade vom Hafen vorbei an Scheich-Edschlin bis zum Gaza-Tal ist wunderschön. Eine enge Straße schlängelt sich entlang der Feigenhaine und Weinberge, die auf einem Kliff übers Meer ragen.

Alles ist eitel ...

Gaza und das Meer

Wir stehen am Strand von Gaza und fühlen uns eigenartig frei. Vor der *intifada* waren wir oft in Gaza, atmeten die frische Seeluft und schauten sehnsuchtsvoll in die Ferne, dort, wo das Blau des Meeres und das des Himmels aufeinanderstoßen. Ganz anders als in Jerusalem, wo wir in Geschichte ertrinken.

Auf meinem Dach in Jerusalem bin ich in allen Richtungen von historischen Stätten voll religiöser Bedeutung umgeben:

Im Osten kann ich den Ölberg sehen, mit der Himmelfahrtskirche oben und der Grabeskirche der Jungfrau Maria unten.

Im Süden sehe ich den Mukabbar-Berg. *Mukabbar* ist die Substantivierung von *kabbara* (zum Gebet rufen). Geschichte und Religion sind hier ineinander verwoben:

Im 7. Jahrhundert wollte Sophronius, Patriarch von Jerusalem, die Stadt nur unter der Bedingung an die muslimische Armee ausliefern, daß der Kalif persönlich kam. Es war Gebetszeit, und der Kalif Omar ibn al-Khattab hatte, von Süden kommend, den Stadtrand von Jerusalem erreicht. Er rief zum Gebet, *kabbara*, und sprach ein *takbir*, eine Lobpreisung auf die Größe Gottes. Der Berggipfel, auf dem der Kalif sein erstes *takbir* gebetet hatte, wurde fortan Jabal al-Mukabbar genannt, Ort des Gebetsrufs.

Im Norden zieht eine Moschee, die einen Berg krönt, meine Aufmerksamkeit auf sich, die Moschee des Propheten Samuel, den Juden, Christen und Muslime verehren. Heute streiten sich Juden und Muslime um das Wächteramt über das Grab in der Moschee.

Geschichtlich-religiöse Symbolik lastet schwer auf Jerusalem. Schaue ich vom Dach meines Hauses auf die Altstadt herunter, fühle ich mich eingetaucht in Religionsgeschichte. Jüdische, christliche und muslimische Elemente bilden ein reiches Mosaik, das aber den Völkern Palästinas statt Frieden immer wieder Streit und Leid brachte. In Gaza atmet man freier, weil das Meer frei von symbolischer Bedeutung ist. Für Gaza ist das Meer eine Öffnung, eine Möglichkeit, der religionsgeschichtlichen Last zu entkommen und der Bürde der israelischen Besatzung zu entfliehen. In Gaza ist das Meer arabisch. Es mag verwundern, daß das Meer eine ethnische Zugehörigkeit hat. Doch unter israelischer Besatzung haben alle neutralen Dinge eine ethnische Zugehörigkeit angenommen. In den besetzten Gebieten gibt es arabische Autos und jüdische Autos, arabische Milch und jüdische, jüdisches Gebäck und arabisches, jüdische Tomaten und arabische, *bandora baladije* genannt: »einheimische Tomaten«.

Der politische Konflikt formt unsere Sicht des Alltags und verleiht auch den alltäglichen Dingen religiös-ethnische Etiketten: In Gaza ist das Mittelmeer arabisch geworden. Wie groß ist für uns der Unterschied zwischen dem Meer vor Tel Aviv und dem vor Gaza! Hier atmen wir tief und fühlen uns frei. Das Meer ist endlos, unsere Träume stoßen an keine Grenzen. Dort, keine fünf Kilometer von den Überresten Jaffas entfernt, ist das Meer eine blaue Mauer, an der unsere Pläne und Hoffnungen abprallen; Himmel und Meer schließen uns in der bleiern trüben Wirklichkeit ein.

Hasan und Husein

Seit meiner Kindhcit habe ich eine Schwäche für Gaza. Die Feste *Id el-Adha*, das Opferfest, das an die Rettung Ismaels durch die Opferung des Widders erinnert, und *Id el-Fitr*, zum Ende des Fastenmonats Ramadan, verbrachten wir in Gaza. Zu den Feiertagen nahm uns Vater zu seinem großen Bruder Abu Haidar mit, der sich nach der *nakbe*, der Katastrophe von 1948, in Gaza niedergelassen hatte. In der Generation meines Vaters begegnete man dem ältesten Bruder mit Achtung; es war eine tief verwurzelte Beziehung aus Respekt und blindem Gehorsam, nur von der Beziehung zum Vater übertroffen.

Ich kann die Tränen nicht vergessen, die die Wangen Hasans und Huseins, meines Onkels und meines Vaters, beide weit über siebzig, herunterrollten, als sie von Gaza nach Jerusalem zurückfuhren. Sie waren beide herrische und strenge Patriarchen, die nur selten ihre Gefühle zeigten; solche Sentimentalität hätte ich keinem von beiden zugetraut. Der Grund für den Gefühlsausbruch war bizarr: Tief gerührt weinten sie, weil Abu Haidar, ihr großer Bruder, so liebenswürdig und freundlich war, ihnen ihren Anteil vom Jahresverkauf von Orangen und Pampelmusen zu geben.

Hasan und Husein waren *hamidi*: Umgangsformen und Moral stammten aus der Zeit des osmanischen Sultans Abdulhamid. In ihrer Sicht der Dinge bleibt es dem älteren Bruder überlassen, ob er ihnen den *haq*, den gesetzlich zustehenden Erbteil, gibt oder nicht. Ihre Liebe für ihn, ihr Respekt vor ihm und ihr Vertrauen in ihn waren absolut. Sie hatten weder das Recht, ihn um ihren *haq* zu bitten, noch den Willen, den Betrag in Frage zu stellen. Daß er ihnen etwas gab, reichte schon aus. Sie betrachteten das Geld als Zeichen seiner Liebe und Fürsorge.

Fast zwanzig Jahre lang war Palästina dreigeteilt, in den Gazastreifen, das Westjordanland und Israel. Nur mit Sondererlaubnis konnte man zwischen Gaza und dem Westjordanland mit dem Auto fahren. Nach der Niederlage von 1967 konnte man auf den Straßen zwischen Jerusalem und Gaza, die zwanzig Jahre lang nicht benutzt worden waren, endlich wieder fahren – durch Israel.

Auf ihrem Weg zum großen Bruder in Gaza kamen Hasan und Husein durch eine einst vertraute Landschaft. Die palästinensischen Dörfer und Städte waren schon lange niedergewalzt und dem Erdboden gleichgemacht worden. Die Fahrt ging jetzt an Städten, Moschavs, Kibbuzen und israelischen Industriestädten vorbei, die auf den Ruinen der palästinensischen Landschaft erbaut worden waren. Ich erinnere mich an ihre Freude, als sie etwas Vertrautes entdeckten: alte Dschummeiz-Bäume bei den Trümmern des Städtchens Masmije.

Immer habe ich mich gefragt, warum der Ölbaum zum nationalen Symbol Palästinas erkoren wurde. Ich bin mit einer Generation aufgewachsen, die Palästina als ein unteilbares Land kannte. Sie waren überzeugt, daß die Küstenebene ihnen gehörte. In den Bergen vom Meer abgeschnitten, sehnten sie sich nach der Küste, nach der Dschummeiz-Frucht, die nur dort gedeiht – kleine Feigen, die im Jahr siebenmal geerntet werden. Meine Familie erzählte mir von Palästina, wie es früher war; ihre Beschreibungen umgaben das verlorene Land mit einer mystischen Aura. Daß die Dschummeiz-Frucht wirklich auf riesigen immergrünen Bäumen wächst, wie man erzählt hatte, habe ich nie geglaubt. Ich erinnere mich an Hasans und Huseins Entzücken, als sie bei Masmije anhielten und wieder *dschummeiz* pflückten. Wann immer ich mir das alte Land vorstelle, denke ich an Geschmack und Aussehen von *dschummeiz*.

Unsere Besuche in Gaza waren voller Zauber. Gaza hat seinen besonderen palästinensisch-arabischen Charakter bewahrt: dort gelten noch die alten Werte, Sitten und Gebräuche. Von Jerusalem, das sich noch Ende der Siebziger seines modernen, kosmopolitischen, westlichen Erbes rühmte, nach Gaza zu fahren, war eine Zeitreise in die Märchenwelt von *Tausendundeine Nacht*. Ich war damals zu klein, um die Bedeutung von Vielfalt zu verstehen, und die verschiedenartigen Facetten der palästinensischen Kultur waren mir ein Rätsel. Meine Schwester Suhad und ich glaubten, daß wir Jerusalemer die einzigen echten Palästinenser seien. Wir gingen unserem Vater mit Fragen auf die Nerven wie: »Sind die Gazawis wirklich Palästinenser?« Sie schienen nämlich mit einem starken ägyptischen Akzent zu sprechen.

Die Tränen, die Vater während der Fahrt von Gaza nach Jerusalem vergoß, fand ich schwer zu verstehen. Die einst so vertraute Landschaft war fremd geworden, von Fremden bewohnt. Die Palästinenser waren verarmt und über die ganze Erde verstreut. Die palästinensische Familie litt am meisten. In Gaza, im Haus seines Bruders, hatte mein Vater Trost gefunden.

Schon vor der *intifada* war Gaza ein Symbol des nationalen Widerstands gewesen. Während im Westjordanland eine eher passive Art des Widerstands, die Standfestigkeit (*sumud*), gepflegt wurde, ging es in Gaza aktiver, nationalistischer zu. Als am 9. Dezember 1987 der Märtyrer Hatem es-Sis sein Leben ließ, ging die nach dem Krieg von 1967 gesäte und gepflegte Saat des Nationalismus auf, und der Volksaufstand verbreitete sich in den besetzten Gebieten.

In den schrecklichen Jahren der Besatzung war Gaza ein nationales Symbol. Während der sinnlosen Jahre des *sumud* waren unsere Familientreffen in Gaza zauberhafte Erholungspausen.

Stammessolidarität

Gazas kulturelle Identität wurde stark von der ägyptischen Literatur und Kultur sowie von der nomadischen Gesellschaft beeinflußt. Wie die Nachbarstädte Khan Junis und Beerscheva am Rande der Wüste gelegen, dient es den Beduinen des Sinai auch heute noch als Treffpunkt. Der ägyptische Einfluß beschränkt sich nicht auf den deutlichen ägyptischen Akzent in der Sprache und die geradezu ägyptische Geselligkeit. Die geographische Nähe und die Tatsache, daß der Gazastreifen über zwanzig Jahre von Ägyptern verwaltet wurde, erklären die ideologische Nähe des palästinensischen Nationalismus zu den Idealen und Zielen des nasseristischen Ägypten.

Von der *nakbe* bis zur Niederlage von 1967 lag die Verwaltung völlig in den Händen der Ägypter. Die Kontakte zwischen Gaza und Ägypten waren mannigfaltig. Da die Ägypter keine Berührung mit den Palästinensern des Westjordanlandes, Galiläas oder der Nordküste zwischen Haifa und Akko hatten, identifizierten sie die Gazawis mit den Palästinensern schlechthin; die Verschiedenartigkeit begriffen sie erst nach dem Vertrag von Camp David, als alle Palästinenser nach Ägypten reisen konnten.

In Gaza war der Nationalismus bewußt ideologisch, was nicht verwundern darf, entwickelte er sich doch unter Nassers Einfluß. In den Fünfzigern hatte man in Gaza das Glück, die ägyptische Revolution, an deren Idealen sich die ganze arabische Welt ausrichtete, aus nächster Nähe mitzuerleben.

In Gaza ist man von Palästinensern umgeben, für die es selbstverständlich ist, geistig und geistlich Araber und gesellschaftlich Palästinenser zu sein. Ihr Selbstbild entstand unter dem Einfluß der modernen Literatur und humanistischer Gedankenströmungen, die in Kairo ihr Zentrum hatten. Auch die ägyptische Presse, wohl die anspruchsvollste und aufgeklärteste der arabischen Welt, beeinflußte sie. Infolgedessen sind das Bewußtsein der Gazawis und ihre nationalistischen Gefühle tief in der fortschrittlichen Ideologie des revolutionären Ägypten verwurzelt. Der Widerstand der Viertel, Dörfer und Lager von Gaza sowie ihre Zusammenstöße mit der israelischen Armee waren ein leuchtendes Vorbild für das Westjordanland.

Im Gazastreifen gab es ein viel höheres Bewußtsein nationaler Einheit als im Westjordanland. Vor der *intifada* war das Westjordanland nur eine Ansammlung von Dörfern und Städten. Die Palästinenser des zentralen Berglandes waren nur durch Heirat, durch Blutsverwandtschaft und Verschwägerung verbunden. Die *hamule*, Sippe oder Stamm, war die wichtigste gesellschaftliche Einheit. Die Loyalität galt der *hamule* und keinem größeren politischen Gebilde. In Dörfern wie Städten wurde die *hamule* die einzig relevante juristische Größe. In einer Stadt wie Jerusalem zeigte die wachsende Bedeutung der *hamule* einen gesellschaftlichen Rückschritt an. Das staatliche Rechtssystem verkam zu einer Angelegenheit von Familien. Man kann dieses gesellschaftliche Phänomen auf ein ungeschriebenes Prinzip des *sumud* zurückführen, demzufolge die Palästinenser nicht mit den Institutionen der israelischen Besatzer zusammenarbeiten dürfen. Da man einen Rechtsstreit nicht vor zentrale Gerichte bringen konnte, mußte man altes Nomadenrecht wiederbeleben; die *hamule* und der damit zusammenhängende *diwan*, der Familienrat, übernahmen eine wichtige Rolle.

Bedeutung und Macht des *diwan* beruhen auf dem Zusammenhalt der Sippe unter der Führung eines Ältesten; Erfahrung, Alter, wirtschaftliche Unabhängigkeit und »Weisheit« sind Voraussetzungen für die Rolle des *amid*. Aufgrund seines Ansehens schart er die anderen Mitglieder der *hamule* um sich. Alle Männer mit dem gleichen Familiennamen bilden eine gesellschaftliche Einheit. Rechtsstreitigkeiten regelt man nicht individuell, sondern auf der Ebene der Sippe. Durch die Reaktivierung des *diwan* vermied man die israelischen Gerichte.

Ohne Zentralgewalt nahm die Zahl der Verbrechen gegen Eigentum und Sittlichkeit zu. Die Mitglieder der Familien mit *diwan* umgibt die Aura der Macht; an ihnen oder ihrem Eigentum vergeht sich keiner. Auch bei der Ehe spielt der Familienrat eine große Rolle; die Familie wählt Braut und Bräutigam, denn in unserem verarmten Land ist der einzelne wirtschaftlich gar nicht so unabhängig, daß er eine eigene Wahl treffen könnte. Es wird also eine Liste mit heiratsfähigen Kandidaten aufgesetzt. Die Liebe kommt nach der Hochzeit. Besonders bei den Ärmeren verfügt der Familienrat über einen Etat zur Finanzierung eines Auslandsstudiums, eines Hausbaus, der Eröffnung einer Schreinerei oder zum Bezahlen einer Bestattung.

Fi sabil el-watan, fürs Vaterland – die Gazawis fühlten und lebten diesen nationalistischen Spruch. In Gaza ließ während der Zeit der Besatzung der Unabhängigkeitskampf nie nach. In Gaza bekamen wir eine Ahnung von der kommenden nationalen Identität.

Die arabischen Universitäten spielten bei der Entwicklung der palästinensischen Nationalbewegung eine entscheidende Rolle. Das moderne Verständnis der Nation als etwas über dem einzelnen und seinen Partikularinteressen Stehenden entstand an den Universitäten: das Individuum müsse bereit sein, sich für eine erhabene Sache, für das Wohl der Allgemeinheit zu opfern; die Verpflichtung gegenüber der Nation sei wichtiger als die Loyalität zur *hamule*. In israelischen Gefängnissen entwickelte sich der Nationalismus weiter und reifte. In den Universitäten und in politischer Gefangenschaft verlor die alte Stammesloyalität ihre Bedeutung; eine neue Generation von Palästinensern mit einem neuen politischen Bewußtsein wuchs heran. Nationalistische Lieder und Slogans erklangen zuerst an den Universitäten, und bald erschallten sie in den Bergen und Tälern: »*Ja schahid irtah, irtah iha binkammel el-kifah* (O Märtyrer, ruhe du sanft, wir kämpfen weiter)!«

Arabische Tischsitten

Während des dreitägigen *aza* bietet man den Besuchern Essen und Süßigkeiten an. Verwandte, Freunde und Nachbarn wetteifern um die Ehre, das Essen bringen zu dürfen – selten hausgemacht, in der Regel angeliefert. In den Städten handelt es sich meist um traditionelle Festgerichte wie *qidre* oder *mansaf*. Als Nachspeise gibt es immer *knafe*. Die Hinterbliebenen beköstigen die Gäste am ersten Donnerstag und am vierzigsten Tage nach dem Tod. So gilt es fast überall in Palästina; in Jerusalem jedoch bringt die Familie alle Speisen selbst auf.

Ganz gleich, ob der Todesfall in gute oder schlechte Zeiten fällt, in Tage des Krieges oder – wie jetzt öfter – Tage des Generalstreiks, die Rituale des *aza* müssen eingehalten werden. Ohne Leichenschmaus wäre der *aza* unvollständig.

Vor allem in den Städten gehören *mansaf* oder *qidre* zu einem Festessen – gleich ob bei Hochzeiten, Beschneidungen oder Bestattungen. *Mansaf* ist gekochtes Lamm mit Kardamon, Pfeffer und Joghurt. Die Sauce wird aus getrocknetem Joghurt (*dschmid* oder *kischek*) angerührt und manchmal mit frischem Joghurt verdünnt. *Mansaf* wird prächtig serviert: ein großes verzinktes Kupfertablett, zuunterst eine Schicht in Fleischsaft getränkten Brotes, dann eine Schicht Reis und oben das Fleisch mit Mandelsplittern und Pinienkernen. *Qidre* wird ohne Sauce gegessen; es handelt sich um Lamm, Reis und Kichererbsen, reichlich mit Kreuzkümmel gewürzt. *Qidre* wird in besonderen irdenen oder kupfernen Töpfen gekocht. Hebron ist berühmt für dieses Gericht; es wird in öffentlichen Öfen zubereitet, die den traditionellen italienischen Pizzaöfen gleichen. Der Deckel des Topfes wird mit frischem Teig versiegelt und das Ganze zum Backen in eine Ecke des Ofens gestellt, etwas vom Feuer entfernt.

Süßigkeiten aus Gaza unterscheiden sich von denen aus dem zentralen Hügelland, auch wenn sie den gleichen Namen tragen. *Knafe nabulsije* besteht aus zwei Grießschichten, Käse dazwischen, mit Pistaziensplittern und Pinienkernen bestreut und mit *ater*, einem klaren Zuckersirup, begossen. In Gaza wird der Grieß mit Walnüssen, Zimt und *ater* unterzogen.

Zu freudigen und traurigen Anlässen werden die rituellen Speisen entsprechend den arabischen Tischregeln eingenommen. Die Gäste sitzen nicht alle um einen Tisch mit einem Gedeck für jeden. Sie können sich auch nicht an einem Buffet bedienen. Vielmehr werden die Speisen auf verzinkten Messingplatten gereicht, um die herum vier, fünf Gäste Platz nehmen. Man fängt nicht gleich an zu essen, sondern wartet, bis der Älteste damit begonnen hat. Der muß darauf achten, daß alle an seinem Tablett gut essen. Er reißt mit der Hand große Lammstücke herunter und bietet sie den anderen an. Nachdem er dem Ehrengast das erste Stück gegeben hat, häuft er vor jedem auf. Er muß *jizem*, einladen und drängeln. Abzulehnen oder nichts zu essen wäre unfein.

Die Hinterbliebenen gehen von einer Gruppe zur nächsten. Sie essen nicht mit. Sie zerkleinern die Fleischstücke, legen sie den Gästen vor und beschwören sie, doch zuzulangen. Gastgeber, die nicht drängeln, gelten als unhöflich. Bei Arabern spielt die Form eine große Rolle, wie man an dem Spruch *laini wa la tghaddini* erkennen kann: »Wie man empfangen wird, ist wichtiger, als gut bewirtet zu werden.«

Nach arabischer Tischsitte ißt man mit den Händen: Reis wird in ovalen Klumpen gegessen, die man in den Mund wirft; mit geübtem Daumen, Zeige- und Mittelfinger werden die mundgerechten Klumpen elegant geformt. Bei Könnern geht kein Reiskorn auf dem Weg in den Mund verloren.

Die Essenden bieten ein Bild zurückhaltender Eleganz und Männlichkeit, das Anlaß zur Bewunderung gibt. Alle Bewegungen und Gespräche folgen einem bestimmten Muster; die alte Etikette regelt alles bis ins kleinste, auch die Art zu sitzen. Zu hocken oder mit ausgestreckten Beinen zu sitzen gilt als ordinär. Zwei Arten zu sitzen sind akzeptiert: Man kniet entweder auf beiden Knien, den Po über den Fersen, oder – und diese Stellung beeindruckt mich noch mehr – das linke Knie liegt auf dem Boden, während das rechte Bein, angewinkelt nach vorn gestellt, dem Arm als Stütze dient. Da das Körpergewicht nie ganz auf den Fersen oder Beinen liegt, sieht es aus, als wolle der Esser gerade aufstehen und gehen, was diese Sitzposition noch würdevoller erscheinen läßt.

Nach dem Essen dankt man Gott mit »*Alhamdulillah*«, steht auf, ohne zu warten, bis die anderen fertig sind, und geht hinaus, um sich Hände und Mund zu waschen, wie es *sunne* ist, also wie es Mohammed getan hat. Im Garten gießt einer der älteren Hinterbliebenen Wasser über die Hände der Gäste, denn *khadem el-qaum saijidhum*, der Diener der Leute ist ihr Herr.

Um Mißverständnisse zu vermeiden: Diese überkommenen arabischen Benimmregeln und die Trennung in Männer- und Frauenbereich gelten nur bei öffentlichen Anlässen. Die meisten Teilnehmer an diesem *aza* waren westlich gebildete Akademiker: Ärzte, Rechtsanwälte, Architekten, Ingenieure und Lehrer. Ihre europäische Kleidung verriet ihre gesellschaftlichen Positionen; ihre Bindung an die arabischen Werte und Bräuche, die mit dem Islam nach Palästina gekommen waren, litt darunter jedoch nicht.

Familientreffen

Am Abend ließ der Besucherandrang nach. Um 20 Uhr war aus dem *aza* ein Familientreffen geworden. Die Trennung von Männern und Frauen war nicht mehr nötig; wir versammelten uns im Wohnzimmer. Während der *intifada* waren solche Treffen selten geworden, und so genossen wir es, trotz des traurigen Anlasses.

Man sprach über alles mögliche, tauschte Informationen über abwesende Verwandte aus. Es ging um Heiratspläne, Gesundheit, Ausbildung, allgemeine Sorgen. Palästinenser geben Freunden und Verwandten nicht gerne Einzelheiten aus ihrem Privatleben preis oder erzählen von ihren Plänen. Man sagt gerade genug, um sich keinen Tadel (*atab*) als Geheimniskrämer einzuhandeln. Schließlich mußte sich die Familie Alami den Gerüchten stellen, daß sie die marokkanische Staatsbürgerschaft erworben hätte.

Im 14. Jahrhundert waren die Alami aus Marokko, wohin sie aus dem muslimischen Spanien gekommen sein dürften, nach Palästina eingewandert. Der Urahn war Richter in Jerusalem, einer der Söhne Richter in Gaza, wo es ihm so gut gefiel, daß er eine Tochter der Stadt heiratete und dort investierte. Seine Kinder und Enkel blieben, mit deren Nachfahren wir nun über meinen Vater verwandt sind.

Sami, ein mutiger Verwandter, fragte die Ältesten: »Bitte, was bedeutet das eigentlich, eure marokkanische Staatsbürgerschaft? Habt ihr genug von uns? Denkt ihr an die Auswanderung nach Marokko?«

»Gott bewahre«, antwortete Abu Isam. »Alle unsere Großväter und auch deren Großväter kannten nur dieses Land; es zu verlassen, fiele uns im Traum nicht ein.« Er lächelte sarkastisch: »Aber wenn der teuflische israelische Transfer-Plan gelingt und sie uns aus unseren Häusern werfen, müssen wir dank der neuen Staatsbürgerschaft nicht in Zelten hausen.«

Äpfel und Trauben

Ar-rozana ar-rozana kul il-hawa kan fiha.
Schu imlet er-rozana, allah ji dschaziha.
Ja rahdschina halab hubbi maakum rah.
Ja mhamillin inab taht el-inab tuffah.

Wehe der rozana, alle Liebe war in ihr!
Gott strafe sie für ihr Tun!
Ihr, die ihr nach Aleppo geht,
meine Liebe ist mit euch gegangen.
Ihr, die ihr Trauben tragt,
unter den Trauben sind Äpfel.

Ein Volkslied

Dschelazun

Die *intifada* brachte den Kampf des palästinensischen Volkes wieder in die Schlagzeilen der internationalen Presse. Die zunehmenden Spannungen, die Repression, die Versuche der Armee, die *intifada* zu ersticken, erregten weltweit Aufmerksamkeit. Berühmte Autoren, Sänger und Schauspieler, wichtige Politiker und Intellektuelle kamen, um sich ein Bild von den Ereignissen zu machen. Joan Baez gab ein Konzert im National Palace Hotel. Richard Dreyfuss kam, wie auch andere, um seine Sorge zu bekunden. Das American Colony und das National Palace, die besten Hotels Ostjerusalems, wimmelten von Journalisten und Fernsehteams aus aller Welt.

Als die ausländischen Reporter nicht mehr ins Westjordanland und den Gazastreifen durften, entstanden über Nacht palästinensische Nachrichtenagenturen, die die Journalisten mit Neuigkeiten über die Zusammenstöße zwischen Besatzern und Besetzten versorgten.

Peter Frisch und Roy Barber vom Playwrights' Theater in Washington waren unter den ersten Besuchern; sie sammelten Material für ein Stück über den israelisch-palästinensischen Konflikt.

Roy und Peter führten Interviews mit direkt Betroffenen; sie wollten herausbekommen, wie der Konflikt den palästinensischen Alltag belastet. Ihre Art der Theaterarbeit ist komplex. Ernsthafte Stücke dürfen nicht einfach wahre Begebenheiten, individuelle Schicksale auf die Bühne bringen. Für sie ist Theater eine intellektuelle Kunstform mit humanistischer Philosophie und Ästhetik. Um das Interesse eines fremden Publikums an der palästinensischen Tragödie zu erregen, sein Mitleid und seine Anteilnahme, wollten sie ein Kunstwerk schaffen, in dem das Leiden der Menschen, die *conditio humana*, in der Darstellung der alltäglichen palästinensischen Erfahrungen sichtbar gemacht würde. Die amerikanischen Theaterforscher stellten sich *Dschelazun* als ein ernstes Stück über die Not der Palästinenser vor, die Folge des israelisch-palästinensischen Konflikts ist.

Die zentrale Handlung

Unsere Freundin Lesley, früher Chefin des Jerusalemer Presseamts, begleitete Roy und Peter zum Flüchtlingslager Dschelazun; es war ihr zweiter Tag im Westjordanland.

»Es war Samstag, der 28. Mai 1988, einen Tag nach der Bekanntgabe des Todes des vierzehnjährigen Amin. Als Roy und ich das Haus der Familie betraten, hielten sie *aza*.« Während wir nach Gaza fuhren, beschrieb uns Peter ihre ersten Erlebnisse in den besetzten Gebieten, die sie drei Tage davor gehabt hatten. »Wir saßen mit den anderen Trauergästen im Wohnzimmer, das auch als Schlafzimmer diente.«

Ihre Erfahrung im Haus des Märtyrers war aufwühlend gewesen. Roys aufgeregte Stimme übernahm die Beschreibung der zentralen Handlung: »Wir schlürften bitteren Kaffee und lauschten der Koran-Rezitation. Als das Band zu Ende war, herrschte eine schreckliche Stille. Plötzlich stand Sarah, seine sechzehnjährige Schwester, auf. Sie ging zum Schrank und nahm Amins Kleider ...«

Roy schloß die Augen, rief sich die Szene ins Gedächtnis, die im Stück zentral werden sollte. »Sie breitete die Kleider auf dem Boden aus.« Er versuchte ruhig und sachlich zu klingen. »Sie arrangierte die Hose und das blaue Hemd, als liege er auf dem Boden. Sie hob das Hemd hoch, küßte und umarmte es. Umm Amin saß ruhig, dämmrig da, sie rührte sich nicht.«

»Wie Irene Pappas!« unterbrach ich, um die düstere Stimmung zu brechen. Doch die Szene verfolgte Roy.

»Ja, mit der Härte und Direktheit des Gefühls, aber ohne die theatralischen Gesten von Irene Pappas; Umm Amin bewegte sich nicht, und doch war sie herrlich ausdrucksstark...«, erklärte Peter. »Aber auf der Bühne müssen wir ein sentimentales Melodrama vermeiden. Was im Alltag wirkungsvoll und ausdrucksstark ist, kann«, jetzt lächelte er, »auf der Bühne kitschig und sentimental werden.«

»Um Tränendrüsentheater zu vermeiden, müssen wir das Stück vom Alltäglichen wegkriegen. Wir müssen à la Brecht die Stimmen von fanatischen Siedlern und extremistischen PLO-Mitgliedern mit hineinnehmen. Stimmen aus dem Off als Kontrast zu dem Schmerz der trauernden Familien. Während sie sprechen, nimmt die Tragödie ihren Lauf. Diese Kakophonie soll der Hintergrund sein, vor dem Amins *aza* spielt.«

Eine Liebesgeschichte

Roy und Peter waren darauf aus, direkt mit Palästinensern zu sprechen, deren Leben der politische Konflikt behindert oder durchkreuzt hatte. Die von ihnen gesammelten Geschichten belegten, wie unterschiedlich sich der palästinensisch-israelische Konflikt auf das Leben der Menschen auswirkt. Die empirische Herangehensweise, mit der sie versuchten, über individuelle Erfahrungen die palästinensische Geschichte zu begreifen, ist Teil ihrer grundsätzlichen Theorie vom Theater.

Lesley hatte Elena und mich eingeladen, damit wir die anthropologische Komponente zu ihrer Rundfahrt beisteuern würden. Peter und Roy berichteten detailliert, wie sie sich ihr Palästinenser-Stück vorstellten, so daß wir dann örtliche kulturelle Einzelheiten erklären konnten. Da die Berichte, die wir zu hören bekamen, schmerzhaft und aufwühlend waren, gerieten wir in eine reinigende Gruppendynamik. Unter uns fünf wuchs eine enge Vertrautheit. Heute kann ich die Grundlage unserer Intimität nicht mehr benennen – ob es ihr Versuch war, die tiefen Gefühle und den Streß zu verstehen, wie man es beim *method-acting* macht, oder ob Roy und Peter wirklich so aufgewühlt waren, daß sie darüber reden mußten.

Unser Gespräch wurde zu einem sehr persönlichen intensiven Austausch, in dem Erinnerungen und Erfahrungen aus unserem eigenen Leben hochkamen. Wahrscheinlich waren wir von dem Leid, der Gewalt und der Armut um uns so überwältigt, daß wir uns aneinanderklammerten; wir stammten alle aus eher wohlhabenden Verhältnissen mit überbesorgten Eltern. Durch die Dramatisierung des palästinensischen Leids, also der Intellektualisierung der Ereignisse durch ihre Umformung in Kunst, distanzierten wir uns von der schmerzlichen Sentimentalität der Situation.

Die Beziehung zwischen Theater und Anthropologie hat mich schon immer fasziniert. Um 1980 waren ethnographische Dramen in den Vereinigten Staaten unter Kulturanthropologen populär; zwei von ihnen, Victor Turner und Colin Turnbul, benutzten das Theater, um ihre Monographien über die afrikanischen Völker der Ndembu und Ik neu zu interpretieren. Zusammen mit Richard Shackner gründete Victor Turner in New York einen *drama workshop*. Turnbul produzierte das Stück *The Ik* mit Peter Brook als Regisseur. Andere Anthropologen experimentierten zu der Zeit mit neuen »narrativen Medien«. In Philadelphia bildete sich die Schule der *visual anthropology,* und einer meiner Professoren, Jay Ruby, setzte sich für »Filmethnographie« ein: Film statt der üblichen Feldstudienprotokolle und Abhandlungen.

Elena und ich mußten uns ständig wieder bewußt machen, daß Roy und Peter keine Anthropologen waren, die Feldstudien betrieben, sondern Theaterleute mit einem ganz anderen Anliegen. Als anthropologische Führer mußten wir zwischen ihrer künstlerischen Sicht und der palästinensischen Kultur vermitteln.

Im Frühling hatten wir Lesley und Maher, ihren Mann, überredet, mit uns das kleine biblische Dorf Taibeh zu besuchen, keine zwanzig Kilometer vom Berg der Versuchung. Nach vierzig Tagen der Einsamkeit und des Fastens war Jesus Christus zunächst nach Taibeh gegangen, wo er Jünger hatte, und hatte das Fasten gebrochen. Von dort war er weiter nach Jerusalem gegangen, um Ostern zu feiern. Der Ortsgeistliche, John Sansour, bietet Pilgern immer noch das traditionelle *mansaf* an, das er »Speise Ephraims« nennt. Außerdem hält er neben der Kirche ein traditionelles Bauernhaus intakt: *baituna el-falastini* (unser palästinensisches Haus).

Lesley, aus baptistischem Elternhaus, war voller Ehrfurcht vor dem Ort. Die traditionellen heiligen Stätten der Griechisch-Orthodoxen, der Armenier und Katholiken hatten sie nicht beeindruckt; sie vermißte die Spiritualität des Neuen Testaments. In *baituna el-falastini* fühlte sie die gesellschaftliche und spirituelle Atmosphäre, in der Jesus gelebt hatte. Verschiedene Details des Gebäudes, die zu Beschreibungen der Bibel paßten, brachten ihr Sprüche und Taten Jesu sinnlich nahe. Übrigens sind die Menschen von Taibeh, dem biblischen Ofrah, davon überzeugt, von Jesus selbst bekehrt worden zu sein.

Baituna el-falastini ist nicht nur von religionsgeschichtlicher Bedeutung; es ist auch ein gut erhaltenes traditionelles palästinensisches Bauernhaus, das einen Eindruck von der räumlichen Orientierung und den symbolischen Elementen vermittelt, in denen sich palästinensische Werte, Familienstruktur, Wirtschaft und Ästhetik widerspiegeln. Mit dem Haus versucht Pastor Sansour die kulturelle und spirituelle Kontinuität zwischen dem biblischen Alltag und den heutigen palästinensischen Sitten und Gebräuchen zu demonstrieren. Auf der Bühne kann dieses Setting verwendet werden, um die palästinensische Lebensweise vor dem großen Bruch darzustellen, bevor die Palästinenser der Küste gezwungen waren, ihre Häuser zu verlassen und in Gaza, im Westjordanland, in Jordanien, dem Libanon und Syrien in drei mal zwei Meter großen Hütten Zuflucht zu suchen.

Das traditionelle palästinensische Haus, *bet el-uqde*, ist ein zweistöckiges großes Zimmer, unter dessen gewölbtem Steindach Mensch und Tier Platz finden. Die einen Meter dicken Mauern bestehen aus einer Innen- und einer Außenwand. Die Außenwand ist aus wohl behauenen Steinen gefügt, die groben Steine innen sind vergipst. Der Raum dazwischen, *el-kallin*, wird mit Kieseln und Sand gefüllt und ist manchmal über einen Meter breit. Solche Mauern gleichen die großen Temperaturunterschiede zwischen Tag und Nacht hervorragend aus.

Ab einer bestimmten Höhe wölben sich die Wände nach innen und verschmälern sich zu Bögen, die in der Mitte zusammentreffen und so die Decke bilden. Der Punkt in der Mitte, wo die Wände zusammenstoßen, heißt *el-uqde*, der Knoten – daher der Name dieser Hausform. Die Bögen sind dekorativ und zugleich wesentliche Stützen des Daches, über sie wird das Gewicht der Steine gleichmäßig verteilt, so daß die Häuser Jahrhunderte überdauern.

Jahrtausendelang haben der palästinensische Bauer und seine Familie in erstaunlicher Harmonie mit den Tieren im *bet el-uqde* gelebt. Unter so einem Dach kam Jesus zur Welt. Das Christuskind in der Krippe, Maria und Joseph, die drei Weisen aus dem Morgenlande, drumherum Hühner, Lämmer, Ochs und Esel, dieses bekannte Bild gibt die Harmonie zwischen dem palästinensischen Bauern und seinen Haustieren wieder. Pastor John Sansour zieht die Parallele zwischen der palästinensischen und der heiligen Familie.

Das *bet el-uqde* hat zwei Stockwerke: *el-mastabe* und *qa ed-dar*. Das obere, *el-mastabe*, ruht auf Bögen; es ist nicht höher als zwei Meter. Im Raum unter den Bögen sowie in der Felsenhöhle – normalerweise das Fundament – stehen die Tiere über Nacht.

»Wenn man die Treppe zur *mastabe* hochgestiegen ist, zieht man die Schuhe aus«, erklärt Pastor Sansour, »stellt sie fern vom großen Wasserkrug ab und geht barfuß auf den *husur* (Strohmatten). Die *mastabe* gilt nämlich als *taher*, rituell rein, während der Stall darunter *nidsches*, unrein, ist. Da die muslimischen, jüdischen und christlichen Vorstellungen von dem, was bei der Frau rein und unrein ist, ganz ähnlich sind, durfte die in den Wehen liegende Jungfrau Maria die *mastabe* nicht beflecken. Deshalb führte man sie zum Stall unten.«

»Ich dachte, der Herr kam in einem Holzschuppen zur Welt?« erkundigte sich Lesley.

»Die italienischen Renaissancemaler haben sich das so vorgestellt.«

Eine kleine, grün gestrichene Truhe war das einzige Holzmöbel. Pastor Sansour erklärte gleich: »Die Truhe ist Teil der Mitgift. Wenn die Braut vom Haus des Vaters ins Haus der Familie des Mannes zieht, wird die Truhe mit Wäsche gefüllt.«

Der *widschaq* und die *rozana* sind die exotischsten Einbauten der *mastabe*.

»Um die Feuerstelle, *widschaq*, sitzt die Familie aneinander gekuschelt. Der Winter kann nämlich extrem kalt werden, besonders in den Bergen. Dann kocht man auch das Essen auf der Feuerstelle. Für die Nacht verwandelt sich das Wohnzimmer ins Schlafzimmer: Strohmatten, *husur*, werden ausgebreitet, darüber werden Matratzen gelegt. Tagsüber liegt das Bettzeug aufgerollt in einer Nische (*rakze*).«

Die *rozana* ist ein leerer Raum zwischen zwei Mauern, die das obere Stockwerk ins Wohnzimmer vorn und den Vorratsraum hinten unterteilen.

»In der *rozana*«, Pastor Sansour bückte sich, um einen Deckel, einen runden Stein, herauszunehmen, »hob man in den verschiedenen Kammern Kichererbsen, Linsen, Weizen und anderes Getreide auf. In dem Raum hinter der *rozana* lag die *mune*: Mehl, Olivenöl, geklärte Butter, Käse, *zaatar* (wilder Thymian), Oliven, Rosinen und getrocknete Feigen, Aprikosen, Tomaten und Kürbis. Wenn ein fremder Mann kam, verzogen sich die Frauen in den Vorratsraum. Für Gäste, die über Nacht blieben, legte man Matten und Matratzen im Mune-Raum hinter der *rozana* aus.«

»Der *rozana* verdanken wir eines der bekanntesten Volkslieder von Großsyrien«, erklärte ich den Gefühlswert dieser Lagermauer, »im ländlichen Palästina ist es sehr beliebt.«

»Lieder, besonders alte Volkslieder«, unterbrach mich Roy, »werden wir ins Stück einbauen. Die Lieder und Melodien werden nicht nur Lokalkolorit beisteuern und das Stück bereichern, wir werden sie vor allem in den Flashbacks einsetzen.«

»Ein Volkslied, das hinter der Bühne gespielt wird, kann Umm Amin an ein ähnliches Lied erinnern und in ihr Bilder aus ihrer Kindheit in Lydda wachrufen. Ein Lied führt zu einem sehnsüchtigen Flashback: die alten, ruhigen Tage des Friedens und der kleinen Freuden des Familienlebens.«

Wir waren schon beim Rausgehen. Oben auf der Treppe fügte Pastor Sansour fröhlich hinzu: »*Ar-rozana* handelt von einer unglücklichen Liebesgeschichte. Das Land litt damals unter Trockenheit und Lebensmittelknappheit. Ein Mädchen, das ihren Vetter liebte, wurde gezwungen, einen reichen Fremden von weit weg zu heiraten, um die Familie vor dem Verhungern zu bewahren. Im Lied klagt das Mädchen die *rozana* an, weil ihr Getreide zur Neige gehe, die Speisekammer trage die Schuld an der Trennung vom Geliebten.«

»Wenn Sie gestatten, ergänze ich noch etwas vom anthropologischen Standpunkt: Eigentlich war der Vetter dem Mädchen bestimmt. Es ist nämlich Brauch, den Sohn des Onkels väterlicherseits oder der Tante mütterlicherseits zu heiraten.« Lesley hatte die Schwelle des Hauses schon überschritten. Sie steckte den Kopf wieder herein und scherzte: »Wahrscheinlich war die Ehe mit dem reichen Fremden genetisch gesehen das Richtige.«

Familienerbe

Die Parallelen zwischen Kulturanthropologie und Theater sind immens; beide versuchen, die *conditio humana* zu ergründen. Stanislawskys *method-acting* hat mit Bronislaw Malinowskys anthropologischem Konzept der »teilnehmenden Beobachtung« große Ähnlichkeit. In Anthropologie und Theater muß das erkennende Subjekt eine intensive persönliche Beziehung mit seinem Studienobjekt eingehen: Anthropologe und Schauspieler müssen ihr Selbst im Studienobjekt aufgehen lassen. Der Forscher muß sich auf die Einheimischen einlassen. Beobachter und Beobachtete verändern einander sowohl auf der Ebene des Verstandes wie auf der der Gefühle. Wissen, besonders das über Menschen, ist unausweichlich subjektiv.

Subjektivität ist Voraussetzung, das Leben anderer zu verstehen. Indem man zeitweise ganz in das Leben des zu erforschenden Volkes oder in den Charakter der darzustellenden Person eintaucht, erhöht man als erkennendes Subjekt sein Bewußtsein und seine Wahrnehmung des Studienobjekts.

Der Strom meiner Gedanken hörte auf, als wir in Dschabalja, dem mit etwa 55 000 Bewohnern größten Lager des Gazastreifens, ankamen. Wir besuchten eine Flüchtlingsfamilie. Peter Frisch und Roy Barber waren entsetzt über die Steine, Fässer und Stacheldrahtzäune am Eingang zum Lager. Für ihr Stück planten sie einen sieben Meter hohen Zaun quer über die Bühne.

»Die Schauspieler sind immer dahinter, das Publikum muß die ganze Zeit durch die Maschen schauen – sie sollen sich wie in einem großen Gefängnis fühlen. Die Einzelheiten der Realisierung müssen wir mit Russel Methany, dem Bühnenbildner des New Playwrights' Theater erarbeiten«, sagte Roy.

Ich übersetzte für Roy und Peter, als die neunundsechzigjährige Umm Ahmad erzählte, wie ihre Eltern, ihre fünf Kinder, ihr Mann und die meisten Einwohner des Dorfes el-Hlegat bei Aschqelon im Frühjahr 1948 niedergemetzelt wurden.

»Und es geschieht weiter«, klagte Umm Ahmad, für die sich die jüngste Eskalation der israelischen Militärmaßnahmen in Dschabalja mit der Katastrophe von 1948 zu einem einzigen Alptraum verbunden hatte.

»Sie töten uns. Ihre ständigen Ausgangssperren machen uns zu Gefangenen; dann bombardieren sie unsere

Häuser mit Tränengas.« Sie hielt ein und sah mich flehend an, damit ich auch wirklich alles übersetzte.

»Ihre Grausamkeit ist unvorstellbar. Während der letzten Ausgangssperre stand meine Enkelin in der Haustür. Als die Soldaten sie sahen, ein Kindchen von gerade 18 Monaten, rannten sie ins Haus, warfen alles darin um. Badewanne und Waschbecken zerschlugen sie. Die geklärte Butter gossen sie aus, schütteten die Jahresration Mehl darüber und vermischten es mit Kerosin.« Ihre perlenförmigen Augen beobachteten mich genau, während ich ihre Worte – ihre Empörung und Wut – ins Aufnahmegerät sprach. Ehe ich fertig war, seufzte sie voll Kummer: »Nur ein Kindchen, das kaum laufen kann.«

Die Erinnerung an die erlittene Demütigung, verbunden mit ihrer völligen Ohnmacht, ließ Tränen ihre Wangen herunterlaufen. Mit ihrem weißen Taschentuch tupfte sie das rechte Auge, dann das linke. Sie fing sich. Die glühenden Augen lächelten wieder. Bald strahlte ihr liebes Gesicht, und sie verschwand im Meer der Erinnerung.

Ich betrachtete das verrunzelte Gesicht; ein grausames Leben hatte sich eingeschrieben. Wenigen Palästinensern ist die Erfahrung von Elend und Not erspart geblieben. Ich fühle mich unwohl, irgendwie schuldig, weil ich weniger gelitten habe als die meisten Palästinenser. Meine Schwierigkeiten gehen auf die gleichen politischen Ereignisse zurück. Doch verglichen mit dem Leben derer, die miterleben mußten, wie ihre Familien niedergemetzelt wurden, die ihren ganzen Besitz, ihr

Land verloren haben, die ihre Heimat verlassen mußten und jetzt im Flüchtlingselend leben, erscheinen meine Probleme banal. Als Staatenlose haben wir keine Pässe. Laisser-passer und behelfsmäßige Pässe lassen uns fast überall zu *personae non gratae* werden. Einigen Palästinensern geht es vergleichsweise gut, sie leben bequemer als andere, haben keine Verwandten durch Gewalt verloren. Doch wir leben alle in einem großen Gefängnis. Unsere Reisefreiheit, unsere wirtschaftlichen und kulturellen Möglichkeiten sind stark eingeschränkt. Die politischen Auseinandersetzungen haben die Entwicklung jeglichen kulturellen Ausdrucks gehemmt. Unser ganzes Leben ist politisiert. Besiegt und ohnmächtig, wie wir nun einmal sind, werden wir für Außenstehende zu »Opfern« und sonst gar nichts. Die Konfrontation mit dem viel greifbareren Schmerz anderer Palästinenser verstärkt nur noch meine ewige Angst und Verzweiflung.

Ich versuchte meine Gefühle unter Kontrolle zu halten. Ich hielt meine Augen auf Umm Ahmads Gesicht gerichtet. Eine Goldmünze an ihrem Kinn zog meine Aufmerksamkeit auf sich. Sie hatte zwei Funktionen. Zum einen zeigte das Erbstück ihren gesellschaftlichen Status als Bäuerin an, die vor der *nakbe* Grund und Boden besessen hatte. Zum anderen diente es als Schmuck: die Münze war eine elegante Art, die verknoteten Enden ihrer *khirqa* zu verbergen, des Kopftuchs, das ihre *taqije*, einen abgeflachten kegelförmigen Hut, festhielt.

Ich sah mich im Zimmer um. Auf dem Ehrenplatz über dem Weidenrohrsofa hing ein altes Schwarzweiß-Photo.

»Das muß ein Photo von einem nahen Verwandten sein«, sagte ich mir. »Wer könnte dieser Mann in den besten Jahren auf der Aufnahme aus den fünfziger Jahren sein?« Ich suchte nach seiner Verbindung mit Umm Ahmad. »Er sieht ihr sehr ähnlich. Sie haben die gleichen kleinen Augen und das gleiche ovale Gesicht. Sogar ihr freundliches Lächeln ist das gleiche. Als Mann hat er natürlich eine weiße *kaffije* mit einer schwarzen *iqal* auf dem Kopf. Seine weiße *tobe* (weites Gewand) aus Satin hat die traditionellen grünen Längsstreifen. Mit der Linken hält er sich zaghaft an einer Stuhllehne, mit der Rechten stützt er sich ganz leicht auf seinen Stab, so würdig wie Umm Ahmad. Ihr Vater kann er nicht sein; dafür ist er zu jung. Ist er ihr Bruder, ihr Mann?«

Anthropologisch gesehen war das Hausinnere eine kulturelle Goldmine. Mich wunderte das begrenzte Interesse von Roy Barber und Peter Frisch – es beschränkte sich auf erzählte Geschichte. Als Anthropologe untersuchte ich automatisch das Zimmer, studierte den Gebrauch des Raumes. Die Stühle waren an die Wand gerückt. Die Photos hingen zu hoch. Ich bemerke wieder einmal, daß die Araber von Wasserbildern fasziniert sind (sogar in Beduinenzelten findet man Bilder von venezianischen Gondeln). Mir hatte man den Ehrenplatz in *sidr el-bet* (in der Brust, im Herzen des Hauses) zugewiesen. Wir waren mit ritueller Gastfreundschaft empfangen worden: Zuerst hatte man gekühlte Getränke gebracht, dann Früchte und – seltsamerweise – Gurken zwischen den Apfelsinen und Äpfeln. Der *ahwet ma es-salame*,

Abschiedskaffee, würde uns zeigen, daß wir gehen sollten. Ein Anthropologe will eine dichte Beschreibung der kleinsten Einzelheiten des gesellschaftlichen Lebens: der religiösen Rituale, der sozialen Verhaltensmuster, der Essenszubereitung, Verwandtschaftsbeziehungen usw. Doch ich durfte nicht vergessen, daß dies kein gemeinsames Projekt von Anthropologen und Theaterleuten war.

Roy und Peter interessierten sich für das erzählbare Palästina. Sie beschränkten sich aufs Sammeln von Geschichten; über Interviews wollten sie Lebensgeschichten rekonstruieren. Sie hatten klare Ziele; der Palästinenser als politisches Opfer interessierte sie. Erfolge und Mißerfolge der Palästinenser, ihr Selbstwertgefühl, ihre Hoffnungen, Enttäuschungen und Frustrationen kümmerten sie nur, wenn diese direkt mit dem palästinensisch-israelischen Konflikt zusammenhingen, wenn sich ein Leben in politische Begriffe fassen ließ.

Ich übersetzte immer noch zwischen Umm Ahmad und Peter und Roy.

»Der Lärm von Kugeln und Granaten riß uns aus dem Schlaf. Wir ließen alles außer den Kindern zurück und rannten weg. Wir liefen zwischen den Kaktussträuchern durch die Hinterhöfe (*hawakir*), wie man sie damals noch hatte, und suchten im Nachbardorf Zuflucht. Ein paar Tage später kamen Leute und sagten, daß unser Dorf nicht zerstört sei und daß das Getreide (*el-hubub*) auf den Feldern auf uns wartete. Wir nannten hundert *dunums* (zehn Hektar) unser eigen. So beschlossen wir,

Kleider und Lebensmittel zu retten und das Korn zu ernten. Kaum hatten wir mit der Ernte begonnen, als ein Flugzeug am Himmel erschien. Bomben und Kugeln begannen zu fallen. Wir liefen in alle Himmelsrichtungen. Ich sah, wie mein Mann, meine drei Töchter und meine zwei Söhne tot niedersanken. Gott verschonte mich – ich weiß nicht warum. Ein Bombensplitter drang in mein Bein, kam auf der anderen Seite wieder raus und verletzte noch meinen acht Monate alten Sohn Ahmad. Als ich zu mir kam, lag ich in einem Boot ... « Sie verlor den Faden. Eine der Enkelinnen ermunterte sie: »Sag ihnen, was mit unserem Vater Ahmad geschah.«

Umm Ahmad versank in Gedanken. Wir fühlten uns etwas unwohl. Elena beschäftigte sich mit einem fünfjährigen Kind, von dem sie bald aus dem Zimmer hinausgeführt wurde. Auf diese schmerzliche Erinnerung hatte uns Lesley nicht vorbereitet – in über vierzig Jahren war die alte Dame noch nicht über ihren Schock hinweggekommen.

Ein paar Monate später begleitete Lesley meinen Schwiegervater auf eine ähnliche Reise. Wir ersparten ihm die gespenstige Erzählung. Stattdessen zeigten wir ihm das Haus, um ihm die schwierigen Lebensverhältnisse vor Augen zu führen. Das Haus war tipptopp sauber. Er trank ihren Tee ohne einen Anflug von Ekel. Umm Ahmad und ihre Familie sind arm, aber ehrlich. Beim Rausgehen merkten Lesley und ich, daß ihn das Flüchtlingsschicksal nicht beeindruckt hatte. Er fragte mich: »Wieso haben sie so ein großes Farbfernsehgerät und du nicht?« Für ihn als Lateinamerikaner waren die palästinensischen Flüchtlinge ganz normale Arme – und er hatte schon viel ärmere gesehen. Lesley hatte es nicht leicht, ihm zu erklären, daß diese Leute landbesitzende Bauern gewesen waren, daß sie vor dem Verlust Palästinas wirtschaftlich unabhängig, ja sogar ziemlich gutgestellt waren. Für sie war es schwer, sich an Armut und Hilfsbedürftigkeit anzupassen, sie waren in diesen Zustand nicht hineingeboren worden: Sie waren Opfer der Politik.

Elena kam lächelnd zurück. Sie ging zu Umm Ahmad, klopfte ihr sanft auf die Schulter, sah sie herzlich an und sagte: »Sie haben ja so liebe Kinder. Sie haben Glück, daß Sie Ihre Enkelkinder bei sich haben.« Umm Ahmads Augen leuchteten wieder.

»*Allahi jitimek* (Möge Gott auch dich davon kosten lassen)!«

»*Allah karim* (Gott ist freigebig)!« Elena benutzte die angemessene Antwort auf den traditionellen Wunsch, der sich auf unsere Kinderlosigkeit bezog. Als wir nach Jerusalem gezogen waren, lagen uns die Leute ständig mit »Kindern« in den Ohren. Wir wußten nicht, was wir dazu sagen sollten. Niemand verstand, daß Elena erst ihre Doktorarbeit abschließen wollte. Schließlich belehrte Mutter uns: Nach »*Allah karim*« würde man Ruhe geben.

Nach einem Moment der Stille, der mir wie Stunden vorkam, fuhr Umm Ahmad mit ihrer grauenvollen Erzählung fort:

»Als ich zu mir kam, war ich in einem Boot, von ägyptischen Soldaten umgeben, die die Verwundeten von

Faludscha nach Gaza brachten. Doch die Juden überraschten uns: sie beschossen uns von einem Schiff. Wir kehrten ans Ufer zurück, und ich wurde über Land nach Gaza gebracht.

Erst im baptistischen Krankenhaus wurde mir klar, daß mein Sohn nicht mehr bei mir war. Ich wollte nicht länger leben. Niemand wußte, was mit ihm passiert war, und die Bilder vom Massaker verfolgten mich. Wozu weiterleben ohne Familie? Ich rührte kein Essen an. Nein, ich habe es nicht verweigert, ich konnte gar nicht mehr. Ich wollte nur sterben, aufhören zu leben. Die Ärzte und Schwestern waren gut zu mir, sie versuchten mir Mut zu machen. Doch fern von zuhause? Ohne meine Familie? Wozu denn?

Nach zwei Tagen kam mein *khal*, der Bruder meiner Mutter, ins Krankenhaus.« Sie zeigte hoch auf das Bild, das mir schon aufgefallen war. »Er war der einzige Überlebende. Doch er trug den Geruch von Vater und Mutter, denn er war der Bruder meiner Mutter und der Sohn der Tante väterlicherseits meines Vaters (*iben ammet abuji*).

Er wußte, daß Ahmad in einem anderen Krankenhaus lag – mit einer tiefen Wunde am linken Fuß. Da hatte ich wieder Lust zu leben. Ich bat um Essen. Ich stand auf, um gleich zu ihm zu gehen. Aber ich fiel hin. Ich war zu schwach. Doch ich war schnell wieder auf den Beinen. Ich ging, um den einzigen zu sehen, der von meiner Familie geblieben war: Ahmad, meinen Sohn. Die Ärzte wollten sein Bein amputieren, um den Wundinfekt zu stoppen. Für eine komplizierte, langwierige Behandlung fehlte mir das Geld. Ich hatte nur zwei Goldmünzen, die Teil meines *nqut* gewesen waren, des Brautgeschenks meiner Mutter; Gott sei ihrer Seele gnädig. Ohne zu zögern verkaufte ich die eine – die andere habe ich noch. Wissen Sie ... « Sie zeigte auf die Goldmünze unter ihrem Kinn. »Ahmads Bein wurde nicht amputiert. Aber er humpelt.«

Die Flüchtlingslager waren zu jener Zeit noch nicht durchorganisiert. Hunderttausende von Flüchtlingen füllten das Westjordanland und den Gazastreifen; obdachlos, verstört und hungrig strömten sie in die Städte. Doch das Leben ging weiter und verlangte seinen Tribut. Um ihren Sohn zu ernähren, schleppte Umm Ahmad auf Baustellen Sand. Sie hatte keine Schuhe, und ihr fehlte das Geld, sich welche zu kaufen. So band sie Lumpen um die Füße; der Boden war ja brennend heiß. Später ging sie von Haus zu Haus und bot ihre Dienste an: Putzen und Waschen. Sie ließ sich im Lager Dschabalja nieder. Ahmad ging auf UNRWA-Schulen. Er hatte Glück: Als er fertig war, wurde er als Lehrer angestellt. Umm Ahmad fuhr fort: »Mit seinem ersten Lohn kam er zu mir, ich solle mir etwas Schönes kaufen. Ich antwortete: ›Ich will eine Familie, ich will, daß du Fida heiratest, die Tochter meines Bruders (*bint khalak*). Ich will Kinder um mich haben. Ich will eine große Familie.‹«

Die weiße Sonne

Früher fischten die Fischer aus Gaza überall im Mittelmeer. Nach dem Junikrieg 1967 wurde ihr Fanggebiet drastisch verkleinert; seit dem Camp-David-Vertrag ist es auf 700 Quadratkilometer beschränkt.

Sommernachmittag in Gaza. Die Sonne scheint über dem leeren Meer. In ferner Traurigkeit spielen Kinder. Abu Amer, ein Fischer, steckt sich eine Marlboro an.

»Die Unterzeichnung des Vertrages von Camp David war das Todesurteil für uns Fischer«, erklärt er feierlich. »Davor, vor dem Rückzug der Israelis aus dem Sinai, konnten wir bis zum Suezkanal ausfahren. Durch die Unabhängigkeit des Sinai wurden die palästinensischen Fischer auf 35 Kilometer Küste mal 20 Kilometer im Meer begrenzt. Für die 750 Fangschiffe des Gazastreifens reichen diese 700 Quadratkilometer gerade mal als Liegeplatz.« Er prüft die Wirkung seiner Worte. Er nimmt die Kaffeetasse, schlürft bedächtig.

»Sogar beim Erneuern der Fangerlaubnis machen sie Schwierigkeiten. Von tausend Anträgen sind erst ein paar bearbeitet, nur vier wurden bewilligt.« Er starrt in die Ferne und stellt die leere Kaffeetasse wieder ab.

Worte bewirken nichts. Abu Amer lächelt nervös. Die weißen Haare seines schönen, frisch gestutzten Schnauzers glitzern, sie reflektieren das flackernde Licht des Meeres. Seine Augen strahlen vor Freude, als er die türkisfarbenen Flecken auf den wogenden Wellen betrachtet. Das Licht wird von der Wasseroberfläche zurückgeworfen und umgibt ihn mit einem Strahlenkranz. Als er zum Gehen aufsteht, überragt er uns wie eine byzantinische Ikone; seine untadelig weiße *dschallabije* glüht in der weißen Nachmittagssonne.

Wir setzen uns wieder hin, allein, ergriffen von seiner inneren Stärke. Uns klingen Abu Amers letzte Worte noch in den Ohren: »Ein Quentchen Glück ist mehr wert als 500 Pfund Gerissenheit (*schatara*) plus 500 Pfund Plackerei«, er hält ein » – und wir Gazawis haben kein Glück.« Tragische Worte, besonders von einem Mann, der immer von der Gnade des Meeres gelebt hat.

»Solange der intellektuelle und künstlerische Ausdruck, den die Palästinenser ihrem Problem geben, ortsabhängig und eingeschränkt bleibt, gibt es keine Verallgemeinerung ihrer Tragödie. Palästinenser müssen Neues erkunden und einen künstlerischen, intellektuellen, politischen Ausdruck finden, der die Welt draußen berührt, der in den Menschen selbst Gefühltes zum Mitschwingen bringt«, Roys schüchterne Stimme erhebt sich leidenschaftlich: »Ich hoffe, daß unser künstlerisches Geschick dieser Aufgabe gewachsen ist: die Selbstentdeckung eines Volkes zu feiern.«

»Der Palästinenser ist ein Opfer der Geschichte des zwanzigsten Jahrhunderts!« ruft Peter, vom Elend und Leid der Palästinenser, die er interviewt hat, überwältigt. »Was dem palästinensischen Kampf sein Pathos gibt, ist die paradoxe Position des anderen Opfers des Zweiten Weltkriegs, des Juden, und dessen Metamorphose in einen rachsüchtigen Peiniger.« Peter hält eine Minute inne. Dann bestimmt er das dramatische Potential der *intifada*: »Der palästinensisch-israelische Konflikt ist eine Tragödie im aristotelischen Sinn des verhängnisvollen Irrtums.«

»Wir hoffen, daß unser Stück den Kampf, das Bemühen, die Fehlschläge und den Schmerz der Palästinenser angemessen ausdrückt. Unser Ziel ist es«, so zieht Roy das Fazit, »eine Form zu finden, die all die gesammelten Biographien zusammenfaßt; eine künstlerische Verkörperung, die das Mitgefühl mit den Palästinensern stärkt.«

»In dieser Hinsicht«, denke ich, »ist das unmittelbare Theater gegenüber ethnographischen Monographien im Vorteil. In einem Drama kann man das Pathos einer Kultur viel leichter ausdrücken.«

»Es passiert mir fast jede Stunde«, höre ich Peter sagen, »daß ich – ohne konkreten Anlaß – mit den Tränen kämpfen muß: der Schmerz durchzieht sogar die palästinensische Landschaft.«

Peter Frisch nimmt die Sonnenbrille ab und starrt auf das glühende Wasser des Mittelmeers. Verwirrt lassen wir uns in die Stühle sinken, allein mit der weißen Sonne und dem leeren Meer. Die Stille in dem alten Café in Gaza reicht bis in die Ewigkeit – nur vom Geräusch der Brandung immer wieder ohne viel Aufhebens unterbrochen.

Roy und Peter kehrten nach Amerika zurück. Das Stück wurde nie produziert.

Die *intifada* erreicht Jerusalem

Umm Nabil

Wir hatten keine Zeit, das übliche Willkommenslächeln auf dem Gesicht unserer Nachbarin Umm Nabil zu sehen, als wir über die Schwelle der geöffneten Tür eilten. Am Samstag, dem 17. Dezember 1987, gab es kein *ahlan wa sahlan*, es war keine Zeit für die vorgeschriebenen Grüße. Sie war Lehrerin, also gab sie Elena und mir gleich Anweisungen: »Nehmt sofort die feuchten Tücher von euren Gesichtern! Die nützen jetzt nichts.« Sie führte uns an der Hand in die Küche. »Das beste Mittel sind Zwiebeln.«

Die Tür, durch die wir gekommen waren, wurde zugeschlagen; gleichzeitig hörten wir die nächste Tränengasbombe explodieren.

Ein paar Nachbarn waren schon in der Küche. »*Itfaddali, itfaddal* (bitte, bitte).« Umm Nabil bot uns von den vielen geviertelten Zwiebeln an. Wie die anderen hoben wir sie an unsere Nasen und preßten den Saft aus den durchscheinenden Häuten.

Paradoxerweise sind Zwiebeln (die normalerweise Tränenbäche hervorrufen) das einzige Mittel gegen das brennende Stechen von Tränengas. Das Gas wirkt wie Pfefferpulver, das einem in die Nase gepustet wird. Es brennt in Hals, Nase und Augen, es hört nicht auf zu stechen. Ströme von Tränen laufen die Wangen hinab, beißen ins Fleisch. Sobald man Zwiebelsaft einatmet, lassen die schmerzhaften Symptome nach.

Die Euphorie während der Konfrontationen mit israelischen Soldaten ist ansteckend. Die Erregung dringt von der Straße hinauf durch die Fenster zu uns Schaulustigen. Wiederholt brechen wir in stürmischen Applaus aus. Die Zuschauer in den Fenstern und auf den Balkons, Männer wie Frauen, bedienen sich üblicher Formeln: »Möge Gottes Hilfe mit dir sein!«, »Möge Gott deine Jugend schützen!« Auf einmal erlangen diese Redensarten ihre schon verlorene tiefe Bedeutung wieder.

Früh am Samstag, dem 17. Dezember 1987, weckte mich eine gewaltige Explosion. Ich schaute aus dem Schlafzimmerfenster. Eine Gruppe Studenten und einige vermummte Männer griffen ein Symbol der Besatzung an: einen Transporter der Stadtverwaltung. Unsere enge Seitenstraße war zum Schlachtfeld geworden. Zwei Jugendliche traten wild in den Transporter. Die anderen rannten davon. Die zwei versuchten, den Wagen umzustürzen – vergebens. Sie hatten nicht viel Zeit, jeden Augenblick konnte die Armee da sein. Sie gaben auf, stattdessen schlugen sie die Fenster des städtischen Autos mit Steinen ein, die plötzlich mitten in der Stadt bereit lagen. Ein brennender Reifen wurde unter den Transporter gerollt. Wir warteten auf die Explosion des Benzintanks – vergebens. Soldaten erschienen in der Straße; die beiden rannten weg. Das Scharmützel war vorbei.

Unsere Wohnung war voller Tränengas. Wir wußten nicht, wie wir das brennende Stechen stoppen konnten. Wir legten uns feuchte Handtücher aufs Gesicht, doch die Schmerzen wurden unerträglich. Wir gingen zu Umm Nabil, um Rat einzuholen.

Unser Versuch, so zu tun, als sei es ein normaler Besuch, scheiterte gleich. Wir konnten nicht im Empfangszimmer bleiben. Was sich da unter unserem Schlafzimmerfenster abspielte, war heftiger geworden und die Anfeuerungsrufe lauter. Wir schlossen uns bald den anderen Gästen auf dem Balkon an und verfolgten die Schlacht, die in unserer kleinen Straße tobte.

Die maskierten Jugendlichen beeindruckten uns. Die traditionelle *kaffije*, ein fester Bestandteil der palästinensischen Bauerntracht, war ein nationales Symbol geworden und nicht mehr auf Bauern und Beduinen beschränkt. Sie ist ein Zeichen der Aktivisten im nationalen Befreiungskampf. Wenn das rot-weiß oder schwarz-weiß gewürfelte Tuch richtig um den Kopf gewickelt wird, erscheinen nur noch die Augen.

Wir stützten uns aufs Geländer und tranken Kaffee. Die Gastgeberin lief von einem Gast zum anderen und bot uns Weihnachtsgebäck an. Das Gas war dank der Zwiebel kaum noch wirksam. Ich balancierte meine Zwiebel auf dem Rand des Geländers und wünschte, obwohl vom Kampf der maskierten jungen Männer in Anspruch genommen, immer wieder: »Fröhliche Weihnacht! Frohe Weihnachten!«

Ein Schwall von Beleidigungen ergoß sich über die israelischen Soldaten; das sollte ihre Männlichkeit erschüttern. Es war eine komische Szene: Die Jugendlichen benutzten vulgäre, grob unanständige Wörter. Da das Publikum Männer und Frauen umfaßte, riefen diese Wörter Verlegenheit und Unbehagen hervor, die nur durch Lachen gelöst werden konnten. Die Antwort der Soldaten beendete das Gekicher: Tränengas.

Wir folgten den Schritten der Vermummten; sie schlenderten auf die Soldaten zu, die vor den Steinen hinter einer Mauer Schutz suchten. Ein maskierter Junge tänzelte kokett, machte sich über die Soldaten und ihre Bomben lustig. Die Soldaten waren von den Jugendlichen durch eine Barrikade aus Steinen, Felsbrocken, eisernen Mülltonnen und brennenden Reifen getrennt. Ein Soldat schoß eine Tränengasbombe; der Junge wich ihr gewandt aus. Dummerweise rollte sie ganz in seine Nähe. Koketterie und Verspieltheit (*dschalata*) waren wie weggeblasen; der Junge nahm wieder die Rolle des Revolutionärs an. Behende sprang er zur Bombe, ergriff sie und warf sie zu den Soldaten zurück. Die Konfrontation erreichte ihren Höhepunkt, als der Junge die Bombe, der weiße Tränengaswolken entströmten, nahm und sie wie ein Diskuswerfer zurückschleuderte. Er stand aufrecht, die Hand in die Seite gestützt und rief: »Du da, komm schon, laß dich sehen, wenn du ein *zalame*, ein Mann, bist!« Begeisterter Beifallsdonner übertönte alles, auch das gezwungene Lachen.

Ausländische Journalisten schwärmten aus, liefen wie die unsichtbaren Helfer beim Kabuki [japanisches Volkstheater, Anm.d.Ü.] zwischen beiden Seiten hin und her. Mit der Rechten filmten sie für die Nachrichten, mit der Linken hielten sie sich die Zwiebel vor die Nase.

Im Wohnzimmer hinter uns flackerten die Lichter des Weihnachtsbaums.

Das Freitagsgebet

Das neue Jahr brachte eine Zeitenwende. Ein zwanzigjähriges Kapitel ging zu Ende. Unmengen israelischer Soldaten waren an allen Kreuzungen Ostjerusalems postiert. Niemand flanierte. Die Läden waren geschlossen. Eine unheimliche Stille lag über der Stadt, als Elena und ich zum Haus meiner Großmutter gingen, um ihr ein glückliches Neues Jahr zu wünschen. Der erste Morgen des neuen Jahres paßte so gar nicht zum Geist eines Feiertags. Die Straßen waren leer, das Leben stand still. Die bedrückend düstere Stille wurde nur selten von einem vorbeifahrenden Auto unterbrochen.

Es war wie eine nicht erklärte Ausgangssperre. Wir gingen an den Soldaten vorbei. Sie standen in Vierergruppen beisammen, genossen die ungewöhnlich warme Sonne. Sie betrachteten uns neugierig, einen Schlagstock in der einen, ein Maschinengewehr in der anderen Hand.

»So ein Aufgebot an Soldaten, so eine Demonstration der Macht«, hieß es bald, »hat es seit der Niederlage vom 5. Juni 1967 nicht mehr gegeben.«

Später erfuhren wir, daß Jerusalem vom Westjordanland und dem Gazastreifen abgeschnitten war. Die Zufahrtsstraßen nach Bethlehem und Hebron (im Süden),

Ramallah, Nablus, Tulkarem und Dschenin (im Norden), nach Gaza (im Südwesten) und Jericho (im Osten) waren von Militärs gesperrt. Junge Araber und Araberinnen wurden nicht durchgelassen; sie mußten raus aus Bussen und Sammeltaxis und zurück in ihre Städte und Dörfer. Am 1. Januar 1988 durften Muslime, die nicht aus Jerusalem waren, nicht zum Freitagsgebet auf den Tempelberg, den Haram esch-Scharif, wo sich der Felsendom, *qubbet es-Sahra*, und die el-Aqsa-Moschee befinden.

Unser Nachbar Ibrahim verrichtete an diesem Freitag, dem 1.1.1988, sein Mittagsgebet im Haram esch-Scharif. Die Spannung, die durch die Anwesenheit der vielen Soldaten und die gegen spontane Demonstrationen errichteten Blockaden erzeugt wurde, veranlaßte meinen Freund, sofort nach dem Gebet zu gehen. Er wählte eines der ruhigen nördlichen Tore, passierte es ohne Schwierigkeiten. Er ging schnell an ein paar Soldaten vorbei, die in allen Gassen der mittelalterlichen Stadt zu finden waren. Das Echo eines arabischen Gedichts machte ihn frösteln:

> *Al-khailu wa'l lailu wa'l baidau tarifun,*
> *wa'r rumhu, wa'l qurtasu wa'l kalamu.*
>
> *Die Pferde, die Nacht und die Wüste kennen mich,*
> *und die Lanze, das Papier und die Feder.*

Als Ibrahim sich umdrehte, sah er einen drusischen Soldaten, Schlagstock in einer Hand, Maschinengewehr in der anderen, der in tadellosem Arabisch Verse von al-Mutannabi rezitierte, dem Dichterritter am glanzvol-

len Hof der Hamdaniden in Aleppo im 12. Jahrhundert.
»Sogar unsere Dichtung führen sie gegen uns ins Feld«,
schloß Ibrahim bitter seine Beschreibung des Freitagsgebetes.

Tabasch überquert die Straße

Am Sonntag, dem 10. Januar 1988, überquerte Tabasch trotz Verbots die Straße vor dem Herodestor; die Drohungen der Soldaten mißachtend, betrat er die Altstadt, um in seinem Laden Brot zu verkaufen. Diese Provokation machte ihn sofort zum Helden. Indem er einfach über die Straße ging, stach Tabasch die Demonstration der Frauen ein paar Meter weiter aus; sein knorriger, aufsässiger Eigensinn traf die Stimmung besser als die vorbereitete Demonstration. So wuchs seine Tat ins Mythische.

In Ostjerusalem ist es immer schwieriger geworden, nicht in eine Demonstration zu geraten. Irgendwer ist immer bereit, gegen die fortwährende Besatzung zu demonstrieren, gegen höhere Steuern oder dagegen, daß in Städten, Dörfern und Flüchtlingslagern Leute geschlagen, verwundet oder ohne Grund erschossen werden. Die täglichen Nachrichten, in denen der Gazastreifen mit dem Südlibanon verglichen wird, steigern die Anspannung in den besetzten Gebieten; und mit der Zahl der Toten nimmt die Zahl der Demonstrationsgründe zu.

Beim täglichen Spaziergang versuchen Elena und ich, nicht in Demonstrationen zu geraten. Ein verirrter Stein oder ein unbedacht schießender Soldat können Verletzungen nach sich ziehen. Die Venezianer haben die Gabe, das Offensichtliche zu sehen und die Aufmerksamkeit der Besucher auf die Gefahren zu lenken, die ihre einzigartige Stadt bereithält. Fremdenführer und Hotelbesitzer halten Warnungen parat wie: »Passen Sie auf, das Wasser ist naß!« oder »Hüten Sie sich vor dem Moos auf den Stufen des Kanals; man kann darauf ausrutschen!« Meine Mutter warnt uns – wie wohl alle Jerusalemer Mütter ihre Kinder und Männer –: »Meidet Demonstrationen! Ihr könntet verletzt werden.«

Vor dem Ostjerusalemer Postamt lehnen sich Männer jeden Alters gegen das Metallgeländer, das den Bürgersteig auf dem Herodestor-Platz von der Straße trennt. Allein oder in Gruppen flanieren Männer und Frauen in der Salah-ed-Din-Straße, erledigen Besorgungen, warten auf Freunde oder auf ein Sammeltaxi nach Ramallah oder in eine der Vorstädte.

Von einer unstillbaren, anteilnehmenden Neugier getrieben, kommen sie ins Zentrum der arabischen Neustadt; sie rechnen auf eine Demonstration, auf irgendeine Manifestation der *intifada*. Danach stehen sie in Gruppen zusammen und erzählen sich immer wieder das Geschehen, das sie miterlebt haben.

An diesem Sonntag, dem 10. Januar 1988, mußte gerade etwas passiert sein. Zwischen dem Rivoli Hotel und dem Herodestor standen überall Soldaten. Auf der Salah-ed-Din-Straße fuhren keine Autos. Das Geheul von Krankenwagen und Jeeps durchbrach die unwirkliche Stille. Das brennende Stechen von Tränengas füllte die Luft. Berittene Polizei patrouillierte, und Scharen älterer Araber standen in Gruppen auf dem Platz vor dem Postamt. Wir gingen schnell zur nächsten Gruppe und hörten, was passiert war.

»Eine Frauendemonstration zog vom Damaskustor Richtung Herodestor. Es war ganz ruhig, niemand warf Steine, nichts: eine friedliche Demonstration. Die für den Abschnitt zuständigen Soldaten traten beiseite und ließen sie gewähren. Die Frauen marschierten weiter. Doch auf halber Strecke, beim Pilgrims' Palace Hotel, kamen Reiter, Jeeps und Minibusse voll mit bewaffneten Soldaten aus zwei Richtungen gleichzeitig: von Osten, vom Rockefeller Museum, und von Westen, von oberhalb des Klosters Notre Dame. Die Frauen waren in der Zange, und die Soldaten griffen mit Schlagstöcken an.«

»Sind sie wirklich mit den Pferden in die Frauen reingeritten?« unterbrach einer.

»Ja, es war schrecklich anzusehen. Wir kamen uns so ohnmächtig vor. Die Soldaten griffen die Frauen mit Stöcken an. Vor Schreck warfen die sich zu Boden. Die Soldaten trugen einzelne zu den Transportern. Ein Mädchen wollte weglaufen, doch ein Soldat holte sie ein. Als sie versuchte, sich loszureißen, ging ihr Kleid entzwei, und man konnte ihre nackte Haut sehen. Da hielt ein Taxifahrer, der beim Herodestor parkte, nicht länger an sich, er ging zu einem der Soldaten und sagte: ›Es ist schändlich (*aib*), wie ihr eine junge Dame behandelt!‹ Der Soldat schaute ihn erbost an und sagte: ›Kümmer' dich um deinen eigenen Dreck!‹«

Alle schauten betreten drein.

Genau in diesem Augenblick wollte Tabasch die Straße überqueren, um zu seinem Brotladen zu gehen. Ein Soldat befahl ihm stehenzubleiben. Doch Tabasch erwiderte: »Dies ist meine Stadt, und niemand hält mich davon ab, meine Straße zu überqueren.«

»Hau ab, alter Narr«, befahl man dem fünfundsiebzigjährigen Jerusalemer.

»Wärst du ein richtiger Mann, würdest du dich nicht an Frauen, Kindern und Alten vergreifen. Aber zwölf Feiglinge wie du können einem arabischen Mann nichts anhaben!«

»*Jilan dinak* (Deine Religion sei verflucht)!«, schrie der drusische Soldat Tabasch an.

»Verflucht sei deine Religion und die Religion derer, die solche wie dich herbringen, um uns zu schikanieren!« schrie Tabasch zurück. Die Wut hatte die Oberhand über die Vorsicht gewonnen. Aufsässig und empört schrie er: »Erschieß mich doch. Mir ist es scheißegal. So ein Feigling wie du wird mich nicht davon abhalten, in meiner Stadt meine Straße zu überqueren.«

Am Sonntag, dem 10. Januar 1988, überquerte Tabasch, Besitzer eines kleinen Brotladens, gegen den Befehl eines israelischen drusischen Soldaten die Straße und betrat durch das Herodestor die Altstadt, um seinen Laden zu öffnen und, wie seit fünfzig Jahren, Brot zu verkaufen.

Die *intifada*

Mehr als ein Wort

Wie in den meisten Wörtern semitischer Sprachen steckt in *intifada* eine dreikonsonantige Wurzel. Die Grundbedeutung von *nafada*, wie auch die des Verbs *azala*, ist »entfernen«. Der im palästinensischen Dialekt gängige Ausdruck *nafada al-bisat* bezeichnet das Säubern eines Teppichs durch Schütteln oder Klopfen. Aus der Wurzel *nfd* wird nach den Regeln des Arabischen bezüglich der Bildung von Substantiven *manfada*, der Teppichklopfer. Ersetzt man das erste a durch ein i, erhält man einen Ort des Klopfens und Behälter des Entfernten: *minfada*, den Aschenbecher, in den man die Asche hineinklopft.

Wenn Omar sein Haus renoviert, heißt das *Omar jantafed ad-dar*. *Nafada* meint hier nicht nur Anstreichen, sondern grundsätzliche Instandhaltungs- und Sanierungsarbeiten wie das Entfernen oder Einziehen von Wänden und Decken sowie Klempnerarbeiten.

Obwohl *nafada* und *azala* in ihrer Bedeutung überlappen und die gleiche Tätigkeit bezeichnen – entsprechend etwa dem deutschen »entfernen« –, so haben sie doch eine verschiedene Aussage.

In *Omar jantafed min al-bard* (Omar zittert vor Fieber) betont *nafada* den repetitiven Aspekt. *Omar jantafed al-bard* bedeutet: Omar schüttelt das Fieber ab.

Wenn er vor Wut zittert, heißt es: *jantafed min al-ghadab*.

Wieviel Bedeutung und Gefühl bei *nafada* mitschwingt, macht ein Vergleich mit dem neutralen *azala* (entfernen) und dem grundsätzlicheren *zala* (verschwinden, absterben, aufhören zu sein) klar.

Bei *nafada al-bisat*, dem Teppichklopfen, geht es um das Entfernen von unerwünschtem Staub oder Dreck. *Minfada/manfada* bezieht sich auf Gerätschaften, mit denen Unnötiges entfernt wird bzw. auf Behältnisse, in die es hineingetan wird. *Nafada ed-dar*, *nafada min el-bard* und *nafada min al-ghadab* handeln von geistigen oder körperlichen Umwälzungen, von Erregung und Anspannung, die gewaltsam ausgedrückt und durch wiederholtes Tun abgebaut werden: emotionale Unruhe, die zu radikalem Wandel führt. Im Wort *intifada* klingt das Entfernen überflüssiger Elemente an – das Abschütteln alter Schwächen – sowie die Festigung bestehender und als positiv empfundener Strukturen; im Verlauf dieses Vorgangs wird das Ganze radikal erneuert.

Das gesellschaftliche Phänomen *intifada* ist in hohem Maße symbolisch. Wild entfesselt es aufgestauten Ärger und kanalisiert dabei die Frustrationen der Palästinenser.

Der Aufstand ist emotionale Vorbereitung auf nationale Identität. Die Erregung und die Ekstase, mit der jeder Augenblick der *intifada* erfahren wird, ähnelt der Freude eines kaum achtmonatigen Kindes, das zum erstenmal sein eigenes Bild im Spiegel erkennt. Die Suche nach den eigenen Wurzeln – auf der individuellen wie auf der kollektiven Ebene – ist bei einem Volk, dessen Lebensart und Tradition ständig bedroht sind, von großer Bedeutung.

Die *intifada* ist ein Bruch mit der Vergangenheit; unsere kulturelle Identität wandelt sich zur Zeit von Grund auf. Der türkische Einfluß vom 16. bis zum 19. Jahrhundert hat zwar die Art der Palästinenser, sich zu kleiden, zu wohnen und zu essen, verändert, doch die sozio-ökonomische Struktur ist seit der Mamelukenherrschaft des 14. Jahrhunderts im wesentlichen die gleiche geblieben. Die *intifada* ist die gewaltsame palästinensische Antwort auf eine aufgezwungene Transformation von Gesellschaft und Wirtschaft.

Während ich dies schreibe, höre ich wieder die Stimme des politischen Gefangenen Nabil el-Jabari. Auf die Frage eines Fernsehreporters, was er im Gefängnis am meisten vermißt habe, antwortete der Zahnarzt ohne Zögern: »Mein Gesicht.« Nabil el-Jabari erklärte: »Für uns gibt es im Gefängnis keine Spiegel. Und dann vermißt man sein eigenes Gesicht, obwohl es einem doch so nah ist. Beim täglichen Rasieren lieferten mir meine Fingerspitzen eine neue Vertrautheit mit meinem Gesicht. Sie können sich gar nicht vorstellen, wie ich mich gefreut habe, als ich nach der Entlassung zum erstenmal wieder mein Gesicht im Spiegel sah. Erst dann spürte ich, daß ich in Freiheit war.«

Die *intifada* ist eine vehemente Suche nach individueller und kollektiver Identität. In allen Aktionen geht es darum, Palästinenser zu sein und die Charakteristika unserer kulturellen Identität zu erlernen. Obwohl die *intifada* eine erschreckende, vielgestaltige Konfrontation zwischen uns und der Geschichte ist, erleben wir sie in erster Linie als Entdeckung unserer selbst.

Ängstliche Löwen

Ich erinnere mich noch gut, wie mich das Bild überraschte, das die anderen Araber von uns haben. Bei einem Empfang in der britischen Botschaft in Costa Rica bemerkte ich eine Gruppe von Studenten aus dem Oman in wallenden weißen *dischdasches*, der Kleidung der Golfaraber. Während sie sprachen, hoben sie immer wieder einen parfümierten Federbüschel, der am Kragen des Gewandes baumelte, an ihre Nase. Wir wurden einander vorgestellt. Sie waren entzückt, daß ich Palästinenser war, und baten mich zu warten, bis ihr Freund in traditioneller palästinensischer Tracht komme. Wir unterhielten uns artig und warteten.

Ich freute mich, ein Bauerngewand mit grünen Streifen und eine dunkelgraue Jacke zu sehen. »Wenn er in einer kompletten Tracht kommt«, überlegte ich, »trägt er statt der Jacke einen braunen Umhang, *abaja,* aus Kamelhaar oder die schwarze Baumwollsorte für wärmere Tage.« Ich stellte mir seinen Kopf mit einer schwarz-weiß karierten Baumwoll-Kaffije vor – von dem schwarzen Reif, *iqal*, gehalten, die drei Enden im Rücken übereinanderhängend wie eine Löwenmähne.

»Und wenn er von unseren Beduinen besonders beeindruckt ist«, dachte ich mir, »wird er wohl eine Holzpfeife rauchen, mit starkem Tabak, *hische,* gestopft.«

Er könnte sich auch für die Tracht des Nordens entschieden haben. Dann käme er in den weiten schwarzen Hosen, *qumbaz*.

Die Ankunft des omanischen Palästinenserfreunds unterbrach meine Gedanken. Und was für eine Überraschung! Was der Omani für eine traditionelle palästinensische Tracht hielt, hatte mit traditionellen Beduinen- oder Bauernkleidern nicht die geringste Ähnlichkeit: Er trug graue Hosen, ein dunkles Jackett über weißem Hemd ohne Krawatte. Den Kopf schmückte keine *kaffije*. Statt dessen hing ein schwarz-weiß kariertes Tuch um seinen Hals.

»Was sagst du?« fragte er. Er drehte sich, damit ich die sorgfältige Zusammenstellung bewundern könne.

»*Ma scha' Allah* (Wie es Gott gefällt)«, sagte ich und lächelte.

Später fiel mir Abu Hatem, unser Krämer, ein. Abu Hatem sah gut aus. Er hatte kleine stechende Augen. Extrem kurzes Haar betonte das von der großen Adlernase beherrschte Gesicht. In der ersten Zeit, als er vom Dorf in die Stadt gekommen war, bedeckte die *kaffije* meistens sein Haupt. Doch je länger er in Jerusalem lebte, desto öfter lag die *kaffije* einfach auf seinen Schultern. Mit dem kurz rasierten Haar ähnelte er einem frisch geschorenen Lamm. Schließlich lernte er, sein Haar ein, zwei Zentimeter stehen zu lassen.

Der Omani hatte gut beobachtet: Abu Hatems harmlose Kleidung war verbreitet. Hosen und Jackett, die nicht zueinander passen, weißes Hemd ohne Krawatte und eine *kaffije* um den Hals, das sieht man jetzt oft in

Palästinas Städten. Diese Tracht verrät den Übergangs-Palästinenser. Nicht mehr Bauer, aber noch kein richtiger Städter, sitzt er zwischen allen Stühlen. Er bestellt nicht mehr den Acker, arbeitet nicht mehr in der Sonne; dafür waren sein weites Gewand und die Kopfbedeckung ideal. Und ein Angestellter oder Freiberufler in Anzug und Krawatte ist er auch nicht. Er ist ein Krämer, dessen ländliche *kaffije* langsam vom Kopf auf die Schultern wandert, wie er vom Dorf in die Stadt.

Die Kleidung, die der Omani trug, ist zwar nicht traditionell palästinensisch, doch stellt sie tatsächlich eine Art alltägliche Tracht der Gesellschaft im Übergang dar. Im Vergleich mit den ausgefeilten wallenden Gewändern der Männer und den atemberaubenden Farben der Stickerei auf den Kleidern der Frauen wirkt diese Übergangstracht allerdings fade.

Die *kaffije* spielt eine wichtige symbolische Rolle in der Entwicklung der Identität und des Zugehörigkeitsgefühls der Palästinenser. Unter israelischer Besatzung wurde sie zu einem nationalistischen Wert: sie zeigt unseren Stolz. Zum Vermummen um den Kopf gewickelt, wird die *kaffije* ein Zeichen des aktiven Widerstands. Im Bewußtsein der Palästinenser sind Widerstand und *kaffije* jetzt synonym. Die *kaffije* hat das Gesicht des Palästinensers ersetzt. Seine Identität ist maskiert, gesichtslos und anonym. Unabsichtlich verstellt und verfälscht das Nationalsymbol *kaffije* unser Bild eher, als daß es unsere Wurzeln und unser Erbe ausdrückt.

Die *kaffije* spielte in der palästinensischen Geschichte immer eine wichtige Rolle. Entsprechend dem palästinensischen Ursprungsmythos und der damit einhergehenden Einteilung in Nord- und Südaraber, Qaisis bzw. Jemenis, trugen diese verschiedene *kaffijes*: Die Jemenis trugen die rot-weiße, die Qaisis die schwarz-weiße *kaffije*. Im 19. Jahrhundert diente die *kaffije* verschiedenen Bündnissen als Zeichen. Unbewußt steht die *kaffije* für ein maskulines Ur-Gefühl der Zugehörigkeit und der Stammessolidarität. Seit Frauen sie zu tragen begannen, ist sie nicht nur zu einem Zeichen von Emanzipation geworden, sondern sie steht auch für die Überwindung der Stammeskonflikte der Männer hin zu einem umfassenden nationalen Freiheitskampf. Im palästinensisch-israelischen Konflikt ist die Gerechtigkeit unserer Sache augenfällig: der Gegner trägt keine *kaffije*.

Obwohl die *intifada* oft in den Schlagzeilen der Weltpresse auftaucht, bleibt der Palästinenser rätselhaft. Das Wort »Palästinenser« löst vage, bedrohliche Vorstellungen aus, erzeugt unverständliche Bilder vermummter Namenloser, die sich hinter der *kaffije* verstecken. Dabei wird die palästinensische kulturelle Identität verfälscht, ja kommt fast ganz abhanden. Der Teil verhüllt das Ganze, das er symbolisiert.

Die göttliche Vorsehung

Um traditionelle Palästinenser zu treffen, muß man nicht in abgelegenen Dörfern suchen. Auf dem kurzen Stück vom Damaskus- zum Stephanstor stößt man von ganz allein auf viele Palästinenser in traditionellen regionalen Trachten.

Tag für Tag verkaufen in Jerusalems Straßen Bauern ihre Produkte. Junge und alte Frauen hocken mit dem Rücken gegen eine Mauer gelehnt auf dem Boden, Obst und Gemüse in Körben vor sich. Der Handel folgt einem festgelegten Muster. Nach dem Austausch der Morgengrüße beginnt der Kunde mit der Formel »*Salli ala'n-Nabi* (sprich ein Gebet im Namen des Propheten)«, worauf die Bäuerin »*Aleih es-salat wa's salam* (Gebet und Friede über ihn)« antwortet. Danach beginnt der ehrliche Handel. Man fragt nach dem Preis. Es wird gehandelt. Man einigt sich. Dann sucht der Kunde die Ware aus.

In Palästina kauft man nie weniger als ein Kilo Tomaten, Trauben oder Aprikosen. Selbst ein Kilo gilt als zu geringe Menge für einen Handel. Obwohl Elena und ich allein wohnen, müssen wir uns der Sitte unterwerfen: Von Obst und Gemüse kaufen wir immer ein *ratel* (drei Kilo), was eigentlich zu viel ist. Da der Wein in schön großen Trauben wächst, die zu teilen gar nicht so leicht wäre, trifft man die drei Kilo selten genau. Läßt man die ganze Traube auf der Waage, profitiert der Käufer. Nimmt man sie weg, ist es gleich erheblich zu wenig. Die Bäuerin löst das Problem zu Gunsten des Käufers.

Da wir auch in zwei Tagen keine drei Kilo essen und ich nur frische Früchte mag, lege ich die letzte Traube zurück. Doch die Bäuerin befördert sie wieder in meine Tasche: »*Halal aleik* (rechtmäßig deins).« Ich lege die Traube abermals in ihren Korb und sage: »*Halal aleiki*«, wodurch ich sie von jeder »Schuld an meiner Übervorteilung« befreie. Doch sie weigert sich: »*Biddisch akol mal haram* (unrechtmäßiges Gut will ich nicht essen).« Ich gebe mich geschlagen und zahle den ausgehandelten Betrag.

Kaum hat das Geld ihre scheu ausgestreckte Hand berührt, huscht merkwürdige Verlegenheit über ihr sonnenverbranntes Gesicht. Sie nimmt das Geld, führt es an den Mund und küßt es, Gott dankend: »*Alhamdulillah.*« Schnell legt sie mir etwas Obst oder Gemüse von einer anderen Sorte in die Tasche: »*Min her Allah* (von Gottes Güte).« Schließlich ist es Gott, der alles wachsen läßt. Und da ist es schon komisch, wie sich sein Geschenk in Geld verwandelt, welches, so bedeutend es für uns sein mag, nicht natürlich gedeiht.

Ganz alltäglich werden im heutigen Palästina geistige Werte ausgedrückt, die an die Kultur der Bibel gemahnen. Worte wie *her* und *barakeh*, *halal* und *haram* führen Palästinenser ständig im Munde – und das nicht als leere Floskeln. Wie man am Benehmen, den Sitten und Gebräuchen der Sprechenden sehen kann, bewahren diese Wörter ihren vollen ethischen Wert. Im täglichen Leben der Palästinenser drückt sich eine Spiritualität aus, die den frühen christlichen Werten entspricht.

Die Parallelen zwischen den Zeitgenossen Jesu und den modernen Palästinensern, die Verwandtschaft von frühchristlicher Ethik und palästinensischer Spiritualität mußte Theologen und Gesellschaftswissenschaftler anziehen. Die Arbeiten von Hilma Grankvist aus den zwanziger und fünfziger Jahren, die beide Disziplinen verbinden, sind hier zukunftsweisend.

Jerusalem hätte, wegen seiner Bedeutung im Heilsgeschehen, das Zentrum der christlichen Theologie werden können. Doch es kam anders: Die Wiege der neuen Spiritualität brachte nie eine theologisch-philosophische Schule hervor, in der die Vorschriften der Religion der hellenischen dialektischen Analyse unterworfen worden wären. Stattdessen entstanden theologisch-philosophische Zentren in Alexandria und Antiochia, in Konstantinopel und Rom. Auch für die muslimischen Denker erwiesen sich Bagdad und Cordoba, Damaskus und Kairo als fruchtbarer denn Mekka, Medina und Jerusalem.

Die palästinensischen Bauern halten ihr Leben auf dieser Welt nicht für sinnlos, im Gegenteil: sie halten es für ein erhabenes Geschenk. Sie brauchen keine philosophischen Gründe für die Existenz eines jenseitigen Anderen, eines höheren Wesens, das für sie sorgt und in dessen Gnade sie leben. Das Leben in all seinen Gestalten ist ein großzügiges Geschenk des Allgegenwärtigen, des Allwissenden, ein Zeichen seiner unendlichen Güte.

Ein komplexes Wesen

Ich kann das Bild der alten Bäuerin nicht vergessen, die in der Abenddämmerung vor ihrem Esel marschierte. Säcke frisch geernteter Oliven lasteten auf dem graubraunen Tier. Mutter, Elena und ich waren auf der Heimfahrt von Gaza via Bet-Surif in den Hebronbergen. Wir warteten an einer Militärkontrolle. Vor uns wurde ein Bus mit Bauern auf dem Weg zu einer Hochzeit durchsucht. (Dies war in den frühen achtziger Jahren, lange bevor die ständig wachsende Zahl der Intifada-Märtyrer die Palästinenser in einen permanenten Zustand der Trauer versetzte. Freudige Ereignisse werden schon lange nicht mehr öffentlich begangen.)

Ein Soldat durchsuchte den Bus nach Waffen. Zwei kontrollierten die Personalausweise der Fahrgäste, die man aus dem Bus gezwungen hatte. Ein paar Meter entfernt war ein vierter Soldat postiert.

Es würde länger dauern. Wir waren nicht im mindesten beunruhigt, ist doch der Anblick unserer sanft zur Küste absteigenden Berge ein unübertroffenes Erlebnis, wenn sie eine halbe Stunde vor Sonnenuntergang in herbstliches Orange getaucht sind, wenn die Ölbäume ruhig stehen und die angenehme Septemberfeuchte in der Luft hängt.

Da kam eine alte Bäuerin vorbei, die ihren mit gerade geernteten Oliven bepackten Esel hinter sich herzog.

Mutter hätte gern ein paar grüne Oliven gehabt, um sie selbst zu pressen und frisch zu essen. Zwei Wochen alte Oliven schmecken köstlich. Der Geschmack der sauer-salzigen Lake, in der man sie einlegt, mischt sich ausgezeichnet mit dem der leicht bitteren, noch rohen Oliven.

Ich stieg aus dem Wagen und ging zu der alten Frau in zerschlissenen, verblichenen Kleidern. Abendgrüße wurden ausgetauscht. Ich fragte nach dem Preis der Oliven. Sie waren unverkäuflich.

»Doch bedienen Sie sich, der Reichtum des Landes (*kher*) ist von Gott und sein Segen (*barake*) ist unerschöpflich.«

Vergebens suchte ich nach einem Sack oder etwas ähnlichem. Wir fanden nur die *kaffije*, die wir, immer wenn wir nach Gaza fahren, als Zeichen unseres Arabertums ins Rückfenster legen. Ich nahm zwei Hände voller Oliven. Gerade wollte ich das Tuch zusammenfalten, als mich die Frau zurückhielt und zehnmal soviel dazu tat.

Die Palästinenser fühlen intuitiv die Gegenwart eines erhabenen Anderen, eines letztlich Sorgenden, Gebenden. Im täglichen Gespräch drückt sich eine tief verwurzelte Spiritualität aus. Das religiöse Gefühl, daß da noch ein Anderer ist, daß wir nicht alleine sind, zeigt sich auch in unserem Festhalten am göttlichen Gesetz: alles verstehen wir als *halal* oder *haram*. Diese Gegenbegriffe bezeichnen die beiden Grundmöglichkeiten der menschlichen Existenz: in Gnade oder Ungnade leben. Religiöse Ausdrücke durchziehen unser Reden: *el-kher wisch schar*, das Gute und das Böse, *er-reda wil lana*, die segensreiche Annahme durch Gott und der fluchbeladene Zustand der Abweisung. Wer *haram* lebt, hat nie ein reines Gewissen (*damir safi*). Nur wer *halal* lebt, kann innere Ruhe und Frieden (*sakina*) finden.

Der palästinensische Beitrag zur Entwicklung des Monotheismus ist eher geistlich, der griechische eher theoretisch. Während sich in Palästina die jüdisch-christliche Tradition bildete, die im Islam ihren Höhepunkt erreichte, fand in Griechenland das dialektische Denken seinen klarsten Ausdruck in der aristotelischen Logik. Als Folge des fortwährenden palästinensisch-israelischen Kampfes geriet die palästinensische Rolle bei der Entwicklung der jüdisch-christlichen Spiritualität ganz aus dem Blick. Unser Erbe, unsere fünftausendjährige Geschichte in Palästina verliert gegenüber dem aktuellen, sensationelleren politischen Konflikt an Bedeutung.

Die *intifada* markiert einen Wendepunkt im Verhältnis der beiden durch Religion, Geschichte, Politik und Wirtschaft getrennten und einander entfremdeten semitischen Völker. Sie sind in eine Lage gezwungen worden, in der metaphysische Unterschiede einen Hauptgrund für ihre haßerfüllte Auseinandersetzung darstellen. Bisher brachte die Begegnung von Arabern und Juden im Heiligen Land – obwohl ihre Mythologien auf ähnliche Ursprünge zurückgehen – kein Verstehen, sondern Verdacht, Mißtrauen und Haß. Ohne es zu wollen, macht sich jede Seite dieser ethisch abstoßenden Beziehung zum Opfer und zum Täter.

Im Heiligen Land ist jeder Baum, jeder Grashalm, jeder Fels und Kiesel haßverseucht.

Die Palästinenser werden heute vor allem mit ihrem politischen Kampf assoziiert. Die weltweiten Nachrichten über die täglichen Zusammenstöße vermitteln nur ein sensationslüsternes Zerrbild der Palästinenser. Im Fernsehen sieht man vermummte Jugendliche durch Oliven- und Feigenhaine laufen oder israelische Soldaten mit Steinen bewerfen. In Interviews mit namenlosen Stimmen dominieren Wut und Empörung. Gelegentliche Gewaltakte einzelner Palästinenser gegen schutzlose Israelis bestimmen die Darstellung im Ausland und zerstören das Bild vom spirituellen Palästinenser.

Für Außenstehende ist der Palästinenser mal ein heldenhafter Freiheitskämpfer, mal ein feiger Terrorist. Mal steht er als tragischer Held für Kampf und Unerschütterlichkeit, mal wird er auf Bosheit und Irrationalität reduziert. In der Tat, die verschiedenen religiösen und politischen Ideologien verstellen sogar uns den Blick auf unser Kulturerbe.

In Jerusalem, dem Westjordanland, dem Gazastreifen, in Israel und Jordanien, Kuwait, Syrien, dem Libanon, Ägypten und in den USA, überall gibt es Palästinenser. Wer sind sie? Was für Erfahrungen machen sie? Die Frage entzieht sich der Antwort. Der Begriff »Palästinenser« ermöglicht die unbedachte Reduktion der großen Bandbreite höchst verschiedener Individuen. Genaugenommen gibt es »den Palästinenser« nicht, es sei denn, man sieht vom besonderen ethnographisch-kulturellen Kontext ab, übersieht die immense Verschiedenartigkeit der Palästinenser, die sich nur empirischer – subjektiver – Erfahrung erschließt.

Obwohl »der Palästinenser« wegen seines unablässigen Freiheitskampfs ein klassischer tragischer Held zu sein scheint, ist er mehr als ein Symbol für Heldentum und Mut. Er bleibt ein zerbrechlicher, empfindsamer Mensch. »Der Palästinenser« liebt und haßt, ist verzeihend und rachsüchtig, einfach und kompliziert, ist bescheiden und schwierig, nachgiebig und stur. Seine Stimmung wechselt dramatisch, er ist gleichzeitig reizbar, hochmütig und gefügig. Stolz, unbeständig und leicht erregbar, ist er doch voller Würde und Güte. Manchmal ist er bescheiden und knickrig, manchmal ist er protzig, ja geradezu versessen darauf, Reichtum und Macht zur Schau zu stellen. Gebildet, liberal und aufgeklärt, aber auch engstirnig und ohne Weitblick, bis hin zur Zwanghaftigkeit. Vorsichtig, gewitzt und verschlagen, dabei emotionell, sentimental, irrational. Nichts ist seltsam an den gegensätzlichen Gefühlen, die in »dem Palästinenser« streiten, denn Individualität, die subjektive Wirklichkeit des Einzelnen, das ist nichts anderes als aufeinanderfolgende Bewußtseinszustände und widerstreitende Gefühle. Wie alle Völker sind die Palästinenser vielschichtige, empfindende, fühlende Menschen.

Für den Anthropologen ist es strenggenommen nicht möglich, die unterschiedlichen menschlichen Erfahrungen in verschiedenen Kulturkreisen durch Gattungsbegriffe wie »Palästinenser«, »Amerikaner«, »Russe« oder »Ägypter« zu fassen. Der Begriff der »Kulturtypen« ist höchst problematisch. In unserem Fall ist also die Frage: Gibt es einen palästinensischen Typus, einen palästinensischen Nationalcharakter? Können wir kulturelle Eigenheiten ausmachen, können wir charakteristische Züge als den Palästinensern inhärent erkennen, und ergibt sich aus der Summe der statistisch signifikanten Elemente die typisch palästinensische kulturelle Persönlichkeit?

Die Löwenjungen

In Palästina haben bis heute viele Völker und Zivilisationen einander abgelöst. Wenn eine Zivilisation schwächer wurde und die Kontrolle verlor, ging ihr Erbe in der nächsten auf. Die kulturelle Identität von uns heutigen Palästinensern hat sich unter dem Einfluß dieser vielen Zivilisationen entwickelt: der Jebusiter, der Kanaaniter, der Philister, der Hebräer, der Amoriter, der Nabatäer, der Aramäer, der Perser, der Griechen, der Römer und Araber. Die Trennung von semitischen und nicht-semitischen Bewohnern wurde durch das Christentum überwunden. Zwischen dem 7. und 9. Jahrhundert, als die meisten Palästinenser zum Islam übertraten und ihre unterschiedlichen Dialekte für die arabische Sprache aufgaben, die Sprache des Korans und der muslimischen Herrscher, wurden die Grundlagen für die moderne palästinensische kulturelle Identität gelegt.

Unsere Dörfer sind alt. Schon im Alten Testament sind sie erwähnt, und auch im Neuen tauchen ihre Namen nochmal auf. Viele Christen aus den Dörfern sind stolz, von Jesus persönlich für den Glauben gewonnen worden zu sein. Taibeh, 30 km nordöstlich von Jerusalem, ist ein lebendiges Beispiel für die tiefen Wurzeln, die den palästinensischen Bauern mit dem Heiligen Land von der kanaanitischen Zeit bis heute verbinden.

Land wird immer noch danach unterschieden, ob es künstlich bewässert oder *bali* ist, d.h. von saisonalem Regen oder Quellen abhängt. Nachdem Maschinen fürs Pflügen und Säen die Landwirtschaft modernisierten, fand man im Boden phallische Statuetten aus kanaanitischer Zeit, die den Regen- und Donnergott Bal darstellen, den kanaanitischen Fruchtbarkeitsgott.

Wenn wir ein Bauernhaus, *bet el-uqde,* besuchen, verstehen wir schnell, daß der Stall, *el midhwad,* in dem Jesus geboren wurde, nur der untere Teil des Hauses war, in dem die palästinensische Familie schlief, aß und ihre Lebensmittel lagerte. Die unmittelbare persönliche

Erfahrung in einem traditionellen Bauernhaus zeigt die Diskrepanz zwischen der Imagination der Renaissancekünstler, die fälschlicherweise einen separaten Bau wie in Europa zeigen, und der Wirklichkeit des Ortes der Geburt Jesu, nämlich einem Hühnerstall unter dem *mastabe* mit seinen typischen römischen Bögen.

Wenn wir von Jerusalem nach Süden fahren, zum Dorf Sair, finden wir das Grab des Propheten Esau, des rothaarigen Bruders des Propheten Jakob. In Sair behaupten die Leute, von ihm abzustammen. Einige Israelis, die ihren Militärdienst in abgelegenen arabischen Dörfern dieser Gegend ableisteten, bemerkten, daß sich dort manche jüdische Praktiken, wie das Kerzenanzünden vor dem Sabbat, gehalten haben.

Die Bewohner von Ein Arik bei Ramallah, Muslime und Christen, führen ihre Herkunft auf die Ghassaniden zurück, ein Stamm, der es für die Römer übernahm, plündernde Beduinenstämme vom Eindringen ins Gebiet der Seßhaften abzuhalten.

Die heutigen palästinensischen Phänotypen spiegeln die reiche Geschichte, deren Erben sie sind. Es gibt keinen bestimmten Körpertyp, der die Palästinenser von den Europäern auf der anderen Seite des Mittelmeers, den Griechen, Italienern, Südfranzosen und Spaniern, unterscheidet. Die Hautfarbe der Palästinenser variiert zwischen olivbraun und bläulich weiß (in der Geschichte von der Dame Dschibeneh wird erzählt, ihre extrem weiße Haut habe die Farbe frisch gekochten Ziegenkäses). Das Haar der Palästinenser variiert von schwarz bis kastanienbraun, und in einigen Gegenden, etwa im

Bezirk Hebron, sind die Palästinenser blond und blauäugig. In etlichen Familien verraten die Mandelaugen und das weiche pechschwarze Haar Mongolenblut – nach der Zerstörung Bagdads im Jahre 1258 und der Eroberung von Damaskus besetzten die Mongolen Palästina. Später errichteten die Kreuzfahrer ihr »Königreich Jerusalem«. Der bunt gemischte genetische Pool kommt darin zum Ausdruck, daß es nicht *einen* palästinensischen Körpertyp gibt.

Diese Tatsache irritiert meine Studenten jedesmal, sie verunsichert die meisten Palästinenser sehr. Immer haben sie ihre Herkunft auf die arabische Halbinsel zurückgeführt, die Wiege der semitischen Völker, und zwar in solchem Maß, daß das Wort »semitisch« dem umfassenderen Begriff *arab* zugeordnet wird und die biblischen Propheten als muslimische *hanifs* betrachtet werden.

Besonders in der Omajjadenzeit galten nur »reinblütige« Araber als muslimische Edle, als *schurafa*. Diese ermunterten Hellenen und hellenisierte Juden zwar zur Übernahme der arabischen Sprache und der muslimischen Religion, doch die Macht teilten sie mit den Arabisierten nicht. Diese wurden Schutzbefohlene (*muwallin*) arabischer Beduinenstämme aus dem Hidschaz oder dem Jemen. Mit der Zeit führten sie ihre Abstammung auf die Ahnen ihrer Schutzpatrone zurück; so kam es zum Unterschied zwischen nördlichen Qaisi und südlichen Jemeni. Durch diesen Revisionismus wurde die palästinensische Geschichte verfälscht.

Wenn sich die Studenten auf meine Argumentation einlassen, wenn sie muslimische Religion und arabische Zivilisation von ihrem »Palästinensertum« als gesellschaftlichem und kulturellem Erbe unterscheiden, wenn sie also ihrer Verwurzelung im Land inne werden, ergibt sich ein neues Problem. Sie folgern, wir seien direkte Nachfahren der alten Philister, unser Blut sei Philisterblut. Würde ich ihnen sagen, daß die Palästinenser eine Mischung aus all den Völkern sind, die sich in Palästina niederließen, den Jebusitern, Kanaanitern, Hebräern, Amoritern, Nabatäern, Griechen, Persern, Römern, Arabern, Europäern, Mongolen, Kurden, Ägyptern, usw., wären sie empört. Denn die »Reinheit unseres Blutes«, die Eindeutigkeit der Abstammung, die Herkunft von einer Quelle ist ein schöner behaglicher Traum, der zerbirst, wenn sie erfahren, wie heterogen wir sind. Sie glauben, ich beraube sie ihrer Wurzeln, wenn ich den *einen* Ursprung leugne. Als Erben der Zivilisation, die den Monotheismus hervorgebracht hat, sträuben sie sich gegen ihre heterogene Herkunft. Sie sind erst bereit, mir zu folgen, wenn ich ihnen eine wissenschaftliche Erklärung von Kultur als einer Konstellation aus Experimenten, Lösungen und gesellschaftlichen Strategien gebe, in der die individuelle Wahrnehmung nur subjektiver, partieller Ausdruck des Ganzen ist.

Die verschiedenen Komponenten der Kultur ähneln den verschiedenen Farben, die sich bei der Brechung des Lichts durch ein Prisma zeigen. Die kulturelle Identität einer bestimmten Zeit ist nur die Summe von Zutaten, das Produkt der Interaktion innerhalb einer Gruppe und mit der Wirklichkeit. Die Bedeutung geschichtlicher – oft zufälliger – Faktoren darf nicht übersehen werden.

Das Eigene der palästinensischen Identität erkennt man in den verschiedenen Komponenten der Kultur, in der örtlichen Architektur, der Küche, dem Gesellschaftsaufbau und in der Gestimmtheit des Lebens. Die Struktur des palästinensischen Hauses ist ganz anders als die des ägyptischen oder des irakischen. Auch der Rhythmus der Kernfamilie mit seinen Bruder-Schwester-, Mutter-Sohn-, Bruder-Bruder-, Vater-Sohn-Beziehungen, mit seinen Abstufungen an Rivalität, Eifersucht, Liebe und Haß unterscheidet sich vom Rhythmus der ägyptischen oder libanesischen Familie. Die palästinensische Küche unterscheidet sich von der ägyptischen oder irakischen im Grad von *dasame* (Fett) und *hamuda* (Säure), in der Zusammenstellung der Zutaten und in der Zubereitung; der syrischen und libanesischen steht sie nah, doch ein ganz eigener Geschmack hebt sie auch von diesen ab. Die kulturellen Charakteristika bieten dem Anthropologen ein lohnendes Studienobjekt. Ihm stellt sich eine grundlegende Frage: Sind diese kulturellen Kennzeichen zufällig oder gesellschaftlich bedingt? Wieweit sind diese Merkmale durch den Wissensstand der Gesellschaft, ihre Zukunftsvisionen und ihren tiefverwurzelten Sinn für Ästhetik geformt, die schon lange unbewußt geworden sind?

Wenn wir selbst solche Mühe haben, die Elemente unserer eigenen Kultur zu verstehen, wie ergeht es da erst dem Außenstehenden, der versucht, sich ein Bild anhand der Sensationsnachrichten zu machen, die kein palästinensisches Gesicht zeigen, sondern nur eine *kaffije* und einen Schlitz, in dem zwei funkelnde Augen eines der Intifada-Löwenjungen (*schibel min aschbal al-intifada*) den israelischen Soldaten gegenüber durchbohren?

Der Klang der Heimat

Denn Muchona, der Heimatlose, neigte zu Heimweh. Er hatte einen wiederkehrenden Traum, den ich wörtlich übersetze ... Ich träume vom Land Nyamwama, wo ich geboren wurde, wo ich lebte. Ich bin da, wo meine Mutter starb. Ich träume von dem Dorf, das von einer Palisade umgeben war, denn böse Leute waren auf Sklavenjagd. Die dortigen Ströme habe ich wieder vor Augen. Es ist, als ginge ich jetzt dort. Ich gehe, unterhalte mich, tanze. Geht mein Schatten (mwevulu, das persönliche Lebensprinzip) dorthin, während ich schlafe?

Victor Turner, Forest of Symbols, 1967

Der Fallschirm

Das Schicksal wollte, daß ich am Vorabend der *intifada* nach Jerusalem zurückkam. Meine dreizehnjährige Reise hatte mich nach Kairo geführt, wo ich meine Ölgemälde in Mahmud Halils Museum ausgestellt hatte. Vor kurzem hatte ich außerdem mein erstes Buch *The Mysteries of Japan* veröffentlicht. Ich kam physisch und psychisch verausgabt in Jerusalem an. Ich wollte mich erholen, auftanken und dann wieder nach Amerika.

Die *intifada* war noch nicht ausgebrochen.

Ein rätselhaftes Vorgefühl hielt mich fest. Mein Verlangen nach exotischen Erfahrungen, die Faszination des Unbekannten, das Reisefieber waren wie weggeblasen. Ich war wieder voller Energie. Alles Palästinensische verzauberte mich, von den Bergketten zwischen Jerusalem und Nablus, den Olivengärten, den Apfelsinenpflanzungen bis hin zu dem Klang des Buchstaben *dschim* in unserem Dialekt, nach dem ich mich sogar im Zentrum der arabischen Welt, in Kairo, gesehnt hatte.

Höre ich die Aussprache, den Tonfall der städtischen Palästinenser, wird mir warm ums Herz. Wir sind uns der regionalen Unterschiede bewußt und freuen uns darüber. Die Jerusalemer und mehr noch die Hebroner sind die Zielscheibe unzähliger Witze, weil sie die Vokale langziehen. So erzählt man sich den Witz von dem Mann aus Hebron, der Pilot werden wollte. Als er zum erstenmal fallschirmsprang, sagte man ihm: »Zähl bis zehn und zieh an der Schnur!« Er sprang. Bis er am Boden aufschlug, hatte er nicht gezogen. Als Kameraden zu ihm rannten, hörten sie seine Stimme: »Seeechss.«

Palästinenser im Exil

Sein ist schwer. Palästinenser zu sein ist besonders schwer. Wir leben in ständiger Unruhe. Die letzten vierzig Jahre brachten uns Elend und Entfremdung. Die meisten von uns leben im Exil, ohne Hoffnung, je heimkehren zu können.

Jeder Palästinenser, der nicht dabei war, als im Juni 1967 die israelische Armee das Westjordanland und den

Gazastreifen eroberten, ist nun ein Flüchtling. Daß die jordanische Regierung Palästinensern freundlicherweise Pässe ausstellt, damit sie frei reisen können, ändert nichts daran, daß wir überall, wo wir hinkommen, Fremde in der Fremde sind.

Israels Gesetze gegen die Palästinenser der besetzten Gebiete sind grausam. Wer nicht alle drei Jahre persönlich erscheint, um sein Visum verlängern zu lassen, verliert sein Aufenthaltsrecht. Wenn er länger als ein Jahr im Ausland bleibt, kann er das von Israel ausgestellte Laisser-passer verlieren. Ein Jude dagegen kann nach Israel einwandern, wann immer es ihm beliebt. Die palästinensische Familie mußte schreckliche Schläge einstecken, erst 1948 und wieder 1967. Nicht eine Familie hat dies unbeschadet überstanden, sei es im Lande, sei es in der Fremde.

In den besetzten Gebieten fühlen wir uns als Gefangene. Wer bleibt, wählt ein Leben mit vielen Einschränkungen, wirtschaftlichen und politischen. Wir haben keine Bürgerrechte. Außerhalb des Heimatlandes ist die Welt ein einsames melancholisches Gefängnis. Wer bleibt, hat wenig Aussicht, eine Anstellung zu finden. Nur die Politaktivisten haben Möglichkeiten, sich zu verwirklichen, sich zu beweisen und etwas zu schaffen. Der Traum vom besseren, ruhigeren, angenehmen Leben lockt viele von uns nach Amerika, Kanada, Australien und an den Golf. Wer bleibt, tut es aus Überzeugung.

Dem Fremden ist der Palästinenser ein Rätsel; das Bild von ihm entspricht nicht seinen wirklichen Gefühlen. Der Palästinenser gilt fälschlich als aufbrausend, stur, arrogant, überempfindlich, unbeständig, reizbar und undankbar. Wir sind stolz, und unsere persönliche Integrität steht für uns über allem anderen, was – ungewollt – zu einer weiteren Entstellung unserer empfindlichen und verletzlichen Natur führt. Ja, wir sind sentimental und außerordentlich emotional. Da der Klang der Stimme, die Rituale und Symbole, mittels derer wir kommunizieren, für uns eine klare Aussage haben, tut es uns wohl, beieinander zu sein. Im Ausland setzen wir uns Mißverständnissen aus, dort sind unsere Zeichen verdächtig. Wir müssen uns anstrengen, verstanden zu werden, wir müssen uns anpassen, um nicht aufzufallen. Heimatlose Flüchtlinge, Ausländer – Gefühle der Zufriedenheit, der Ruhe und des Seelenfriedens sind flüchtig, selten und unvollkommen. Im Ausland sind wir physisch und psychisch ausgelaugt. Unsere Existenz wird absurd, unser Leben sinnlos.

Melancholie umhüllt unser Dasein.

Bilder und Abbilder

Ich gehe auf den gepflasterten Straßen Jerusalems. Ich bin kein Ausländer mehr. Ich schaue in vertraute Gesichter. In jedem finde ich den Widerschein meiner selbst, und in jeder Stimme höre ich mein Echo.

Ich bin nach Hause zurückgekehrt. Nach vielen Jahren in den USA, in Italien, Mittelamerika, Japan, Portugal und Ägypten bin ich kein Ausländer mehr. Zuhause falle ich nicht durch einen fremden Akzent auf, in Jerusalem unterscheide ich mich nicht von denen, die sich darüber definieren, daß sie, wie ihre Eltern »hier« geboren wurden. Meine Gesichtszüge fallen unter den palästinensischen Gesichtern nicht auf. Hier bin ich kein Außenseiter. Endlich treibt mich nicht mehr die verzweifelte Sehnsucht dazuzugehören. Denn in Palästina und besonders in den besetzten Gebieten bin ich hauptsächlich von meinesgleichen umgeben, von Palästinensern.

Von den Gebäuden einmal abgesehen, hat sich Jerusalem stark verändert. Nur wenige von meinen Freunden sind geblieben. Unter wirtschaftlichem und politischem Druck sind die meisten alteingesessenen Araber ausgewandert. Das Leben unter Besatzung ist frustrierend und bitter: ohne Staat, der sich um unsere Wirtschaft kümmert, ohne moderne Infrastruktur, aber mit der Zerstörung der traditionellen Landwirtschaft durch die Israelis gibt es keine Hoffnung auf Besserung. Angesichts der wenig verlockenden Optionen, im blühenden israelischen Tourismus zu arbeiten oder als Bauarbeiter Häuser für jüdische Einwanderer zu bauen, bleibt den gebildeten Palästinensern keine andere Wahl, als in die Golfstaaten, die USA, nach Kanada oder Australien auszuwandern.

Verwandte und Freunde hielten meine Mutter für begünstigt, denn die Rückkehr eines jungen Palästinensers, der das Leben unter diesen unmöglichen Bedingungen wählt, ist selten. Und Arbeit findet man noch seltener.

Ich hatte Glück: An der Bethlehem University gab es eine unbesetzte Dozentenstelle. Ich nahm sie an.

Endlich daheim, und einen Arbeitsplatz hatte ich auch – ich war glücklich. Ich mietete eine Wohnung nicht weit von der Villa meines Vaters, gebaut in den dreißiger Jahren, in der Mutter immer noch wohnt. Vom Balkon sah ich die alten Stadtmauern. Und ganz in der Nähe, auf dem Rahmeh-Friedhof, lag Husein, mein Vater, über seinem älteren Bruder Hasan, der seinerseits über ihrem Onkel, ihrem Vater und ihrem Großvater lag. Ich hatte das Gefühl, daß ich ihnen folgen würde, daß ich – so Gott will – nach dem alten Brauch über ihnen im selben Grab zu liegen käme.

Ich war es leid, Ausländer zu sein.

Freiheitssinn

Nach Jahren ermüdenden Suchens nach einem Heim in einem Ersatzland, nach endlosem Reisen auf der Suche nach einem Ort, wo ich zur Ruhe kommen würde, wo die Menschen mir über meinen Verlust hinweghelfen würden, bin ich zum Ausgangspunkt zurückgekehrt: in meine Stadt, zu meinen Leuten. Während die Welt ein Gefängnis ist, in dem ich erstickte, bin ich in Jerusalem frei. In den drei Quadratkilometern zwischen der Wad-Straße, dem Herodestor und Musrarah atme ich frei.

In diesem kleinen Gebiet leben die mir wichtigsten Menschen – von Elena, meiner Frau und besten Freundin abgesehen: Mutter, Großmutter, Bruder und Schwester, Tanten und Onkel.

Ich gehe die Straße hinunter und schaue in Gesichter, die ich erkenne und die mich erkennen. Nach Hunderten von Jahren in der gleichen Stadt sind die Vertreter der einzelnen Familien Träger typischer Züge geworden, eines eigenen Gangs, einer besonderen Geste, einer Art zu sprechen oder eines gewissen Humors. Man erkennt sich, nicht notwendigerweise als Individuum, aber als Vertreter eines Familientyps, als Nuseibeh, Qutob oder Didschani, als Qleibo, Dschauni oder Huseini, als Quttaineh, Dscharallah oder Qazmi, als Naschaschibi, Alami oder Ghoscheh.

Mit fünfunddreißig, nach dreizehn Wanderjahren, gehe ich im Suq el-Attarin einkaufen. Der mir unbekannte Ladeninhaber fragt, ob ich ein »Qleibo« sei. Dann erzählt er, daß vor dreißig Jahren mein Vater mich öfter seiner Obhut überließ, während er seine Besorgungen erledigte und Kürbis, Tomaten und Trauben einkaufte.

Wir brauchen uns gar nicht persönlich zu kennen. Ein Augenzwinkern, ein kurzer Gruß mit der Hand oder ein herzliches: »*Masa el-kher* (Guten Abend)!« vertreibt das Gefühl von Fremde und Einsamkeit.

In Jerusalem fühle ich diese tiefe geheimnisvolle Zufriedenheit, die aus der Zugehörigkeit kommt. Hier finde ich mich ständig im Gegenüber: wir gehören zum gleichen Ort und wir verstehen uns ohne viel Worte. Und weil ich nicht mehr fremd bin, muß ich nicht mehr wie ein Verrückter ständig malen. Hier haben sogar die fühllosen Steine eine vertraute Sprache, sagen mir, daß ich hierher gehöre, daß ich in eine bestimmte Familie aus einer bestimmten Stadt geboren wurde.

Wo immer ich auch geboren wurde, aufgewachsen bin ich als Jerusalemer.

Wenn ich die Altstadt durch das Damaskustor betrete, komme ich unweigerlich an Familienbesitz vorbei, den wir aber vor Jahrhunderten einer frommen Stiftung (*waqf*) übertrugen. Gehe ich durch den Suq Han ez-Zeit Richtung Grabeskirche, treffe ich meinen Onkel Wadschih, denn er ist der Schlüsselbewahrer der Kirche, ein Ehrenamt, welches der Kalif Omar den Nuseibeh im 7. Jahrhundert nach der Befreiung Palästinas von den Byzantinern übertragen hatte. Als ich klein war, bewahrte mein Großvater Jaqub den Schlüssel auf, jetzt tut es mein Onkel.

Gehe ich weiter durch die Silsile-Straße, um durchs Silsile-Tor den Haram esch-Scharif zu betreten, komme ich am Grab des Scheich el-Khalili vorbei – komplett mit Moschee, Minarett und der ältesten Bücherei Jerusalems (16. Jahrhundert). Wie könnte ich die geringsten Zweifel haben, hierher zu gehören, wo mein Vater doch von ihm abstammt?

Mein Vater, der im *qasr el-khalili*, einem hohen Burgpalast aufgewachsen war, erzählte uns zum Schlafengehen Wundergeschichten von der *barake* des Scheichs el-Khalili. Meine Kindheit war voller Sagen von nie versiegenden Olivenölbrunnen und Wunderheilungen. Vater erklärte: »Gott schaute mit Wohlwollen auf den Scheich el-Khalili und seine Kinder. Auf ihm ruhte Segen.«

Der Scheich el-Khalili war eine märchenhafte Person. Ich stellte ihn mir mit weißem Bart vor. In Wirklichkeit war er ein frommer Gottesgelehrter. Die Kleider seines Enkels Mohammed sah ich in dem Museum neben der

Aqsa-Moschee. Das Gewand aus buntem Brokat stammt aus einer Zeit lange bevor die Araber die gedeckteren europäischen Stoffe übernahmen. Kürzlich wandte sich Dr. Ishaq el-Huseini mit der Bitte an mich, die Veröffentlichung eines seltenen theologischen Manuskripts von unserem gemeinsamen Großvater, dem Scheich el-Khalili, zu unterstützen, welches ein arabischer Gelehrter in der British Library entdeckt hatte.

Als wirklich frommer Mann erhielt er den Beinamen el-Khalili von *khalil Allah*, der Freund Gottes. Sein Stammbaum reicht bis zu Tamim ed-Dari, einem Christen, der von Palästina nach Medina gezogen war. Nach der Legende nahm er den Islam an und verlangte vom Propheten Mohammed, ihm große Teile Palästinas als fromme Stiftung anzuvertrauen.

Allerdings geht der Stammbaum vieler, sehr vieler Palästinenser auf Tamim ed-Dari zurück ...

In der Altstadt

Die Wad-Straße

In Jerusalem zu leben ist ein täglich neu erfüllter Wunsch.

Jeden Morgen stehe ich auf, schlürfe meinen Kaffee, blicke zum Fenster hinaus und sehe das Gold des Felsendoms durch den Morgennebel schimmern, den Jerusalems warme Sonne langsam auflöst.

Innerhalb der Altstadtmauern von Jerusalem zu leben ist einzigartig. Wir sind ins Herz der Altstadt gezogen, ins Zentrum des Muslimviertels, unweit des Haram esch-Scharif, bei der fünften Kreuzwegstation der Via Dolorosa. Am Fenster, auf dem Dach, im Hof, ringsum taucht Jerusalem wie eine von verblaßtem Ruhm kündende Reliquie auf.

Die Wad-Straße (*al-wad*: das Tal) ist voller Bauern und Beduinen, die von überallher kommen, um mittags gemeinsam im Haram esch-Scharif zu beten. Ich sitze auf dem Sims des doppelbögigen Kreuzfahrerfensters und betrachte das Treiben der Bettler und Ladenbesitzer unten, der Pilger und Verkäufer in bestem Freitagsstaat.

Vom Grill des Kebabverkäufers, der sein Geschäft im Freien unter der *qantara*, dem Brückenbogen, der unser Haus stützt, betreibt, steigt Rauch auf: Jerusalem verströmt den unverwechselbaren Duft des Orients. Die

Verkäufer, die Bettler und die Einkaufenden werden zu Figuren eines Gemäldes, das die magische Märchenpracht Kairos und Bagdads wiedererstehen läßt. Ein byzantinisches Mosaik in Madaba zeigt einen Stadtplan von Jerusalem im 6. Jahrhundert. Ein Blick auf diesen Stadtplan weist ein ungewohntes Bauelement unterhalb des heutigen Damaskustores auf. Ein Betrachter, der sich vorstellt, durch das römische Tor – unter dem heutigen Tor aus dem 15. Jahrhundert – in die Stadt zu kommen, findet sich auf einem Platz. In der Mitte steht eine einzelne Säule, die eine römische Kaiserstatue trägt. Über die Zeiten hinweg hielt sich diese Säule im Gedächtnis der Jerusalemer: bei ihnen heißt das Damaskustor immer noch Bab el-Amud, Tor der Säule.

Ferner sieht man auf dem Mosaik zwei Cardos, römische Kolonnaden: die eine läuft südwestlich vom Bab el-Amud durch drei Bazare (Suq Khan az-Zeit, Suq al-Attarin und Suq al-Baschura) zum jüdischen Viertel; die zweite, die Wad-Straße, läuft vom Damaskustor erst südöstlich, dann südlich. Vor der armenisch-katholischen Kirche bilden die riesigen Pflastersteine des römischen Cardo immer noch den Straßenbelag. Der Cardo endet in der Silsile-Straße, ein paar Meter von der Khaldi-Bibliothek aus dem 19. Jahrhundert entfernt. Die Fassaden aus der Mamelukenzeit und aus späteren Epochen sowie der Zickzack-Verlauf der Wad-Straße und anderer Straßen (der dadurch entstanden ist, daß Mamelukenfassaden auf Kreuzfahrergebäude aufgesetzt wurden) lassen darauf schließen, daß die Omajjaden,

Kreuzfahrer und Mameluken beim Städtebau von dem römischen Stadtplan ausgingen.

Unser Heiliger

Jeder Schritt in meinem Haus in der Wad-Straße beschwört die religiöse, wirtschaftliche, politische und soziale Geschichte Jerusalems herauf. Vom Damaskustor gesehen, hat das Haus einen privaten Eingang in der dritten *qantara*, dem Durchgangsbogen.

Tritt man ein, so werden die Straßengeräusche zu Geflüster: die Geschichte spricht in zahllosen Zeichen. Aus den Erinnerungen der Jerusalemer, besonders der früheren Hausbewohner, ist der Stoff gewebt, der das Haus in Mythen hüllt, es zu einem nationalen Schatz macht.

Das Gebäude ist so alt, daß die Bögen und Kuppeln der Decke, die Wände, Nischen, Fenster und Türen nicht etwa muslimischer Zierat, sondern tragende Bauelemente aus einer Architekturtradition sind, die für stabile Fenster, Türen und Decken weder Holzbalken noch Steinstützen oder Metallträger brauchte. Man bediente sich derselben Techniken, die Eskimos zum Bau eines Iglus benutzen. Dabei sind die Proportionen völlig andere: unser Schlafzimmer ist etwa 150 qm groß.

Im Haus befindet sich rechts in der Wand eine Öffnung: ein Brunnen, so alt wie die Stadt. Wer die ausgegrabenen Überreste des römischen Cardo in der Verlängerung des Suq al-Baschura besichtigt hat, der weiß, daß die Omajjaden die römischen, kanaanitischen und jebusitischen Mauern Jerusalems als Reservoirs für Regenwasser benutzten.

Bis zum Anfang des Jahrhunderts tranken die Jerusalemer Brunnenwasser, wuschen damit und vollzogen mit ihm ihre rituellen Waschungen; bis zum heutigen Tag trinkt so mancher am liebsten das Wasser aus seinem Brunnen. Ich erinnere mich, daß mir einer der Vermieter (das Haus gehört derzeit einer Erbengemeinschaft von über dreißig Personen) riet, das Wasser der ersten beiden Regenfälle auf die Treppen und weiter auf die Straße hinaus zu leiten. »Erst danach ist das Dach sauber. Dann öffnet die Rinnen und Rohre, die das Wasser in den Brunnen leiten.«

Fünf Stufen höher gibt es links eine grüne Tür, die ins Zimmer des Heiligen Scheich Jaqub führt. Seine Geschichte ist interessant, denn sie wirft Licht auf Jerusalems Familien und deren Beziehung zu diesem alten Stadtpalast. Die gegenwärtigen Besitzer, die Familie Scharaf, beharren darauf, daß der Sarkophag einen in einer Sturmnacht gestorbenen Diener berge. Am Morgen nach dieser Nacht lag der Schnee einen Meter hoch. Da die islamischen Vorschriften eine sofortige Beisetzung verlangten, wurde er im Haus, in einem gewölbten, höhlenartigen Raum im ersten Stock, bestattet.

Schon bald gab es Hinweise, daß auf dem Mann ein Segen lag, daß er *barake* besaß. Eine unfruchtbare Frau wurde schwanger, nachdem sie das Haus besucht hatte, Leute mit verschiedenen medizinischen Problemen genasen von ihren Leiden, und die Geschäfte der Hausbewohner florierten ... Scheich Jaqub, das gute Omen des

Hauses, wurde ein *wali*, ein muslimischer Heiliger mit übernatürlicher Segenskraft.

Die Familie Tahbub-al-Omajjajin, die ihren Ursprung auf die Omajjaden zurückführt, welche im 9. Jahrhundert Großsyrien beherrschten, behauptet hingegen, daß einer ihrer Ahnen in dem Grab liegt.

Wer uns besucht, bittet den Geist des Verstorbenen um Erlaubnis (*dastur*), um Nachsicht, daß er einfach vorbeigeht, oder er rezitiert vorsichtshalber die Eröffnungssure des Korans als eine Art sprachliches Amulett.

Um eine Ecke und elf Marmorstufen höher hat man die römischen und omajjadischen Überreste unter sich und befindet sich im Kreuzfahrer-Teil des Hauses. Auf einem Bogen aus Kreuzfahrerzeiten, früher Teil des Gangs einer Zimmerflucht, von der nur zwei Räume zu unserem Haus gehören (die anderen liegen im angrenzenden Haus), sieht man, halb verborgen, ein in den Stein gemeißeltes Malteserkreuz. Die Zimmer dieses Geschosses sind winzige Zellen. Eines davon wurde uns als Wächterzimmer bezeichnet, weil man von ihm aus das Tor zum überwölbten Gäßchen hin überblicken kann. Wir gebrauchen es jedoch als Speisekammer – und um einen kritischen Blick auf Besucher zu werfen, bevor wir unseren Weg nach unten fortsetzen und die Tür öffnen.

Die palästinensische Sozialstruktur, besonders die Familie und die *hamule*, erhielten ihr modernes Gesicht erst nach Saladins Befreiung des Heiligen Landes von den Kreuzrittern.

Das Kreuzfahrerstockwerk, so wurde mir mitgeteilt, gehörte früher den Nuseibehs, der Familie meiner Mutter. Zufällig lief mir Halti Munireh, die Schwester der Mutter meiner Mutter, über den Weg, als sie die Miete bei den Bewohnern des Hauses nebenan abholte. Während wir oben saßen und an unserem Kaffee nippten, erzählte sie von dem alten Rechtsstreit zwischen den Nuseibehs und den Scharafs um die beiden Zimmer mit den Kreuzfahrerbögen im zweiten Stock.

Während des Krieges 1967 fielen einige Bomben auf das Haus, die unter anderem das alte Treppenhaus zerstörten. *An-naksah* (die Niederlage) spielte also eine symbolische Rolle bei der Veränderung der Beziehung zwischen dem Kreuzfahrergebäude und den anderen Epochen, die wie Fossilien in der Architektur meines Hauses bewahrt sind.

Auf gerade mal 23 Stufen durchqueren wir die Vorgeschichte und gelangen in die palästinensische Geschichte: Palästina (mit seinen Familien, seinen Immobilien, *auqaf*, und politischen Allianzen) entwickelte seine Identität, seinen politischen, sozialen und ökonomischen Charakter im 13. Jahrhundert, nach der muslimischen Wiedereroberung.

Fünf weitere Stufen führen in den offenen Innenhof. Zwischen den Beeten wächst ein Granatapfelbaum, ein nahöstliches Fruchtbarkeitssymbol. An seinem Stamm sind einige Narzissen, Anemonen, Osterglocken und Calla (Lilienzwiebeln) angepflanzt. Eine Bougainvillea und ein kleiner Jasminstrauch ranken sich um die rostigen Gitter eines Fensters. Gänseblümchen und Hibiskus gedeihen in einer Ecke, und gelbe Stiefmütterchen umgeben einen Rosmarinbusch.

Einen Garten zu haben übertraf unsere kühnsten Träume von einem Haus in der Altstadt. Pflanzen sind nichts Ungewöhnliches, denn die meisten Jerusalemer lieben Bäume – wenigstens der charakteristische Zitronenbaum soll es sein, ohne den ein Haus nicht zum Heim wird. Wenn nicht genügend Platz für einen Garten ist, ersetzen ihn riesige Blumentöpfe oder Fässer.

Um vor Regen und Sonne geschützt von einem Zimmer am *hosch*, dem Innenhof, in ein anderes zu gelangen, wurde ein modernes Zimmer mit einer durchgehenden Glaswand zum Garten angebaut. Nur dieses und das Badezimmer wurden gestrichen. Die Mauern des Innenhofs, die Eisengeländer und die Umfassungen der Pflanzenbeete blieben, wie sie waren.

»Genau wie in Italien«, riefen französische Gäste beim Abendessen. Auch die Gebäude und Kirchen von Venedig, Rom und Florenz werden in einem Dauerzustand des Verfalls gehalten – kein Italiener käme auf die Idee, Renaissancegebäude als neu auszugeben; die Zeichen des Altertums gehören ja gerade zu Italiens Charme.

Das frühosmanische Stockwerk, das wir uns zum Wohnen aussuchten, ist für Jerusalemer Verhältnisse recht jung. Während der Renovierung, als auch die Wände neu verputzt wurden, mußten wir den alten Putz abklopfen; dabei fanden wir auf einigen Verbindungssteinen zwischen dem Kreuzfahrerbogen und der Wand Verzierungen, die große Ähnlichkeit haben mit den Gravierungen an den Kapitellen der Säulen des Damaskustores, am *sabil* (öffentlicher Wasserhahn) neben dem Hammam al-Ain und anderen über die Stadt verteilten

Gebäuden, wo immer der türkische Sultan Suleiman der Prächtige im 16. Jahrhundert Jerusalem seinen Stempel aufdrückte.

Die meisten Gebäude der Altstadt sind feucht, was ein ständiges Problem für ihre Bewohner darstellt. Seit sich die Jerusalemer an die Beschaffenheit und den Glanz von Farbe gewöhnt haben, wird ein Haus als unfertig angesehen, wenn es nicht gestrichen ist. Da Wände und Decken seit Jahrhunderten mit Feuchtigkeit gesättigt sind, ist es nahezu unmöglich, die Wände trocken zu bekommen. Sobald das Haus gestrichen ist, beginnt die Feuchtigkeit schon wieder durchzusickern. Die Farbe bekommt Flecken, Blasen bilden sich, brechen auf, fallen herunter und hinterlassen scheußliche, vom Schwamm überwucherte Stellen.

Das Leben in der Altstadt bringt besondere Probleme mit sich, die aber leicht zu lösen sind, sobald der Bewohner begriffen hat, daß er in einem alten Haus wohnt und nicht in einem dieser modernen Apartments, von denen es an der Straße zwischen Jerusalem und Ramallah jede Menge gibt.

In unserem Haus wurden weder die Kreuzfahrer- noch die Osmanenzimmer gestrichen. Für die oberste Putzschicht nahmen wir *schid*, eine Mischung aus weißem Zement, Sand und Kalk, die dem Raum einen rosa Ton verlieh. Toilette und Bad wurden von Grund auf renoviert und modernisiert. Römische Wasserleitungen sind heute einfach nicht mehr hygienisch genug.

»Wie ein Landhaus«, kommentierte Halti Munireh, die den Familienpalast am Bab el-Etem zugunsten der modernen Annehmlichkeiten der Vorstadtarchitektur verlassen hatte. Auch die Außentür im überwölbten Gäßchen wurde nicht neu gestrichen. Wir wuschen sie lediglich mit Wasser, einer Bürste und sehr viel Seife ab.

Ich sitze an meinem Schreibtisch im Qantara-Zimmer über der Wad-Straße, innerhalb der Mauern, die Jerusalem umschließen. Der Schreibtisch steht schräg, so ist es mir möglich, die Schönheit drinnen und draußen zu genießen.

Geometrisch betrachtet ist das Zimmer ein Halbkreis über einem Quadrat. Die Kuppel, die sich sieben Meter über dem Boden erhebt, bildet eine von vier Wänden getragene Halbkugel. Das Gegenüber der beiden Massen und ihre Gliederung erzeugt einen bewegten, wirbelnden Effekt, den die im ganzen Raum verteilten byzantinischen, römischen und muslimischen Bögen verstärken.

Wenn ich mich umschaue, sehe ich drei Nischen mit römischen Rundbögen: an jeder Wand befindet sich einer; der vierte, etwas größere, ist ein offener Durchgang. Eine fünfte Nische ist richtig geräumig; früher diente sie als *rakzeh*, als Stapelplatz für Matratzen, Deckbetten und Kopfkissen. Jetzt steht sie leer, hat nur eine abstrakte, ästhetische Funktion. Sitze ich am Schreibtisch, blicke ich auf zwei Bogenfenster mit osmanischen Eisenstangen und einfachem Holzgitter (*maschrabieh*), beides ungestrichen. Der Kreuzfahrerbogen hinter mir greift die Form der beiden kleinen Fenster auf, die von zwei typischen kleinen islamischen Bögen gekrönt werden. In der Mitte über den Fenstern innerhalb des Kreuzfahrerbogens befindet sich eine weitere kleine Nische, die mit einer kleinen Öffnung in Form von Salomons Stern verziert ist.

Der Begriff »Islamischer Barock« beschreibt das Zimmer gut. Immer neu werden die fünf Meter hohen, die Kuppel tragenden Kreuzfahrerbögen aufgegriffen. Dies erlaubte es dem palästinensischen Architekten, die funktionalen Bauelemente, die ihm Römer, Byzantiner, Kreuzritter und Muslime hinterlassen haben, zu verwenden.

Der blaue nebelige Rauch, der vom Grill des Kebabverkäufers unten am Haus aufsteigt, zieht meine Aufmerksamkeit auf sich. Durch die rostigen Eisenstangen betrachte ich den fernen Horizont, dann die Nachbarhäuser. Die zwei Kuppeln des Nebenhauses sind in Licht getaucht. Hinter ihnen fallen still blaue Schatten auf andere halbkugelförmige Dächer herab. In der Ferne, hinter der Kuppellandschaft, schimmert das goldene Halbrund des Felsendoms unter Jerusalems goldener Sonne.

Stadt aus Stein

Jerusalem war schon immer ein städtisches Zentrum; die Steine seiner Bauten sind aus Palästinas Geschichte gehauen.

Palästina liegt am Schnittpunkt zahlreicher Zivilisationen. Ihr Aufstieg und Fall hinterließ unendliche Spuren im Land und in der Kultur der nachfolgenden Völker. Die hervorgebrachte Synthese bildet die Grundlage für Jerusalems magischen Charakter. Die Fassaden der

Häuser, Paläste, religiösen Schulen, Gotteshäuser, Moscheen, die verwinkelten Straßen und Gassen von Jerusalem sind Zeugen der geistigen und geistlichen Beiträge der Jebusiter, Kanaaniter, Hebräer, Aramäer, Griechen, Römer, Byzantiner, Omajjaden, Kreuzritter, Mameluken und Osmanen, die einander ablösten. So finden sich in mamelukischen Fassaden architektonische Merkmale aus früheren Epochen; der jämmerliche Zustand erleichtert die Stilanalyse nicht. Einzelne Bauelemente werden umfunktioniert: Aus einer alten Kirche wird ein Café. Eine römische Kolonnade wird Teil eines Kreuzfahrer-Marktplatzes, der seinerseits in einen muslimischen Bazar (*suq*) einbezogen wird, so wie beim Suq al-Attarin und beim Suq Khan az-Zeit. Ein römischer Platz mit einer Säule in der Mitte wird teilweise als Ölpresse genutzt, während der Schutzwall neben dem römischen Stadttor verputzt und versiegelt wurde und als Wasserreservoir genutzt wird.

Den eklektischen Gebrauch historischer Bausubstanz kann man auch in unserem Haus beobachten. Die Öffnung eines Brunnens, den die Omajjaden durch das Verputzen römischer Gemächer schufen, wurde im Laufe der Zeit unterirdisch. Der aufgesetzte Brunnenschacht, der sich über hebräischen, kanaanitischen und jebusitischen Resten erhebt, wächst zum von den Kreuzfahrern gebauten und bewohnten Stockwerk hoch. Um den Bedürfnissen der mamelukischen Bewohner gerecht zu werden, die den dritten Stock des Hauses bauten, wurde der Brunnenrand weiter erhöht.

Aus dem Fenster unseres osmanischen Schlafzimmers, das noch nicht renoviert ist, sieht man auf das Mausoleum des Haski Sultan. Jeden Morgen sehe ich beim Aufwachen zerfallende Überreste alter Zivilisationen. Die Kuppel siebeneinhalb Meter über meinem Kopfkissen ist rissig und naß. Ich betrachte die feuchten Flecken, die Stellen, an denen die Farbe abgeblättert ist, und dann die Abschnitte, an denen der Putz schon abbröckelt.

Im Sonnenlicht glitzern ein paar Körnchen des sich ablösenden Putzes. Meine Sicht des Lebens in Jerusalem ist ein tagtägliches Gedicht, das mich eng an meine Wurzeln bindet, an die magische Welt meiner Vorfahren.

Wer in Jerusalem lebt, taucht tief in die Geschichte ein.

Palästinas Geschichte umgibt jeden unserer Schritte. In diesem Moment in der Geschichte findet ein grundlegender Wandel in einer Zivilisation statt, deren Sozialstruktur zerstört und deren kulturelle Ausdrucksformen unterdrückt wurden.

Die *intifada* ist ein Jahr alt.

Nach 12 Uhr Mittag überschattet unheimliche Ruhe die Stadt.

Elena und ich gehen durch leere Straßen. Die Metallrolläden der Geschäfte sind heruntergelassen. Wir gehen schneller Richtung Damaskus- oder Herodestor, hoffen, daß die Stadttore nicht von der israelischen Armee geschlossen wurden.

Elena und ich erinnern uns: Es ist nicht Sonntag in Amerika, und da wir in einer muslimischen Stadt sind, gibt es keinen religiösen Grund für einen Ruhetag, für das Ausbleiben aller Anzeichen von Handel und Wandel. Wir sind in der besetzten Westbank, und diese »geringe Betriebsamkeit« ist Ausdruck der palästinensischen Wiedergeburt.

An den Wänden und an allen Rolläden der Geschäfte ist abstrakte Kunst ausgestellt. Hastig hingeschriebene schwarze nationalistische Parolen wurden von den Israelis dick und wütend in Rot, Gelb, Weiß, Grau und auch Grün überstrichen. Jede Woche sehen die Kompositionen anders aus; neue Slogans werden geschrieben, und neue Farbbalken überdecken die Botschaften. Farbschicht legt sich über Farbschicht, verwischt die politischen Aussagen, betont so die Geschichtlichkeit des gelebten Augenblicks.

In der Dunkelheit kehren wir zurück, um in unserem Hause in der Wad-Straße unweit des Haram esch-Scharif zu schlafen. Außer den patrouillierenden Soldaten sind die Straßen der Stadt leer. Beklemmende Ruhe auch im Haus.

Die Geräusche verstummen. Die Geschichte spricht.

Es kümmert mich nicht, daß die Küche außerhalb liegt, daß ich den offenen Innenhof durchqueren muß, um sie zu erreichen. Es macht mir nichts aus, siebenunddreißig Stufen hochsteigen zu müssen, um zu den Wohnräumen zu gelangen. Die abstrakten Muster im Kuppelgewölbe unseres Schlafzimmers, sieben Meter über unseren Kissen, stören mich nicht. Mir ist es hundertmal lieber, ein Heim zu haben, dessen Grundmauern auf vier Jahrtausenden ruhen, als in einem Vorstadthaus zu wohnen, das wie irgendein Haus der Diaspora ist und dessen Fundament kaum sieben Meter in den Boden reicht.

Ein Geschlecht von Propheten

Örtlicher Adel

Jerusalems Sozialgefüge ist arabisch. Von den anderen palästinensischen Städten hebt Jerusalem sich durch die *schurafa* ab. Diese Aristokratie besteht aus Nachfahren des Propheten (z.b. die Familie Huseini); aus Nachkommen von Prophetengenossen, *ashab*, (z.B. die Familie Nuseibeh) und Schriftgelehrtenfamilien, *ulama*, (z.B. die Alami, Halili); den Abkömmlingen der Militärs, *mudschahidin*, (z.B. die Dscharallah, Qutob) sowie alten ortsansässigen Familien (z.B die Didschani). Bekanntlich sind die meisten palästinensischen Familien in Zweige aufgesplittert, und viele dieser Zweige haben zu Anfang des 20. Jahrhunderts einen eigenen Namen angenommen.

Bis zum Beginn der zwanziger Jahre, vor der Masseneinwanderung der europäischen Juden, waren Christen und Juden ethnische Minderheiten. Während die einheimische christliche Bevölkerung über Jahrhunderte ihre eigene Klassenstruktur und gesellschaftliche Stellung zu den Muslimen beibehielt, war die jüdische Gemeinde wegen der Wanderungen ihrer Mitglieder weniger tief verwurzelt. Außer den Navon, die im 15. Jahrhundert aus dem muslimischen Spanien kamen, und den Elischa kann keine jüdische Familie ihre Genealogie in Jerusalem mehr als zwei Jahrhunderte zurückverfolgen – dies ergaben Forschungen von Zaki Nuseibeh in den Archiven des Auqaf-Amtes.

Die Jerusalemer sind für ihre Genügsamkeit bekannt. Unser Lebensstil ist einfach, fast schon karg. Unsere Wohnungen, Möbel, Kleider und Umgangsformen sind bescheiden. Umständliche Rituale, die andernorts Reichtum und Macht unterstreichen, sind uns fremd. Jerusalem ist eine kleine, durch ihre Heiligkeit ausgezeichnete Gebirgsstadt, in der 800 Jahre lang die gleichen Familien untereinander heirateten. Jeder kennt seinen Platz, ohne daß das durch prunkvolle Rituale ausgedrückt werden müßte.

Lautes Lachen, Tanzen und Singen sind *aib*: öffentlich Gefühle zu zeigen gilt als unanständig. Wegen dieser Strenge halten uns sogar die anderen Palästinenser für schwermütig und überheblich, verschlossen und knausrig. Dabei sind wir gastfreundlich, ohne zu übertreiben; wir heißen Fremde willkommen, öffnen ihnen unsere Häuser.

Aber wir tragen auch an unserer Verantwortung gegenüber der Geschichte. Die meisten Jerusalemer gehören Familien an, die zurückgehen auf Saladins Befreiung Jerusalems von den Kreuzfahrern (im 13. Jahrhundert); andere (wie die Nuseibeh) gehen gar auf den Kalifen Omar zurück oder sind seit byzantinischer Zeit oder noch länger in Jerusalem ansässig. Entsprechend dem Vertrag zwischen dem Kalifen Omar und dem Jerusalemer Patriarchen Sophronius durfte Jerusalem seine Bevölkerung behalten. Die christlichen Familien – Jerusalem war schon den Byzantinern Heilige Stadt – blieben, einige konvertierten zum Islam. Die Juden, denen der Vertrag die Rückkehr in die Stadt verweigerte, traten sehr wahrscheinlich zum Islam über. Der mündlichen Überlieferung zufolge sind die Dschijanis, die Hüter des Davidsgrabes, damals zum Islam übergetreten.

En-niswan schabakeh

Die Unterschiede zwischen echten Jerusalemern und Fremden sind mannigfaltig. Ein Fremder bleibt fremd, auch wenn seine Eltern und Großeltern in der Altstadt geboren wurden. Ein Hauptunterschied besteht darin, daß ein Jerusalemer »ißt«: er bezieht Einkünfte aus Waqf-Vermögen. Die Mehrheit der Häuser und Läden der Altstadt sind altes Familieneigentum, die das Auqaf-Ministerium verwaltet: es kümmert sich um Instandhaltung, Vermietung und Verteilung der Einnahmen an die Erben. *En-niswan schabakeh* (die Frauen verknüpfen uns), sagt man in Jerusalem. Fast jeder hat Anteile an den Immobilien der anderen, wenn es sich auch nur um winzige Bruchteile handelt. Nach Jahrhunderten von Ehen untereinander sind fast alle miteinander verwandt.

Die Einkünfte aus den *auqaf*, den muslimischen Treuhandstiftungen, von denen die Jerusalemer bis vor kurzem abhingen, unterschieden sich sehr; es konnte sich um etwas Korn oder Mehl handeln, wie beim Anteil meines Vaters am *khalili waqfieh*. Die *T'kiyyet as-Sultan* verteilte täglich ein Frühstück aus gekochtem Weizen und einem Vollweizenbrot. Mutter beschreibt den Brei als »einfach«. Aber wenn er, in zinkverziertem Kupfergeschirr, gebracht wird, kommen zerlassene Butter, Mandeln, Walnüsse und Honig an den Brei, der – und das ist sein wirkliches Geheimnis – die Nacht über auf ganz kleiner Flamme köchelt.

Eine andere Form der Einkünfte war Geld. Jeder Erwachsene erhielt, gemäß seiner Position in einer sorgfältig verfaßten und rechtlich abgesicherten Stiftungsurkunde, seinen Anteil an dem Gewinn, der durch die Vermietung der verschiedenen Läden und Häuser oder durch den Verkauf von Oliven oder Öl aus Landgütern außerhalb der Stadt erzielt wird.

Die christliche Bevölkerung lebte innerhalb des Christenviertels in den verschiedenen Klöstern oder in deren Nachbarschaft; die meisten wurden mit Essen und Wohnraum von der Kirche versorgt, zu der sie gehörten, sei sie aramäisch, armenisch, koptisch, griechisch-orthodox, russisch-orthodox oder katholisch.

Die Jerusalemer blieben also Nutznießer, deren Unterhalt von ihren Anteilen an den *auqaf* abhing, die ihnen illustre Vorfahren hinterlassen hatten. Neuer Privatbesitz und Handel ergänzten ihr Einkommen, sowie die traditionellen Ehrenämter als Hüter christlicher und muslimischer Heiligtümer (die Ansari auf dem Haram esch-Scharif, die Nuseibeh in der Grabeskirche, die Alami in der Salhie-Moschee). Durch die Katastrophe von 1948, den Verlust des Großteils von Palästina, die Zerstörung und Teilung Jerusalems, wurde eine Lebensform abrupt beendet. Das Geld blieb aus, das Prestige blieb.

Ursprungsmythen: Qais und Jemen

Die palästinensische Sozialstruktur brach nicht über Nacht zusammen. Die internationale Politik des 19. Jahrhunderts hatte mit ihren Nahost-Feldzügen üble wirtschaftliche und politische Auswirkungen. Napoleons »Ägyptenfeldzug« machte nicht in Ägypten halt. Seine Armeen fegten über die Küstenebene Palästinas. Mit Gaza als Hauptquartier besetzte die französische Armee bald Jaffa und erreichte Akko im Norden; überall verursachte sie schwere Zerstörungen und Chaos.

Nach Napoleons Rückzug war Palästina dem Zusammenbruch nahe. Armut und Krankheit breiteten sich aus. Die Terrorherrschaft al-Dschazzars, des berüchtigten Gouverneurs von Akko, hemmte die Wirtschaft und unterdrückte jede aufkeimende Eigenständigkeit.

Die Lage verschlechterte sich weiter, besonders in der von Durchgangsverkehr und Pilgern abhängigen zentralen Gebirgsregion, die bald allgemein mit Armut assoziiert wurde, wie das Sprichwort *illi bi-juskun bil uds wil khalil, bi-jirda bil alil* zeigt: »Wer in Jerusalem oder Hebron wohnt, begnügt sich mit wenig.« Meine Generation wuchs noch in der Atmosphäre puritanischer Anspruchslosigkeit auf. Die Kargheit wurde mit der verbreiteten Redensart *el-qanaa kanzun la jafna* gerechtfertigt: »Tiefe innere Zufriedenheit mit dem, was man hat, ist ein unerschöpflicher Schatz.«

Wen Gott begünstigt, der darf nicht protzen; den von ihm geschenkten Reichtum zur Schau zu stellen wäre gottlos, Verschwendung ungeheuerlich. Bis heute werden die Jerusalemer wegen ihrer puritanischen Genügsamkeit aufgezogen; wir werden mißverstanden als geizig, schwermütig und knausrig.

Die wirtschaftliche Lage besserte sich erst, als die Briten unter General Allenby 1917 Palästina eroberten. Bis dahin waren die Palästinenser in endlosem Zwist und Streit zwischen Qaisis und Jemenis verstrickt. Die Einteilung in zwei Gruppen ist ein Ursprungsmythos, der unter dem Begriff *arab* (beduinisch) die verschiedenen semitischen Völker zusammenfaßt, die seit Urzeiten aus der Arabischen Halbinsel ausgewandert sind. Da die Nordaraber, die Qaisis, ein rein nomadisches Leben führten und nur als selbständige Kaufleute arbeiteten, galten sie als frei und edel. Ihr Ansehen stieg noch dadurch, daß die Dynastie der Propheten von Abraham abstammt, also von einem Nordaraber; der Koran ist in ihrem Dialekt verfaßt.

Die Jemenis hingegen waren Araber, die das Nomadenleben aufgegeben und ein seßhaftes, bäuerliches Leben aufgenommen hatten, Sklaven des Bodens geworden waren. Nach der mythenumwobenen Zerstörung des Staudamms von Marib und des mit ihm zusammenhängenden hochentwickelten Bewässerungssystems wanderten die Südaraber nach dem alten semitischen Ansiedlungsmuster nordwärts Richtung Palästina.

Jahrtausende nach der mythischen Gründung ist Palästina immer noch mit Dörfern übersät, die einer der beiden Gruppen mehr oder weniger verpflichtet sind. Bis vor kurzem kam es immer wieder zu endlosen Kämpfen, wenn sich ein einzelner herabgesetzt fühlte. Die Kränkung wurde zu einer kollektiven Ehrenangelegenheit.

Auch waren weder die Bauern in ihren Dörfern noch die Stadtbewohner außerhalb der Mauern sicher vor plündernden Beduinen, die Frauen und Kinder entführten, um sie als Sklaven zu verkaufen, wenn die Zentralgewalt schwach war. Mein Vater, der 1892 geboren wurde, wuchs außerhalb des Herodestors in *qasr al-khalili* auf (jetzt Teil des Geländes des Rockefeller-Museums). Auf den nicht mal tausend Metern von der Festung zur innerhalb der Mauern gelegenen religiösen Schule (*kuttab*) begleitete ihn ein bewaffneter Leibwächter, weil er sonst gekidnappt und als Sklave verkauft worden wäre.

Die mutigeren Jerusalemer zogen wegen der schlechter werdenden sanitären Verhältnisse und wegen Überbevölkerung aus der Altstadt in die außerhalb liegenden Olivenhaine. Das zu dieser Zeit übliche Gebäude, *el-qasr*, eine Art Burg, hatte kleine Türen und schmale Öffnungen nach außen. Gemäß der Jerusalemer Bautradition bestand es aus mehreren Stockwerken mit um einen Innenhof gruppierten Zimmern.

Als die britische Armee ein gewisses Maß an Sicherheit gewährleistete, zogen die Jerusalemer aus hohen Türmen in großflächige Villen mit großen Fenstern um. Metallgitter sorgten für die nötige Abgeschlossenheit und Sicherheit.

Seit 1892 verbindet eine Bahnlinie Jerusalem und Jaffa: Eisenträger kamen in die Stadt aus Stein. Die Architektur benötigte den Bogen nicht mehr als funktionale Stütze. Die runden Kuppeln wurden entbehrlich.

Eisenträger, die von einer Mauer zur anderen gingen, trugen die Last der Decke; Flachdächer aus rotem *karmid* (gebrannten Ziegeln) sicherten das Haus vor Regen und Sonneneinstrahlung. Diese Villen, in denen der Rundbogen nur noch ein beliebter Schmuck war, gab es bald in allen außerhalb der Stadtmauern sprießenden Vororten.

Das Nahen des zwanzigsten Jahrhunderts machte sich bemerkbar.

Ein Geschlecht von Propheten

Aufgrund der muslimischen Ideologie und ihrer Stammesstruktur haben die Palästinenser ein starkes arabisches Nationalgefühl. Wegen der israelischen Besetzung sind die Palästinenser heute das einzige arabische Volk ohne Staatsgrenzen, ohne eigenen Paß, der sie vom Rest der arabischen Welt trennen würde. Palästinenser definieren ihre Identität deshalb zuallererst als Araber, dann religiös als Muslime oder Christen und zuletzt geographisch als Bewohner von Jerusalem, Hebron, Gaza usw. Erst seit der *intifada* wurde ihre Identität als Palästinenser wichtiger als alle anderen Zugehörigkeiten.

Für Außenstehende ist die Tiefe unserer arabischen Identifikation und das Ausmaß, in dem dieses ideologische Bewußtsein die palästinensische Gesellschaft durchdringt, schwer zu verstehen. Palästinenser werden allgemein in Adnani-Araber, also Qaisis, die vor Urzeiten von der nordarabischen Halbinsel gekommen sind, und

Qahtani-Araber, also Jemenis aus Südarabien, eingeteilt.

Stolz führen sowohl Muslime als auch Christen ihren Stammbaum auf die Arabische Halbinsel zurück. Wenn sich die Stadt Jerusalem überhaupt irgendwie auszeichnet, dann durch ihre edlen Familien, die auf den Propheten selbst oder auf seine Gefährten zurückgehen, deren Nachfahren bald nach der islamischen Eroberung in die Stadt kamen, um am Haram esch-Scharif zu leben und zu beten, oder die von den *mudschahidin* und Schriftgelehrten abstammen, die Saladin während der Kreuzzüge begleiteten.

Die Palästinenser identifizieren sich über einen der wichtigsten arabischen Züge, nämlich den Stolz auf ihre Abstammung und auf die Reinheit ihres Erbes. Im »Arabersein« finden wir unsere Ehre und unseren Stolz. Wir vermeiden es, sogar auf der intellektuellen Ebene, irgendeine Verbindung mit den palästinensischen Zivilisationen vor der Ankunft des Islam im 7. Jahrhundert herzustellen; folglich verleugnen wir unsere kanaanitischen, hebräischen, aramäischen und byzantinischen Wurzeln, denn wir haben den Islam und die arabische Sprache des Korans zum Ausgangspunkt und zur Morgenröte einer neuen Geschichte gemacht.

Der Bruch ist, besonders für die muslimische Mehrheit, absolut.

Wir haben das Band zu früheren Epochen durchtrennt, obwohl wir ihren erhabenen geistigen Überlieferungen so viel verdanken. Der jüdische und christliche Monotheismus brachte das Land Palästina, die Kultur und Ethik aller Völker, die irgendwann dort beieinander lebten (d.h. der Palästinenser) in einen ethischen Kontext, der ein geistiges Erbe hervorbrachte, welches die materiellen Leistungen der angrenzenden Zivilisationen Ägyptens und Mesopotamiens überstieg.

Wir schämen uns dessen nicht, aber wir sind auch nicht stolz darauf. Es gehört nur zur Vorgeschichte, unsere Geschichte beginnt mit dem Islam.

Dem Leser mag bekannt sein, daß die biblischen Propheten im Koran nicht nur erwähnt werden, sondern ihm auch heilig sind. Alle hatten ein besonderes Verhältnis zu Palästina, wo viele von ihnen lebten und begraben wurden.

Der Prophet Abraham, der aus Ur im Irak kam, lebte und starb in Hebron. Nach islamischem Glauben ist er ein muslimischer *hanif* und der Vater aller Propheten. Sein Grab befindet sich in der Abrahamsmoschee in Hebron. Juden hatten vor der israelischen Besetzung keinen Zutritt zur Moschee. Jetzt sind wir gezwungen, diesen heiligen Ort mit ihnen zu teilen. David, der König der Juden, hat auf dem Zionsberg ein Heiligtum, das seinen Namen trägt. Die Moschee des Propheten Samuel ragt auf der Spitze des höchsten Berges nördlich von Jerusalem empor. Auf ihrem Minarett fehlt jetzt der vertraute Halbmond. Auch hier haben uns die Juden gezwungen, ein muslimisches Heiligtum mit ihnen zu teilen. Die Muslime beten im Erdgeschoß, die Juden benutzen die Höhle unterhalb des Bauwerks direkt vor dem Grab des Propheten. Da die Moschee jetzt eine Synagoge ist, wurde der Halbmond entfernt.

Die Mehrheit der biblischen Stätten, meist in Kreuzfahrerarchitektur, sind als Orte ausschließlich muslimischen Gottesdienstes verloren. Nur den Schrein des Propheten Moses haben wir noch für uns. Die Juden sind der Meinung, daß Moses am Ostufer des Jordans starb und dort begraben wurde. Nach jüdischem Glauben betrat er Palästina nie.

Der Streit zwischen uns und den Israelis geht nicht nur um ein Stück Land und um die von dort Vertriebenen. Es ist auch keine akademische oder theologische Kontroverse. Es ist ein Konflikt, der mit unserem muslimischen Verständnis vom arabischen Charakter unserer heiligen Stätten zu tun hat und der mit unserem tief verwurzelten Gefühl der Zugehörigkeit zur arabischen Geschichte und islamischen Zivilisation untrennbar verbunden ist.

Die Situation ist außerordentlich prekär: Wie können wir die radikalen Juden vom Schlage Gerschon Solomons daran hindern, in Jerusalems heiligster Stätte, dem Haram esch-Scharif jüdische Riten auszuüben und den Grundstein für den vor 2500 Jahren zerstörten Tempel König Salomons zu legen? Mehrere Massaker haben seit der israelischen Besetzung Jerusalems 1967 stattgefunden. Während des jüngsten, im Oktober 1990, starben achtzehn Palästinenser.

Und wer ist König Salomon? Ist er nicht auch einer unserer muslimischen Propheten?

Wenn wir den Konflikt aus palästinensischer Sicht, in der muslimische Religion und arabische Geschichtsschreibung zusammenwirken, untersuchen, ist die ganze

Dynastie des Propheten Abraham, des Vaters aller Propheten, *qaisi,* also nordarabisch. Und vergessen wir nicht, daß der Status Jesu Christi als Prophet zu einem großen Teil von seiner Abstammung aus dem Hause Davids abhängt: aus der Prophetendynastie, die aus dem Hedschaz in Nordarabien stammt, aus dem Zweig des Isaaq, Bruder Ismaels, aus dessen Zweig wiederum unser Prophet Mohammed abstammt.

Palästina, das sind nicht nur felsige Berge, Feigenbäume, Weingärten, Oliven- und Orangenhaine; es ist auch das Heilige Land, durch das immer wieder Propheten zogen, nicht zuletzt der Prophet Mohammed, der mit seiner nächtlichen Reise am 27. Tag des muslimischen Monats Radschab die Heiligkeit Palästinas und die arabische Identität des Landes besiegelte.

So wie wir waren

Was wurde aus Wadha?

Salame ist ein Dorf zwei Kilometer östlich von Jaffa. Umm Ahmad, eine robuste, über siebzigjährige würdevolle Matrone, kommt von den Erinnerungen an ihr Häuschen in Salames Orangenhain nicht los. Mittellos und ohne einen Pfennig hatte sie vor vierzig Jahren in einem Flüchtlingslager außerhalb der Stadt Ramallah Zuflucht gefunden. Mit starkem Willen und großartigem Organisationstalent achtete sie darauf, daß ihre Söhne zur Schule gingen; heute sind sie Arzt, Rechtsanwalt und Schuldirektor. Die Töchter sind gut verheiratet. Gerade bereitet sie den Umzug, »so Gott will, vor Ende dieses Sommers«, in eine neue Villa vor; sie wird das Haus mit Ahmad, dem ältesten Sohn, dessen Frau und den Kindern bewohnen. Ihre Autorität ist unbestritten, ihre Wünsche sind Befehl – was aber respektvolle Neckereien nicht ausschließt.

»Wenn ich so auf der Schwelle des Hauses in Salame stand ... «

»Es war kein Haus, Mutter«, stichelte Ahmad, »es war ein Häuschen, bloß eine Hütte. Vergiß nicht, ich habe sie gesehen.«

»Das war der Viehstall; das Haus stand dahinter. Wir hatten ein richtiges Haus.« Damit er ihr nicht wieder ins

Wort fiel, fuhr sie schnell fort: »Wenn ich also vor dem Haus stand und Badrije, unsere Hündin, suchte, um ihr die Reste zu geben, schaute ich überall, auf dem Platz vorm Haus, unter den Bäumen, aber sie war verschwunden. Sobald ich ihren Namen, Badrije, rief, kam sie wie ein Pfeil unter den Bäumen hervor, und schon saß sie zu meinen Füßen und wedelte mit dem Schwanz.«

Eine Wolke von Traurigkeit zieht über ihr Gesicht, als sie laut nachdenkt: »Wie sie wohl überlebt hat, nachdem wir weg mußten; ich hoffe, die Juden haben sie gefüttert ... «

Als nach 1967 die Grenzen, die Palästina geteilt hatten, nicht mehr bestanden, kehrte sie voller Heimweh nach Salame, jetzt ein Teil von Tel Aviv, zurück. Eine irakische Jüdin lebte in ihrem Bauernhaus.

»Sie war nett und gastfreundlich. Sie stellte Stühle unter die Bäume im Garten und brachte Kuchen und Tee. Ich sah mich um: die Bäume, die Erde, das Haus – und ein tiefer Seufzer des Schmerzes brach unwillkürlich aus mir heraus. ›Seien Sie nicht traurig‹, sagte die alte irakische Frau. ›Es stimmt, ich wohne in Ihrem Haus, aber meinen Sie, ich hatte es besser? Ich stamme aus einer reichen Bagdader Familie. Mein Vater war ein wohlhabender Kaufmann, der größte in Bagdad. Auf einmal bekamen wir den Befehl, das Land binnen 24 Stunden zu verlassen. Wir kamen ohne einen Pfennig nach Israel. Gezwungenermaßen ...‹ Dann fügte sie zum Trost hinzu: ›Bleiben Sie stark. Sie dürfen Ihren Glauben nicht verlieren. Gottes Wille ist unergründlich. Seine Wege sind geheimnisvoll.‹«

Die Leichtigkeit war einer schweren, düsteren Stimmung gewichen. Ich weiß nie, was ich zu solchen Geschichten sagen soll, mir war nicht wohl dabei. Umm Ahmad reagierte schnell, sie rettete die Situation davor, zu schwer zu werden: »Aber nie werde ich wissen, was aus Wadha wurde.«

Ich wollte nicht fragen, wer Wadha sei, aber Ahmad zwinkerte, nickte, wie um zu sagen: »Jetzt fängt sie wieder an!«, und erklärte: »Das war ihre Kuh, damals in Salame.«

»Es war nicht irgendeine Kuh, sie war eine friesische Kuh, und ich hatte sie schon als Kalb gekauft. Ich sah sie aufwachsen. Ich schnitt ihr das Gras unter dem Orangenbaum und fütterte sie damit. Sie gab zwanzig Liter Milch. Sie war jung.«

Ihre Augen verloren sich in der Vergangenheit, und ihre Stimme wurde verträumt.

»Ich wüßte gern, was aus Wadha wurde. Als ich sie zum letzten Mal sah, war sie im Garten an den Baum gebunden. Ich bat Abu Ahmad, sich um sie zu kümmern, und er versprach es. Zwei Wochen später, als er wieder zu mir stieß, kam er ohne die Kuh.«

»Als die Lage sich zuspitzte und es für Frauen und Kinder zu gefährlich wurde dazubleiben, hatte man sie weggeschickt, um bei Verwandten abzuwarten, in sichereren Dörfern«, erklärte Ahmad.

»Aber ich bekam nie eine Antwort aus Abu Ahmad heraus. Ich fragte ihn nach Wadha, gleich als er kam. Aber es war chaotisch, und alle waren fassungslos wegen des verlorenen Krieges. Ich bekam nie eine Antwort. Ich fragte ihn immer wieder, wenn wir allein waren, aber er antwortete nicht. Am Schluß, auf seinem Sterbebett, fragte ich ihn, was aus ihr geworden sei? Er wechselte das Thema: Wieder erhielt ich keine Antwort.«

»Hast du nie gedacht, daß er sie verkauft haben könnte, Mutter?«

»Nein, er hätte nie gewagt, meine Wadha zu verkaufen.«

Umm Ahmad wird nie herausfinden, was ihrer Kuh im Krieg 1948 passierte, aber sie gibt zu: »Ich hätte nie nach Salame zurückgehen sollen, es war ein Fehler. Man soll nie zurückblicken.«

»Aber ich überlege immer wieder«, sagte sie lächelnd, »was aus Wadha geworden ist.«

Ein Kulturmuseum

Wie tief die Wunden sind, die die *nakbe* den Palästinensern geschlagen hat, ist kaum vorstellbar. In kürzester Zeit wurden sie aus ihrer Heimat herausterrorisiert, oft durch direkte Bedrohung mit Waffen. Ganze Viertel, Städte und Dörfer wurden evakuiert, während mörderische Straßengefechte den Terror auf die Spitze trieben.

Als der Kampf zu Ende ging, verließen die meisten hastig ihre Häuser. Das Bild einer verstörten Mutter, die auf ein Boot in Jaffa zurennt, im Arm ein Kissen, das sie für ihr gewickeltes Kind hält, ist ein häufiges Motiv in der Mythologie der palästinensischen Diaspora. Die Bilder von Mischehen, jüdische Frau und arabischer Mann, die sich trennen und die Kinder aufteilen, um zu ihren jeweiligen Familien zurückzukehren, werden dagegen unterdrückt.

Man ist sich einig, daß es ein kalter, regnerischer Winter war. Die letzten pathetischen Momente bleiben privat, für immer von einem geheimnisvollen Schleier umgeben. Die tiefe Wunde ist nicht verheilt. Mit den Wetterverhältnissen während des plötzlichen, schmerzhaften Exodus läßt sich leichter umgehen als mit den genauen Einzelheiten des eigenen Leids.

Die Häuser blieben leer zurück. Osteuropäische Juden und orientalisch-arabische Juden kamen als Flüchtlinge. Muslimische und christliche Häuser mit Koran-Exemplaren, Kreuzen, Decken, Handtüchern, Kleidern, Küchenutensilien und der *mune* (dem Jahresvorrat) wurden ihnen zugeteilt. Palästinenser haben traditionell große Mengen Käse, Olivenöl, Oliven, Reis, Weizen, Mehl, geklärter Butter, Honig, Zucker und Brennstoff auf Vorrat.

Ich versuche, mich in die Lage eines eingewanderten Juden zu versetzen, der in eine dieser arabischen Wohnungen gebracht wird. Ich versuche mir vorzustellen, was er fühlt und denkt, wenn er das Heim eines Palästinensers betritt, nicht als Gast, sondern als neuer Eigentümer: Was macht er mit dem Kreuz, wenn es ein christliches Haus war, dem Koran, wenn es muslimisch war? Was tut er mit den arabischen Büchern, den Familienphotos, mit dem Kleinkram, den das Leben mit sich bringt? Verzehrt er die Lebensmittel, obwohl sie nicht mit den jüdischen Vorschriften über Reines und Unreines in Einklang stehen? Schätzt er unsere eingemachten

Speisen? Oder wirft er alles voller Abscheu und Verachtung weg?

Viele Dörfer wurden zerstört, die Häuser niedergerissen und mit Bulldozern planiert. Andere wurden Kibbuzen und Moschavs, israelischen Landwirtschaftssiedlungen, einverleibt. Über Nacht verloren die Palästinenser ihr historisches Erbe in Jaffa, Ramleh, Akko, Lod, Aschqelon, Beerscheva und Hunderten von kleinen Städten und Dörfern.

Von Jerusalem überlebt ein kleiner Rest. Die modernen Jerusalemer in den Vorstädten flohen aus Talbieh, Katamon, Baqa, suchten zunächst Zuflucht in der Altstadt und verstreuten sich dann über die ganze Welt. Sie hinterließen ihre Möbel, ihre Kleider und ihren ganzen persönlichen Besitz, an dem so viele Geschichten hängen, Dinge, die zusammen das Muster ergeben, in dem die Zeit zum Ausdruck kommt.

Welch reiches Museum der Kultur fänden wir, hätte niemand das Hinterlassene berührt!

Semiramis – Donner und Regen

Die meisten Möbel in meinem mamelukischen Altstadthaus sind antik. Meine Kollegen und Studenten können damit nichts anfangen. Sie fragen sich, warum ich in einem alten Haus in einem turbulenten, etwas heruntergekommenen Altstadtviertel (*hai balad*) wohne und warum ich mich mit alten Möbeln umgebe? Mein völlig altmodischer Lebensstil muß jedem, der nicht in der Stadt geboren und aufgewachsen ist, unverständlich bleiben. Moderne Palästinenser, die das Dorfleben gegen den Konsumrausch des zwanzigsten Jahrhunderts vertauscht haben, mustern mein Haus mit Verwunderung.

»Du hast Glück gehabt, eine Ausländerin zu heiraten; die stellen weniger Ansprüche«, bemerkte ein Besucher aus einem Dorf nördlich von Nablus. »Das sind ja lauter alte Möbel!«

Umm Nabil kam, um uns zum Umzug zu gratulieren. Monatelang hatten wir das Haus renoviert und unser 150 qm großes Schlafzimmer mit unseren von Mutters Dachboden geretteten Sachen eingerichtet. Jetzt war alles fertig. Mit Vergnügen sah sie sich um, dann faßte sie ihre Gedanken in Worte: »Euer Haus weckt Bilder aus meiner Kindheit in mir; es erinnert mich daran, wie meine Großmutter lebte.«

Ich spüre die Nostalgie in ihrer Stimme und sehe die Melancholie in ihren Augen. Umm Nabil ist Lehrerin in einer katholischen Schule. Als sie vor dreißig Jahren heiratete, zogen Rose – das ist ihr Vorname – und Abu Nabil Francis in unser Viertel; Nabil, ihr Ältester, war mein Spielkamerad. Als ich mit Elena nach Jerusalem zurückkehrte, war Rose für die ersten paar Monate, bevor wir in die Altstadt zogen, unsere Nachbarin. Meine Frau wußte so gut wie nichts von Jerusalem, unseren Sitten und der Art, einen Haushalt zu führen; da war Rose eine große Hilfe. Wenn sich unsere vermummten Jugendlichen und die israelischen Soldaten Straßenschlachten lieferten – und das taten sie fast täglich –, gingen wir zu ihr; sie konnte uns alles erklären. Ständige und unerwartete Streiks machten es schwierig, essen zu gehen oder auch nur einzukaufen. So gingen wir zu Rose, um schnell etwas zu essen.

Bald erwartete ich für alles Erklärungen von Umm Nabil. Eines Tages, als ich schwermütig in meinem Haus saß, entschloß ich mich, sie nach ihren Erfahrungen während der *nakbe* zu fragen, besonders nach der Teilung Jerusalems in einen arabischen und einen jüdischen Sektor. Das Bild von den Flüchtlingen, die in Scharen von der Küste Palästinas in Jerusalems Altstadt strömten, in das Westjordanland und in den Gazastreifen, blieb mir rätselhaft. Wie konnte ein ganzes Land über Nacht leer werden?!

In Roses Erfahrung suchte ich die Antwort auf dieses geheimnisvolle Phänomen. Ich fragte sie, während sie Kaffee schlürfte: »Warum hast du dein Haus in der Vorstadt, in Katamon, verlassen?« Ich wollte die letzten Schritte erfahren, was genau geschah, bevor sie glaubten, sich in Sicherheit bringen zu müssen.

»Es regnete stürmisch, es war wohl im Februar 1948. An die Blitze, den Donner und das laute Prasseln des Regens erinnere ich mich noch genau. Die Stimme meiner Mutter weckte mich, als ich mich gerade warm in meine Decke eingerollt hatte. ›Wacht auf‹, rief sie, ›wacht auf, Mädchen!‹ Das Abflußrohr auf dem Balkon hatte sich verstopft, und Regenwasser war ins Haus geflossen.

Als wir herumliefen, die Teppiche aufhoben, den Boden wischten, Möbel rückten – wobei wir noch lauter waren als der Donner –, hörten wir, wie eine große Explosion das Viertel erschütterte.

Am Morgen war der Sturm vorbei, aber es war noch windig. Abu Sada, unser Bischof, kam zu Besuch. Ich erinnere mich, wie sein schwarzer Talar sich wie ein Segel im Wind blähte und ihn hin und her warf, während er ging. Wir erfuhren, daß das Hotel Semiramis in die Luft gejagt worden war, daß Hunderte verletzt und viele getötet waren. Ein Vetter war dabei umgekommen.

Das Bild des zerstörten Semiramis verfolgt mich: Wie in einem deutlichen Traum erinnere ich mich, wie ich am Semiramis vorbeiging. Britische Soldaten drängten sich um ein Feuer, dessen Flammen sie mit dem Holz zerborstener Fenster, Türen und Hoteltische nährten. Sie versuchten, sich warm zu halten. Sie kauerten um das Feuer, schlürften Tee, und aus einem dampfenden, vom Ruß geschwärzten, von gelben Flammen umgebenen Metallkessel füllten sie die Blechtassen nach.

Angst und Schrecken verbreiteten sich unter den Arabern in Katamon; sie befürchteten, daß ihre Häuser in die Luft gesprengt werden könnten, während sie schliefen. Die Viertel organisierten nächtliche Streifen, die aufpassen und Alarm schlagen sollten. Wer Verwandte in der Altstadt hatte, flüchtete bis zur Wiederherstellung der Ordnung zu ihnen. Andere hielten aus. Als der Terror eskalierte, verließen immer mehr Leute Katamon, bis fast die gesamte arabische Bevölkerung verschwunden war. Vater entschied, wir sollten bei Großmutter in der Altstadt bleiben. Für ein oder zwei Wochen, sagte er, bis es ruhiger ist.«

Es war nie wieder Frieden in Palästina.

»Es gab nächtliche Scharmützel. Die Juden griffen an, um die Altstadt zu besetzen, aber die Araber schlugen sie zurück. Jede Nacht gingen wir in einen Schutzraum im Keller. Am Morgen schien das Leben seinen gewöhnlichen Gang zu nehmen. Wir standen auf, gingen zur Schule und hatten Unterricht. Ich mußte den ganzen Weg vom christlichen Viertel durch die Via Dolorosa bis zur Zionschule laufen. Damals schienen alle zu glauben, daß in ein, zwei Wochen das normale Leben wiederbeginnen würde.«

Sie sah mich an, versuchte zu lächeln, trank den letzten Tropfen Kaffee, stellte die Tasse ab und sagte: »Das normale Leben begann nie mehr. Wir wurden Flüchtlinge. Aber genau erinnere ich mich nicht daran; ich war damals kaum vierzehn.«

Um das Thema zu wechseln, betrachtete Rose das Zimmer und meinte dann, den Blick aufmerksam auf das glänzende kupferne Kohlebecken gerichtet: »Es muß eine Menge Arbeit sein, ein so großes Haus sauber zu halten. Elena, wie bringst du die Energie dafür auf? Wirklich! Allein das Kupfer glänzend zu erhalten, ist ein Full-time-job!«

Ein kleiner Teil Jerusalems bleibt arabisch: die von der Mauer umschlossene Altstadt, Musrara, Scheich Dscharrah, Wad el-Dschoz und das Herodestor-Viertel. Den Rest von Jerusalem, heute Westjerusalem genannt, haben die Israelis übernommen; der ist für uns verloren. Die modernen Vororte, in denen sich das zwanzigste Jahrhundert in Palästina gerade bemerkbar gemacht hatte – die großflächigen Villen mit ihren abgeschrägten roten Ziegeldächern, den offenen Veranden mit ihren Säulen und dem unerläßlichen Schmuckbogen, kurz, die Villen der dreißiger Jahre mit Garten und Springbrunnen – gehören uns nicht mehr.

Nach dem Krieg von 1967 konnten wir durch das Gitter des Hauses einen Blick auf das werfen, was wir zurückgelassen hatten; es gehörte uns nicht mehr. Im Jahr der *nakbe*, 1948, verloren wir das Besitzrecht. Nach dem Waffenstillstandsabkommen wurde Jerusalem zweigeteilt. Die Linie verlief von Hebron im Süden durch Jerusalem und weiter in den Norden bis nach Nablus und Dschenin an den Ausläufern Galiläas.

1948 endete die israelische Besatzung einen Kilometer von der Villa entfernt, in der ich sieben Jahre später geboren werden sollte. Ich wuchs auf im Schatten einer stacheldrahtbedeckten Zementmauer, in einer Welt, die ihre Niederlage nicht akzeptiert hatte. Viele Jahre lang blieb die andere Seite ein Rätsel, von einem anderen Volk bewohnt, das uns die grünsten Weiden, die Orangenhaine und das Meer geraubt hatte.

Zwischen 1948 und 1967 war Jerusalem eine winzige Insel am Rande der Wüste, ein unerläßlicher Haltepunkt für Pilger – Christen und Muslime – aus der ganzen Welt.

Die Verweigerung des Zutritts zur Klagemauer für die Juden seitens der jordanischen Regierung war ein Fehler, für den die Palästinenser bitter bezahlen mußten: Seit der Besetzung Jerusalems 1967 lehnen die Israelis einen Rückzug ab; sie werden keinem fremden souveränen Staat erlauben, sich in den freien Zutritt zu ihrem heiligsten Ort einzumischen.

Feiruz, Jerusalem und der Mond

Niemand da.
Ruf nicht nach ihnen.
Ihre Haustüre ist verriegelt.
Auf der Treppe wächst schon Gras.
Ihre Stimmen sind nur Echos ...

Niemand da

Immer habe ich für den Augenblick gelebt. Meine Gefühle, meine Gedanken über meine Gefühle und meine Gefühle über meine Gedanken sind ein verschlungenes Netz, in dem Ursache und Wirkung nicht zu unterscheiden sind. Doch meinen Taten kommt die größte Bedeutung und Dringlichkeit zu; sie sind seelisch notwendig, mein Dasein zu rechtfertigen. Es geht nicht um die Rechtfertigung meiner Taten. Ich bin nicht impulsiv, eher ein Künstler: Ich habe begriffen, daß meine Prioritäten ihre eigene Logik haben.

Ich wurde sieben Jahre nach der *nakbe* in einer geschändeten Stadt geboren, die langsam ihre Einwohner verlor. Tausende von qualifizierten Jerusalemern waren plötzlich ohne Wohnung und Arbeit zwischen die Altstadtmauern gedrängt, mit ihren Eltern und Großeltern zusammengepfercht. Ich erinnere mich an eine geschäftige Altstadt voller Menschen – aber trauererfüllt. Jeder schien auf die Einwanderungspapiere nach Amerika zu warten oder auf eine Arbeit am arabischen Golf. In den frühen sechziger Jahren hatte sich Jerusalems Charakter herausgebildet, wie er sich mir tief eingeprägt hat: eine Stadt voller alter Leute, die sich an eine Zeit klammerten, als die Familien noch beieinander waren – ein verlorenes Paradies.

Jerusalem ist eine traurige Stadt. Die Nostalgie durchdrang jeden Schritt; normales Leben gab es längst nicht mehr. Über jedem Haus schwebte das Gespenst der Einsamkeit. Die Wunden der Trennung blieben keiner Familie erspart. Die Hauptbeschäftigung war Warten – Warten auf die Rückkehr des Friedens, auf die Rückkehr der geliebten Angehörigen, auf die Familientreffen in den Sommerferien und an Feiertagen. In der Zwischenzeit bekam das Essen besondere Bedeutung.

»Mohammed mochte diese Artischocken so gern ... « Beim Gedanken an ihre Kinder liefen Großmutter Tränen in den Teller. Von dreizehn Tanten und Onkeln blieben außer Mutter nur zwei in Jerusalem. Nachdem das Haus erfüllt gewesen war von der geschäftigen Vitalität meiner leicht aufbrausenden, schwer zu bändigenden Onkel, den alten und jungen, war es nun leer; nur meine Großeltern und meine verwitwete Tante Widschdan bewohnten es noch.

Jerusalem war, denke ich an meine Kindheit zurück, traurig. Ich war immer von alten Menschen und ihren Erinnerungen umgeben.

Innere Leere und Langeweile plagte uns. Die einzige Belebung war die Aussicht, in Damaskus zu frühstücken und am gleichen Abend im weltbürgerlichen Beirut zu essen. Eine Woche später kehrten wir in die Einsamkeit Jerusalems zurück. Kein Wunder, daß Feiruz direkt zu uns zu sprechen schien! Nein, wir waren sicher, daß sie nur zu uns sprach:

Niemand da.
Ruf nicht nach ihnen.
Ihre Haustüre ist verriegelt.
Auf der Treppe wächst schon Gras.
Ihre Stimmen sind nur Echos ...

Die Lieder von Feiruz trafen die Stimmung des Lebens in Jerusalem. Unsere Verlassenheit, Einsamkeit und Trostlosigkeit fanden wir in ihren Liedern. Ein vereinzelter Mensch, der silberne Mond, der sein Licht auf Häuser mit Gewölben wirft, der Mandelbaum, unter dem Liebesträume lauern, der kühle Schatten unter den Durchgangsbögen, der Regen ... und das endlose Warten, sommers und winters, auf einen Menschen, der die schwere Wolke der Einsamkeit wegnehmen würde – dies waren die Bilder, die unserer einsamen Melancholie Ausdruck verliehen.

Der Mythos wurde Realität. 1964 kam der Papst zu Besuch. Feiruz nahm an der Prozession teil und sang an den Kreuzwegstationen; seitdem singt sie von unseren Straßen, von unserem Warten, von unserer Trauer. Sie ist unsere Stimme geworden.

Nostalgie, Melancholie und eine unergründliche Einsamkeit: Jerusalem verkörperte diese Gefühle. Die einzige Erleichterung war der Ramadan. Für einen Monat war die Eintönigkeit gemildert. Das Leben folgte einem anderen Rhythmus, geschlagen von den drei Schüssen der Ramadan-Kanone: einer bei Sonnenuntergang, zur Ankündigung des Fastenendes, und zwei vor Sonnenaufgang; der erste weckte uns für die letzte Mahlzeit, *suhur*, und der zweite kündigte *imsak* an, den Beginn des Fastens. Abends, zwischen den Kanonenschüssen, gab es viel geselliges Zusammensein; für einen Moment war die Einsamkeit vertrieben. Im Ramadan durfte man sich ohne Bedenken ausgiebig der Vorbereitung der Mahlzeiten und dem Essen widmen.

Viele Jahre später las ich an einer Wand in Pisa das herzzerreißendste Graffito: »Dov'è il popolo? – A Milano.« Während der wirtschaftliche Niedergang Pisa entvölkerte, war es in Jerusalem der politische Konflikt zwischen Arabern und Juden seit den dreißiger Jahren. Die Gewalt eskalierte, bis wir 1948 schließlich Palästina verloren.

1948 hatte der Kampf ein Ende. Das Waffenstillstandsabkommen fror die Situation ein. Auf dem eroberten Land, aus dem die arabische Mehrheit vertrieben war, wurde sofort der Staat Israel errichtet. Nun wurde jeder Jude auf der Welt ermutigt, in den einzigen jüdischen Staat zu kommen und sich dort niederzulassen. Der zionistische Traum war erfüllt. Die Palästinenser, die sich bei der Abwehr des jüdischen Terrorismus auf die arabischen Armeen verlassen hatten, waren über Nacht heimat- und mittellos geworden. Die arabische Welt ermutigte und propagierte den »Mythos der Rückkehr«, der für die Palästinenser zur Obsession wurde:

Früher oder später würden die Juden hinausgeworfen – die Rückkehr stand bevor.

Während der fünfziger und sechziger Jahre lebte Ostjerusalem im Traum von der Rückkehr.

Ich wuchs im Schatten einer grimmigen, stacheldrahtgekrönten Mauer auf, die Jerusalem durchschnitt, die die israelische Seite von der arabischen trennte. Ich hatte mich daran gewöhnt, daß der Großteil von Musrara und Mamilla »Niemandsland« war, vor meiner Geburt durch Beschuß zerstört.

Ostjerusalem war eine rein arabische Stadt. Nie bekam ich einen Juden zu Gesicht. Mein Vater, in seiner Jugend ein Großhändler, hatte jüdische Freunde gehabt. Meine Großmutter auch, sie waren ihre Nachbarn in der Altstadt. Mit vierzehn verheiratet, brauchte sie Rat für Haushaltsführung und Kindererziehung; den holte sie bei ihrer jüdischen Nachbarin. Nach der Geburt stand diese ihr bei, badete ihr Neugeborenes und leistete moralischen Beistand.

Vaters und Großmutters Erinnerungen an ihre jüdischen Freunde waren ohne Bitterkeit. Der Verlust Palästinas war nicht die Schuld ihrer Freunde.

Aber ich habe bis zur Niederlage der jordanischen Armee 1967 keinen Juden gesehen. Als wir auf die irakischen Soldaten warteten, kamen Panzer; von weitem sahen die Männer wie Araber aus, wir dachten, es seien Irakis, die kamen, uns zu befreien. Doch bald sahen wir die israelische Fahne: Es waren Juden.

Kurz darauf fingen die Israelis an, die Absperrungen zwischen Ost- und Westjerusalem zu demontieren. Stacheldrahtzäune, Unterstände und Gräben, die Palästina vom Norden bis in den Süden durchtrennten, wurden zu Boden gerissen, mit Bulldozern planiert, ihre Spuren verwischt. An ihrer Stelle wurden Bäume gepflanzt, die wie ein »grüner Gürtel« die besetzten Gebiete von Israel trennen. Diese Wälder werden als »Grüne Linie« bezeichnet.

In Jerusalem wurden die düstere Trennungsmauer und die zerstörten Gebäude im Niemandsland dem Erdboden gleichgemacht. Der Schutt wurde weggeräumt; frische Erde bedeckte das übriggebliebene Geröll. Bäume und Beete mit Tulpen, Osterglocken, Narzissen, Stiefmütterchen, Geranien und Xenien ersetzten die zerstörten arabischen Häuser. Das »Niemandsland« ist jetzt eine Kette öffentlicher Parks. Wenn man einen der Parks außerhalb des Damaskustors, des Neuen Tors, des Jaffa-, Zion- und Misttors durchquert, weiß man, daß man eine politische Grenze überschritten hat.

Feiruz, Jerusalem und die Melancholie – der Krieg von 1967 hätte ein Neuanfang sein sollen. Über Nacht wurden die Mauern und die Stacheldrahtverhaue niedergerissen. Jerusalem war wieder eine große Stadt und damit kam die Möglichkeit neuer Erfahrungen. Neben uns lebte ein offenbar moderneres, europäischeres Volk. Was für eine Wohltat nach der Langeweile von Geschichte, Tradition und Sitte!

Tatsächlich brachte die israelische Besetzung Ostjerusalems eine jähe Veränderung. Abgesehen von der Anordnung der jordanischen Regierung, *as-sumud* und *al-muqataa* zu leisten (passiven Widerstand durch formellen Boykott israelischer Institutionen), gab es – anders als in Gaza – keinen nationalen palästinensischen Widerstand. Zwanzig Jahre lang schienen viele Händler »glücklich« über die verbesserten wirtschaftlichen Bedingungen. Auf der persönlichen Ebene dauerte es zwanzig Jahre, um die menschlichen Möglichkeiten, die im Zusammentreffen von Arabern und Juden steckten, und die tief empfundene Neugier auf die andere Kultur zu erschöpfen. In den Siebzigern war die anfängliche Arglosigkeit aufgebraucht. In den Achtzigern zog sich jede Seite in ihren Stadtteil zurück. Bitterkeit und Haß hatten Wurzeln geschlagen und die palästinensisch-israelischen Beziehungen verdorben.

Vor dem Ausbruch der *intifada* konnte man palästinensische und israelische Arbeiter nicht auseinanderhalten. Um Hebräisch und Arabisch zu unterscheiden, mußte man genau hinhören. Man stelle sich meine Verwunderung über die israelische Reaktion vor, als in der Anfangszeit der *intifada* alle arabischen Geschäfte aus Protest gegen die unverschämt gestiegenen Steuern in einen Totalstreik traten. Da ich gerade aus dem Westen gekommen war, entsetzte mich die Indifferenz der meisten Israelis. Ostjerusalem war stillgelegt, und das Leben in Westjerusalem ging normal weiter.

Zusammen mit bewaffneten Soldaten überfielen die Steuereintreiber die Geschäfte. Die Händler standen vor der Wahl, entweder sofort zu zahlen oder ins Gefängnis zu gehen. Nur wenige konnten die absurden Summen zahlen. Nach einem Tag Gefängnis fingen die Verhandlungen an, und die fiktiv geschätzten Steuern wurden auf ein Drittel oder ein Viertel heruntergehandelt; eine Übereinkunft wurde erzielt und ein Zahlungsmodus vereinbart. Man stelle sich das Spektakel vor: Ein über sechzigjähriger ehrwürdiger Kaufmann wird mißhandelt und öffentlich gedemütigt. Und wo findet dieses Schauspiel statt? Weniger als zwei Kilometer von der israelischen City entfernt.

Die offensichtliche Gleichgültigkeit in Westjerusalem schockierte mich. Ich hatte zwar nicht erwartet, daß israelische Ladenbesitzer mit selbstgerechter Entrüstung reagieren würden, aber auf diesen herzlosen Mangel an Mitgefühl war ich nicht vorbereitet. Ich fragte mich, ob die Palästinenser etwas falsch machten. War es uns nicht gelungen, den Israelis unsere Notlage, unsere Bedürfnisse und unsere Absicht klarzumachen?

Läuft man durch die Straßen von Westjerusalem, Tel Aviv, Haifa, nahezu überall innerhalb der Grünen Linie, hört man Arabisch. In den letzten zwanzig Jahren haben palästinensische Arbeiter für die Israelis als Straßenkehrer, Bau- und Fabrikarbeiter, Hausangestellte, Tellerwäscher und Raumpfleger gearbeitet. Über hunderttausend Palästinenser arbeiten in Israel. Doch jeder für sich; die wirtschaftliche Abhängigkeit der Palästinenser von Israel wird durch keine der überlebenden jordanischen Gewerkschaften gemildert. Nach der Besetzung des Westjordanlandes 1967 wurde von den Palästinensern mit jordanischen Pässen *sumud* und *muqataa* verlangt: Die israelischen Bemühungen um Normalisierung des Lebens unter der Besatzung durch wirtschaftliche, politische, kulturelle, künstlerische und erziehungspolitische Beziehungen waren zu boykottieren.

Zum Beispiel verboten die arabischen Anwaltskammern den arabischen Rechtsanwälten, vor ein israelisches Gericht zu gehen. Obwohl die israelische Verwaltung weiter die jordanischen Gesetze anwandte, erlaubten es die Kammern ihren Mitgliedern nicht, Fälle vor Gericht zu bringen. Zuwiderhandlung galt als Verrat und wurde mit Ausschluß geahndet. Zum Ausgleich für diesen gewaltlosen Sumud-Kampf und fürs Ausharren im Land erhielten die einzelnen Rechtsanwälte – wie die Mitglieder anderer arabischer Verbände in den besetzten Gebieten – von der jordanischen Regierung monatliche Zuwendungen.

Als die *intifada* ausbrach, hatte *sumud*, das Symbol des nationalen Kampfes, seine ursprüngliche Bedeutung verloren, bezeichnete nur noch eine Gruppe von Profiteuren, die in reichen Vororten lebten. An der Straße nach Ramallah liegt *tel as-sumud*, ein Hügel voller Luxusvillen, von denen man glaubt, daß sie mit auf die Seite geschafftem jordanischen Geld oder mit Zuwendungen der PLO bezahlt wurden.

Die Palästinenser unter Besatzung mußten zwanzig Jahre lang offizielle Kontakte mit dem Feind vermeiden. So konnten die Israelis kein tiefes Verständnis der Palästinenser entwickeln. Im Alltag begegnen Israelis nur desorientierten Bauern und rücksichtslosen Unternehmern, die Israelis aufsuchen, wenn es um ihren Vorteil geht. Oder man begegnet sich in israelischen Krankenhäusern – auch dies bleibt eine reine Zweckbeziehung.

Das israelische Bild vom Palästinenser ist unvollständig geblieben. Individuelle Gewalttaten, die von Palästinensern mit politischen und nationalistischen Begriffen gerechtfertigt wurden, verknüpften den Palästinenser mit Terrorismus. Berichterstattung, die sporadische Gewaltausbrüche dramatisierte, trug zur Verschleierung bei und entfremdete die Palästinenser den Israelis noch mehr. Journalistische Impressionen, notwendigerweise unvollständige Bilder, lieferten dem durchschnittlichen Israeli den Stereotyp: Palästinenser gleich Terrorist.

Während der *intifada*, als sich unsere Jugendlichen die *kaffije* umwickelten, ihre Gesichter versteckten und ihre Identität verbargen, wurde das reißerische Bild auf Titelblättern und Zeitungsaufmachern zur Bestätigung eines gefürchteten Feindbildes.

1987 war nicht meine erste Rückkehr nach Jerusalem. Wenn ich geschunden und erschöpft bin, kehre ich immer nach Hause zurück, um mit den Füßen auf den Boden zu kommen und neue Kräfte zu sammeln: Für mich war Jerusalem immer eine Quelle innerer Stärke.

1983 war ich in der Absicht gekommen, mich niederzulassen. Ich hatte mich sogar um eine Stelle als Assistenzprofessor an der Bir Zeit-Universität beworben und war kurz davor, sie anzunehmen. Doch die bedrückende Anstrengung, in einem vom Haß zerrissenen Land zu leben, hielt ich nicht aus. Niemand tat etwas, das nahezu paranoide Mißtrauen des einen Volkes gegenüber dem anderen umzukehren. Da war auch nichts, was ich als Akademiker oder Künstler hätte tun können. Ich hatte israelische Freunde, doch nur kollektives und öffentliches Wirken hätte fruchtbar und konstruktiv sein können. Wegen *sumud* konnte ich mich als palästinensischer Intellektueller und Künstler nicht offen für bessere palästinensisch-israelische Beziehungen einsetzen, ohne meine Karriere und vor allem mein Leben zu gefährden. Ich konnte nicht einmal meine Bilder in Israel zeigen. Eine derartige Normalisierung des Lebens unter Militärbesatzung wäre als Akt der Kollaboration interpretiert worden. Auch wenn die Spielregeln nicht schriftlich festgelegt waren, so waren sie doch klar: Israelis sind Feinde und müssen boykottiert werden.

Außerdem hatte Taufiq al-Hakim, dessen Literatur das Thema meiner Doktorarbeit gewesen war und den ich als Autor immer bewundert hatte, während einer unserer Begegnungen in Kairo sein Interesse für die japanische Kultur bekundet. Ich hatte eine Einladung nach Tokio erhalten, und als Anthropologe spielte ich mit dem Gedanken, sie anzunehmen. In diesem abscheulichen sozio-politischen Kontext entschloß ich mich, auf die Stelle an der Bir Zeit-Universität zu verzichten. Statt dessen reiste ich nach Japan und begann von dort meine Korrespondenz mit Taufiq al-Hakim, die drei Jahre später zu meinem Buch *The Mystery of Japan, Letters to el-Hakim from Tokyo* führte.

1983 konnte ich in dem alles erstickenden Haß, der das Leben im Heiligen Land durchdrang, nicht atmen. Deshalb verließ ich Jerusalem. Im Herbst 1987, verliebt und glücklich verheiratet, erlebte ich Jerusalem als nicht mehr so einsam wie ehedem. Auch hatten Elena und ich gelernt, uns jeden Platz der Welt heimisch zu machen.

Gemeinsam schotteten wir uns gegenüber der Außenwelt ab; wir dachten, wir könnten die politischen Probleme um uns ignorieren. Wenn wir zusammen durch die schwer bewachten Straßen gingen, machten wir uns vor, es sei möglich, uns von dem Haß freizuhalten, der das Leben in den besetzten Gebieten umgibt.

Noch lebten wir in der humanistischen Illusion, daß wir uns unter der Besatzung frei bewegen könnten, wenn wir nur selbstverantwortlich, willensstark und vernünftig wären.

Aus dem Jerusalemer Telephonbuch

Mein Freund Dov rief bei uns an. Er wollte, daß wir gleich kämen. Seine Frau Miriam hatte gerade ein Gedicht geschrieben, und sie wollten es mit uns teilen.

Zuerst hatte ich »israelisch« vor »Freund Dov« gesetzt, strich es aber. Denn meine Freundschaft mit ihm hat nichts damit zu tun, daß er Israeli oder Jude ist; wir haben viel gemein und haben immer die Zeit genossen, die wir miteinander verbrachten. Seit 19 Jahren sind wir Freunde. Und als ich mit Elena nach Jerusalem zurückkehrte, war es, als seien wir vier schon immer Freunde gewesen.

Wir gingen zum Damaskustor hinaus, liefen durch Mamilla zu ihrem Haus in Rehavia. Es war Vorfrühlingswetter, und wenn man das zerstörte arabische Eigentum unter den Blumenbeeten vergaß, war der vierzigminütige Spaziergang schön.

Das Gedicht hieß »Aus dem Telephonbuch«. Dov las es auf Englisch vor, da ich nie die Zeit gehabt hatte, Hebräisch zu lernen. Miriam thronte wie eine Diva auf ihrem Sessel und lächelte. Mal lobte sie seine Wortwahl, mal schlug sie ein anderes Wort vor, ein Synonym, aber mit subtilem, aufrüttelndem Unterton. Das Gedicht lautet:

> *Kleibo Ibrahim aus der ar-Raschidijestraße*
> *und Kleibo Hasan Ali vom Herodestor.*
> *Klivnove Schoschana aus der Palmachstraße,*
> *Klein Baruch aus Mea-Schearim:*
> *Mit dem Subaru in sieben Minuten,*
> *von hier nach dort,*
> *von dort nach hier.*
> *Manchmal erschreckt es mich.*

Die *intifada* war im ersten Monat; die reißerische Zeitungsberichterstattung, die die Aufmerksamkeit auf das Dramatischste legte, verzerrte und verfälschte den nationalen Aufstand. Für den Rest des Abends bestimmte das Tagesgeschehen unser Gespräch. Zum Schluß drängte mich Dov, meine künstlerische Arbeit wiederaufzunehmen. Ich war, wenige Monate nach meiner Rückkehr, in ein helles, geräumiges Haus umgezogen. Doch ich hatte weder mein Atelier eingerichtet noch Leinwände aufgezogen. Die Ereignisse, die zur *intifada* führten, hatten alle überrascht; ich hatte die komplizierte Lage noch gar nicht erfaßt. Wir lebten von einem Augenblick zum anderen; die Idee einer Kunstausstellung und jeder Gedanke an die Zukunft waren unvorstellbar. Ich beschränkte mich darauf, Artikel für die örtlichen Zeitungen zu schreiben. Eines Tages wachte ich auf, und mir war klar, daß ich nicht mehr malte. Maher, Lesleys Mann, vertrat die These, daß Araber, die im Ausland studieren und dort schöpferisch tätig sind, ihre kreative Energie verlieren, sobald sie wieder im Orient sind. Lesley, selbst eine Autorin, hatte mehr Verständnis für den kreativen Prozeß. Sie hatte mehr Vertrauen in mich und wußte, daß mein Bedürfnis, mich künstlerisch auszudrücken, ganz von alleine wiederkehren würde. Es war eine Frage der Zeit. Meine schöpferischen Perioden treten sporadisch auf. Das heißt nicht, daß ich nicht arbeite, wenn ich nicht tatsächlich male oder schreibe – die Zeit des Ausbrütens ist genau so wichtig wie die tatsächliche Produktion. Im kreativen Prozeß gibt es sozusagen zwei Seiten: einmal das Moment des Ausbrütens und der Latenz und zum anderen das Moment der dynamischen, fast zwanghaften Aktivität. Ich pendle zwischen beiden. Teil meines Erwachsenwerdens war es zu lernen, mich auf die Latenzperioden so einzustellen, daß ich nicht überängstlich wurde in der Vorstellung, daß »es weg ist«.

Das Bild von *Aus dem Jerusalemer Telephonbuch* blieb mir als prägnante, kraftvolle Kombination von Mythos und Realität im Kopf; der Mythos einer geeinten Stadt mit *einem* Telephonbuch, den die demographische Realität zweier Völker widerlegte, von denen jedes in seinem Gebiet blieb. Die Mitglieder jeder Gruppe haben ihre Adressen und Eigennamen, arabische und jüdische, die das Trennende unterstreichen. Dazwischen macht der Terror die Runde – der Subaru, ein Auto, das mit den fanatischen israelischen Siedlern in Verbindung gebracht wird, die durch die Likud-Regierung geschützt und ermutigt werden.

Das Gedicht ist sehr kompakt. Zuerst entging mir seine Vielschichtigkeit. Ich achtete auf den letzten Abschnitt, der persönliche Angst ausdrückt. Miriam ist schließlich nicht eine israelische Dichterin, deren Gedicht ich zufällig in einer Anthologie las. Sie ist eine gute Freundin, ein Mensch, den ich kenne. Sie ist eine Künstlerin mit der Sensibilität einer Künstlerin, überempfindsam, unsicher und sich – wie wir alle – ihrer eigenen Angst bewußt, die sie dramatisch ausspielt. Konnte das Gedicht ein in politische Begriffe gekleideter Ausdruck ihrer persönlichen Ängste sein?

Da die *intifada* gerade erst angefangen hatte, konnte Miriam noch keine Angst haben, in Ostjerusalem mit Steinen beworfen zu werden. Steinwürfe gab es erst in den Vororten und auf dem Land. Konnte ihre Angst von der Erkenntnis herrühren, daß sie mit der Überquerung der Grünen Linie auch die Grenze zu einer anderen Kultur überquerte? Zu Straßen auf der anderen Seite Jerusalems, wo andere Menschen mit anderen Namen leben, mit anderer Kultur und anderem Selbstverständnis, trotz der Legende eines geeinten Jerusalem, die das Telephonbuch zu bestärken sucht.

Leider sind die Beziehungen zwischen Palästinensern und Israelis rein materieller, zweckgebundener Natur, belastet noch dazu von gegenseitigem Hochmut und nationaler Herablassung. Der eine hält sich für wissenschaftlich und wirtschaftlich besser, der andere glaubt an seine kulturelle, ethische, religiöse und ästhetische

Überlegenheit. Und wenn der Mensch auch nicht vom Brot allein lebt, so muß er doch essen, um zu leben. Die Araber, die in Israel arbeiten, sind in pragmatische, funktionelle Beziehungen eingebunden, die von Mißtrauen und Zweifel verdorben sind und denen die Zeit nur Bitterkeit hinzufügt.

Die Lage wird weiter durch den Glauben beider Seiten an ihre Überlegenheit erschwert und dadurch, daß sich jeder allein im Recht fühlt. Der Teufelskreis endloser haßerfüllter Beschuldigungen gleicht einer gescheiterten Ehe, in der die Beleidigungen schon von Schweigen und Sich-aus-dem-Weg-Gehen abgelöst sind; unterbrochen wird diese Stille nur noch von vorbeizischenden Steinen und Tränengasbomben-Explosionen.

Der Vergleich des israelisch-palästinensischen Zusammenlebens mit einer kaputten Ehe ist nur rhetorisch. Erstens wollte keine Seite diese Ehe. Eins der Prinzipien des Zionismus ist die Errichtung eines vorwiegend jüdischen Staates. Die jüdische Wahl des Heiligen Landes aufgrund religiöser und historischer Faktoren kam für die palästinensischen Araber nach der Balfour-Erklärung von 1917 als schreckliche Überraschung. Nach 1948 und besonders nach Aufkommen des Nasserismus war die völlige Befreiung Palästinas zentral für die arabische Ideologie. Als Flüchtlinge von der ganzen arabischen Welt als Geiseln genommen, hatten sich die Palästinenser dazu verleiten lassen zu glauben, daß ihre Rückkehr in die Heimat bevorstünde – was darin gipfelte, daß sie im Juni 1967 den Rest Palästinas, das Westjordanland und den Gazastreifen, verloren.

Wie alle Palästinenser meiner Generation habe ich die Niederlagen der arabischen Welt geerbt. Durch den Einmarsch der Israelis in Ostjerusalem am 5. Juni 1967 verlor ich meine Freiheit.

Die Ehe der Palästinenser und Israelis ist ein durch Militärmacht erzwungenes Zusammenleben. Die bestehende Beziehung unter israelischer Besatzung, die Unterdrückungspraktiken und die Menschenrechtsverletzungen brechen alle internationalen Gesetze und Konventionen über die Behandlung eines Volkes unter Besatzung. Aber, und das verstärkt unsere Wut und Entrüstung, die Mehrheit der Israelis und die israelische Regierung übersieht die Tatsache, daß sie uns die Freiheit nehmen. Statt dessen rühmen sie sich ihrer fortschrittlichen wissenschaftlichen Beiträge und des zivilisatorischen Einflusses, von dem die Palästinenser profitieren. Die Israelis rechtfertigen ihre Kontrolle der besetzten Gebiete mit religiösen und Sicherheitsgründen. Wenn ihnen alle Entschuldigungen ausgegangen sind, kommen sie mit dem müßigen Vorwurf: »Warum habt ihr 1947 der Teilungsresolution nicht zugestimmt?«

Trotz Teddy Kolleks Anstrengungen, das Leben in Ostjerusalem zu normalisieren, bleibt der Schrecken der Besatzung ständig sichtbar: in militärischen Routinekontrollen, willkürlichen Massenverhaftungen, ständigen Schikanen.

Auf der anderen Seite der Grünen Linie, in Ostjerusalem, leben andere Menschen mit anderer Identität. Palästinenser laufen ihre eigenen Straßen entlang, sie mögen bestimmte Dinge und lehnen andere ab. Sie verlieben sich und sind eifersüchtig. Ihre Verantwortung für ihre Familien verstrickt sie in ein Netz von Verpflichtungen und Zwängen. Manchmal haben sie Zweifel oder überstehen starken Schmerz und großes Elend, oder sie trennen sich. Die Ehefrau *bi-tihrad* (wird wütend). *Al-harad* ist eine anerkannte Form, in der Frauen ihre Unzufriedenheit mit dem Eheleben zeigen können: Sie gehen mit den Kindern in das Haus ihres Vaters, bis der Ehemann kommt und um ihre Rückkehr bittet. Das Konzept steht in Verbindung mit der Bewahrung des *khater* der Frau und der Notwendigkeit, es vor Verletzung zu bewahren. Das Wort und die soziale Bedeutung von *harad* führt ins Innerste des Problems, denn das arabische Jerusalem ist eine soziale und emotionale Einheit ohne jede Verbindung mit dem emotionalen und sozialen Leben der Israelis.

Warum also auf die arabische Seite hinübergehen? Um sich beim Anblick eines anderen Volks, einer Kultur, die ihr Volk unterdrückt, schuldig zu fühlen? Um noch mehr Angst zu bekommen? Schon der Gedanke versetzt Miriam manchmal in Angst und Schrecken.

Das geistige Szenario, das ich eben entworfen habe, ist nur eine Deutung. Gefühle, Sehnsüchte, Beweggründe bleiben unsichtbar – ganz besonders für den, der sie hat. Gefühle schwanken, der Grad ihrer Intensität verändert sich, ihre Gegenstände wechseln, werden verdrängt. Was gesagt werden muß, bleibt flüchtig. Selbst ein zaghafter erster Eindruck unseres Kerns ist unmöglich, denn das Individuum ist seinem Ich immer schon entfremdet. Das Bewußtsein und der Ausdruck des eigenen Ich sind nur Brechungen eines psychologischen, soziologischen, ökonomischen, religiösen und ästhetischen Diskurses; ein kulturelles System, in dessen Netz das Bewußtsein vom eigenen Ich untrennbar miteinbezogen ist. Die Komplexität all dessen wird nur selten offenkundig, außer in klinischen Symptomen, die der Psychoanalytiker behandelt. Sie entdeckt sich auch den Liebenden, durch die Augen des anderen, und dem Künstler im kreativen Prozeß, der durch seine Arbeit mit einem Selbst konfrontiert wird, das man als das andere des eigenen Ich zu erkennen lernt, das man aber nie kennen wird. In diesen drei Zuständen wird sich das Individuum seiner Abhängigkeit vom anderen bewußt.

Bis auf weiteres

Unregelmäßige Routine

Seit meiner Rückkehr nach Jerusalem waren gerade sieben Wochen vergangen. Fast einen Monat war es her, seit ich meine Dozentur in Bethlehem angetreten hatte. Mir war noch nicht klar, in welchem Maße ich mich meiner kreativen Arbeit widmen mußte, statt einer Routinetätigkeit mit Routinearbeitszeiten. Das Lehren war eine anregende Herausforderung. Ich hatte das Gefühl, war mir fast sicher, daß meine Arbeit der eines palästinensischen Kämpfers ähnelte. Ich vernachlässigte meine Kunst, widmete mich ganz der Lehre.

Die Umstände, unter denen wir unterrichteten, irritierten mich. Der Lehrplan war beängstigend unregelmäßig. Die Studenten hatten eine politische Vertretung gebildet, den Studentenrat, der sich in die Unterrichtsgestaltung einmischen durfte, ja sogar den Unterricht absetzen konnte. Da die Mitglieder dieser Studentenräte den verschiedenen palästinensischen politischen Fraktionen nahe standen, scheute die Universitätsleitung Auseinandersetzungen mit ihnen. Es sah aus, als sei die palästinensische Sache ein Vorwand, unter dem vieles kritiklos hingenommen wurde. Der Studentenrat konnte beschließen, daß zu einer bestimmten Stunde eines bestimmten Tages ein Symposium über eine politische Angelegenheit von nationaler Bedeutung stattfinden sollte. An einem anderen Tag wurde eine Protestversammlung gegen eine bestimmte israelische Maßnahme zu einer Demonstration auf dem Universitätsgelände. Plötzlich tauchten palästinensische Fahnen auf, nationalistische Parolen wurden überall angebracht und ein Aufmarsch in Bewegung gesetzt. Sofort erschienen die immer bereiten und verdächtig gut informierten israelischen Truppen. Schüsse fielen. Tränengasbomben nahmen allen den Atem, Steine wurden auf die Soldaten geschleudert.

Im israelischen Fernsehen verlas der Nachrichtensprecher den offiziellen Bericht: Studenten bewarfen israelische Soldaten mit Steinen, woraufhin diese das Feuer eröffneten. Jedesmal bestritten die Studenten die israelische Rechtfertigung der grundlosen Gewalt. Örtliche palästinensische Kollaborateure wurden beschuldigt, den ersten Stein geworfen zu haben, um der israelischen Armee einen Vorwand für eine Schießerei zu liefern.

Zu meiner Studienzeit am Bir Zeit College gab es keinen Studentenrat. Der nationale politische Kampf hatte die Universität noch nicht erreicht. Wir studierten fleißig für Scheine, die an der American University of Beirut galten. Die Demokratisierung der Hochschulen war noch nicht institutionalisiert.

Drei Monate nach meiner Rückkehr hatte ich die Veränderungen kaum begriffen. Alles schien rätselhaft, irrational und unerklärbar. Meine Art zu denken war noch anders; die tolerante, großzügige Flexibilität, die mich die Erfahrung der nächsten drei Jahre lehren sollte, fehlte mir noch. Ich war starr und überernst; ich wollte sofort im Lehrplan fortfahren und meine Vorlesungen, für die ich mich die Nacht über vorbereitet hatte, zum festgesetzten Zeitpunkt abhalten. Ich hatte noch nicht begriffen, wie sehr ich es brauchte, mich vollständig meiner künstlerischen Arbeit zu widmen. Ich war ganz fassungslos, wenn ich von Jerusalem nach Bethlehem gekommen war und dann feststellen mußte, daß an diesem Tag der Unterricht ausfiel oder daß er gerade dann ausfallen würde, wenn meine Vorlesung begann – keine Stunde früher und keine Stunde später. Die Unverbindlichkeit des Lehrplans machte mich blaß vor Zorn.

Die Unvorhersehbarkeit unseres Lebens scheint mir jetzt ganz natürlich, wo ich mich so daran gewöhnt habe, daß ich mir das Leben anders gar nicht mehr erträglich vorstellen kann. Die *intifada* bringt so viele Unwägbarkeiten mit sich, daß wenig vorhersehbar ist. Der Tag als Aufeinanderfolge wohlgeplanter Ereignisse ist unvorstellbar. Jeden Moment kann eine Bombe hochgehen, eine Auseinandersetzung stattfinden, ein Palästinenser zum Märtyrer oder Verletzten werden. Hinzu kommen israelische Vergeltungsaktionen, abgeriegelte Straßen, Ausgangssperren und willkürliche Massenverhaftungen. Ein geordnetes Leben mit einem Kalender voller Verabredungen ist für die Palästinenser unter der Besatzung undenkbar. Aber als ich damals versuchte, mich zurechtzufinden, entnervte mich die Unregelmäßigkeit, und das resultierende Chaos machte mir Angst.

Es war sehr schwierig, die Studenten interessiert zu halten, da das Zusammenkommen der Klasse doch von so vielen Dingen abhing: Den einen Tag mochte ich Glück haben und eine Vorlesung ohne Unterbrechung abhalten können. Die nächsten drei Tage konnte eine Ausgangssperre gelten. In der Woche darauf schafften wir es, eine Vorlesung einzuschieben oder auch nicht. Einen Monat später konnten wir vielleicht da weitermachen, wo wir vorher aufgehört hatten.

Ich hatte keine Zeit, mich an die Bethlehem University zu gewöhnen. Der Unterricht fiel häufig aus. Ständig gab es Studentendemonstrationen, Sit-ins, politische Kundgebungen und nationalistische Feiern zur Brauchtumsförderung, und jedesmal war die israelische Armee zur Stelle. Eine Konfrontation war die Folge. Zu guter Letzt ereignete sich auf dem Universitätsgelände ein gewalttätiger Zusammenstoß zwischen unseren Studenten und der Armee. Danach wurde die Universität »bis auf weiteres« geschlossen.

Es war gegen Ende Oktober, und ich fing gerade mit der Vorlesung an, als die Ruhe im Hörsaal durch kreischende Mädchen, das Geräusch laufender Füße und Geschubse unterbrochen wurde. Ich tat, als hätte ich nichts gehört. Meine Studenten respektierten meine Bemühung und taten ebenfalls, als hörten sie nichts. Ich setzte meine Vorlesung über islamische Theologie fort.

Es klopfte an der Tür. Zwei große schwarze Augen sahen mich aus einer *kaffije* an. Die engen Jeans und die tiefe Stimme gehörten einem Mann. Er verkündete feierlich, daß die Universität von der Armee umstellt und der Unterricht suspendiert sei. Höflich riet er mir, das Universitätsgelände zu verlassen, solange es noch möglich sei, bevor die Situation kritisch werde und alle Hinterausgänge versperrt seien. Als Professor, erklärte mir einer meiner Studenten, hätte ich die Wahl zu gehen, aber die Studenten müßten bleiben. »Danke, aber da alle Studenten hier sind und nicht gehen können«, sagte ich naiv, »bleibe ich bei ihnen und setze meine Vorlesung fort.« Er muß mich für einen Idioten gehalten haben. Er starrte mich mit ungläubigen schwarzen Augen an. Er taxierte mich, entschied sich, mit mir keine Zeit zu vergeuden und ging.

Mir fällt es nicht leicht, Beziehungen zu anderen Menschen herzustellen, und Vermummungen verstärken mein Unbehagen. Ich war erleichtert, als er verschwand. Ich fuhr mit der Vorlesung fort und versuchte die Eigenschaften Gottes in der islamischen Theologie darzulegen. Meine Studenten schauten ungläubig und flehten mich fast an, das Theater abzubrechen.

»Warum sollten wir nicht fortfahren?« fragte ich. »Ihr seid auf dem Gelände festgehalten, und wir können an dem Streit da draußen nichts ändern. Also nützen wir die Zeit, um mit dem Stoff durchzukommen.« Ich hatte gerade beschlossen, diese unvorhergesehene Gelegenheit zu nutzen und gleich mehrere Unterrichtseinheiten durchzunehmen.

Ein Student erklärte mir freundlich das Drama, das sich draußen zu entwickeln begann: »Der Streit da draussen, das sind nicht nur harmlose Geräusche von entfernten Kugelschüssen und Bombenexplosionen, über die man hinwegsehen könnte. Das Tränengas wird bald das ganze Gebäude erfüllen. Viele Studenten werden verwundet werden. Wir können nicht still sitzenbleiben, als ob nichts geschähe.« In dem Moment klopfte der vermummte Jugendliche mit den schwarzen Augen an die Tür; hinter ihm rannten Leute: »Das ist Ihre letzte Chance zu gehen. Diese Gruppe von Professoren kennt die Hinterausgänge; sie werden Sie hinausbegleiten«, sagte er sehr bestimmt.

Ich hatte keine Wahl. Ich legte meine Papiere in die Mappe, suchte meine Sachen zusammen und ging.

Außerhalb des Universitätsgeländes ging das Leben normal weiter. Bauern saßen mit ihren Obst- und Gemüsekörben an den Bürgersteigen des Marktplatzes von Bethlehem. An diesem schönen Herbsttag liefen Touristen herum und photographierten. Auch ein paar Kilometer weiter, in Jerusalem, ging das Leben weiter. Niemand erfuhr von dem Kampf zwischen Studenten und Armee in der Bethlehemer Universität.

Der Sprecher der israelischen Abendnachrichten sagte, an der Bethlehem University seien »Unruhen« ausgebrochen. Das »Chaos« sei von den »israelischen Verteidigungskräften« eingedämmt worden; dabei sei ein Student ums Leben gekommen. Eine andere Nachricht erklärte die Universität zum Sperrgebiet. Nur Priester, die im angrenzenden Kloster lebten, dürften die Universitätsgebäude betreten. Zur Strafe sei der Unterricht bis auf weiteres suspendiert. Der Militärbefehl zur Schliessung der Bethlehem University war Routine. Hochschulen, Gymnasien, Grundschulen scheinen um diese Ehre zu wetteifern. An einem Tag ist es die An-Nadschah-Universität, an einem anderen Bir Zeit, erst ist es diese Schule, dann jene. Für Schuldirektoren, Kuratoriumsmitglieder und örtliche Würdenträger ist es schon Gewohnheit, sich mit der Bitte um Nachsicht an den Militärgouverneur zu wenden. Die Strafe wird dann auf ein oder zwei Wochen begrenzt, nach denen der Unterricht wieder »normal« weitergeht.

Ich bin nie an die Bethlehem University zurückgekehrt, die für zirka drei Jahre geschlossen blieb. Ein paar Monate später unterschrieb ich einen Vertrag mit der Arab University of Jerusalem; als Ostjerusalemer Mädchenhochschule weniger anfällig für militärische Störungen, wurde sie nur über kurze Zeiträume geschlossen. Etwa zur gleichen Zeit zog ich in die Altstadt.

Die Dorfvorsteher und der Gouverneur

Für die meisten Israelis ist das Bedürfnis nach nationaler Freiheit als Motor der *intifada* unvorstellbar. Der Gebrauch des Wortes im israelischen Radio und Fernsehen war heftig umstritten; schließlich wurde er staatlich verboten. Sogar die internationale Berichterstattung der Ereignisse in den besetzten Gebieten wurde stark beschnitten; oft wird ausländischen Korrespondenten der Zutritt zu den als Militärzonen deklarierten Gebieten untersagt. Die Nachrichten über die *intifada* wurden solange unterdrückt und verzerrt, bis die Israelis die *intifada* für anarchistischen, terroristischen Aktivismus der undankbaren Palästinenser hielten, eine Gefahr für die Sicherheit des israelischen Staates. Dieses systematische Mißverständnis, bei den meisten Israelis eine echte Wissenslücke, verblüfft die Palästinenser.

Die israelische Verkennung, die auf grundlegendem Mißverstehen und Mißtrauen gegenüber nahezu jeder palästinensischen Artikulation beruht, hat ein solch absurdes Niveau erreicht, daß man ihr auf palästinensischer Seite nur noch mit Witzen begegnet. Die surrealistische Begegnung der Dorfvorsteher mit dem Militärgouverneur in der gleichnamigen Anekdote drückt die ungläubige Haltung der Palästinenser aus:

Bestürzt und enttäuscht von der Demonstration der Undankbarkeit, die die Bewohner des Westjordanlandes in der *intifada* zeigen, zitiert der Militärgouverneur die *makhatir*, die Dorfvorsteher, in sein Hauptquartier. Bei ihrer Ankunft drückt er seine Überraschung und seinen Kummer aus: »Ich kann ja verstehen, daß die Mittellosen in den Flüchtlingslagern und die Studenten bei derartiger Disziplinlosigkeit mitmachen. Aber ihr wohnt doch in euren Heimatdörfern. Wir haben euch den Fortschritt gebracht und euch ins 20. Jahrhundert befördert! Schaut nur den Wohlstand an, in dem ihr jetzt schwelgt. Ihr genießt einen Lebensstandard, von dem eure Eltern nicht einmal hätten träumen können! Warum solltet ihr bei der *intifada* mitmachen?«

Die Anekdote wurde in den ersten Tagen der *intifada* populär, da sie viele Vorstellungen der Israelis über die Palästinenser aufgreift. Die militärische Besatzung wurde von den Israelis als wohltätig gerechtfertigt, da sich ihre Anwesenheit für die Palästinenser als vorteilhaft erwiesen habe. Die Israelis glauben, daß sie einer zivilisatorischen Mission nachkommen und daß sie durch die Besetzung des Westjordanlandes und des Gazastreifens den Lebensstandard der palästinensischen Bauern gehoben haben.

Der Preis, den wir Palästinenser für diesen relativen Wohlstand zahlen mußten, ist hoch: der Verlust unserer Freiheit. Die Hebung des Lebensstandards der palästinensischen Bauern ist verbunden mit der Politik des ökonomischen Anschlusses der palästinensischen Wirtschaft an die israelische. Der Mythos vom Wohlstand geht mit einer heimtückischen Politik einher, die darauf abzielt, jede Möglichkeit der wirtschaftlichen Unabhängigkeit zu zerstören, die in die palästinensische Kultur eingegriffen und aus traditionellen Bauern Fremdarbeiter gemacht hat. In der Tat sind selbstversorgende Bauern fast ganz verschwunden. Die jahrelange israelische Besatzung, der ökonomische Anschluß, die ständigen Abschiebungen und nicht zuletzt die Gefahr der Massendeportationen drohen die traditionelle palästinensische Bauernwirtschaft auszulöschen – eine Lebensweise, die auf einem zerbrechlichen sozio-ökologischen Gleichgewicht beruht, welches sich über vier Jahrtausende hinweg entwickelt hat.

Bodenschatz Wasser

Für Bauerngesellschaften – und da bildet die palästinensische keine Ausnahme – ist der Boden heilig. Die Bindung an das Land ist aus gefühlsmäßigen, sozialen und historischen Gründen schwer zu zerstören; sie ist ein mit Bedeutung aufgeladenes identitätsstiftendes Symbol.

Palästina kann nicht mit gewaltigen Flüssen aufwarten. Unsere Landwirtschaft hängt von zwei Arten der Bewässerung ab: die künstliche durch artesische Brunnen (in Gaza und in der Jordansenke) und die natürliche durch Regenfälle (in den Bergen zwischen Hebron im Süden und Dschenin im Norden), nach Bal, dem kanaanitischen Regengott, *bali* genannt. Zitrusfrüchte, Bananen und Gemüse erfordern ganzjährig intensive Bewässerung, während Getreide und Linsen während der regenreicheren Zeit wachsen und reifen.

Die palästinensischen Wasserreserven sind dürftig. In den letzten Jahren wurde es noch schlimmer, denn die Israelis haben das unterirdische Wasser übermäßig ausgebeutet, so daß manche Quellen nicht mehr genug Wasser geben. Seit unserer Niederlage 1967 gab es keine Genehmigungen für die Bohrung artesischer Brunnen, und bei den bestehenden wird die Wasserentnahme kontrolliert. Das Überschreiten der zugeteilten Mengen wird hart bestraft. Den Palästinensern ist das Graben tiefer Brunnen strikt verboten. Ein israelischer Betrieb, Mekorot, hat das Monopol über die Wasserreserven in Israel einschließlich der besetzten Gebiete.

In einem Dorf wie Al-Oja in der Jordansenke trocknet die eine Quelle im Ort im Sommer oft aus. Die Felder des Dorfes sind mit Bananen und Gemüse bepflanzt und müssen bewässert werden. Mit dem Bargeld, das die Dorfbewohner durch Arbeit in Israel verdienen, könnten sie erstmals tiefe Brunnen graben und Elektropumpen erwerben. Da das jedoch verboten ist, müssen sie Wasser kaufen – von Mekorot. Es gibt zwei Preise, einen für Trinkwasser und einen sehr viel niedrigeren für die Landwirtschaft. Während die Bewohner des Westjordanlandes und des Gazastreifens gezwungen sind, Bewässerungswasser zum Trinkwasserpreis zu kaufen, profitieren die Israelis in den umliegenden Siedlungen von dem niedrigen Wasserpreis für jeglichen Bedarf. Man schätzt, daß die fünftausend israelischen Siedler im Gazastreifen 90% der Wasserreserven verbrauchen. Man stelle sich die Frustration und Feindseligkeit vor, die ein Palästinenser empfindet, wenn er sieht, wie seine Investition an Wert verliert, während die israelischen Siedler in Schwimmbädern plantschen, hinter Stacheldrahtzäunen, die ihre Siedlungen umschließen!

Ungefähr zwei Drittel des Westjordanlandes sind konfisziert worden; das Land wurde militärischen, meist aber zivilen israelischen Siedlungen übergeben. Jetzt scheint Dayans Verständnis von militärischer Besetzung wie das kleinere Übel; die zu seiner Zeit erbauten Siedlungen waren Militärposten entlang des dünn besiedelten Westufers des Jordans. Die aggressivere Likud-Regierung dagegen bedrohte die Palästinenser viel direkter durch Siedlungen innerhalb dicht besiedelter Gebiete. Die finanziell geförderten Siedlungen meist fanatischer Juden werden immer auf Berggipfeln erbaut, die über die palästinensischen Dörfer emporragen.

Beschränkt man sich auf landwirtschaftliche Daten, wird eine Verringerung der öffentlichen Dienste sichtbar. Während 1976 142 landwirtschaftliche Berater bezahlt wurden, waren es 1984 nur noch 68. Die Budgetkürzungen spiegeln die neue Politik wieder: von 110 000 Jordanischen Dinar 1976 herunter auf 8 000 Dinar 1983. Auch die Zahl der Angestellten wurde reduziert: von 176 im Jahr 1976 auf 37 im Jahr 1983.

Die Strategien, mit denen Israel die palästinensische Landwirtschaft bekämpft, sind zahllos und umfassend. Gemüse aus dem Westjordanland darf nicht über die Grüne Linie nach Israel oder in den Gazastreifen. Desgleichen dürfen Zitrusfrüchte aus Gaza nur innerhalb des Gazastreifens verkauft werden. Die systematische Schmälerung der Vermarktungsmöglichkeit palästinensischer Produkte drückt den Preis empfindlich. Von ihrem Land können palästinensische Kleinbauern nicht mehr leben.

Die Einmischung in die traditionelle Beziehung der Palästinenser zu ihrem Land beschränkt sich nicht auf den Entzug öffentlicher Dienstleistungen, willkürliche Landenteignung und Einschränkung der Verkaufsmöglichkeiten. Palästinenser in den besetzten Gebieten erhalten nicht nur keinerlei Subventionen, sie haben auch kein Recht auf Regierungsdarlehen. Statt dessen ermutigt der Zugang zum schnellen Geld in Israels Wirtschaft die palästinensischen Bauern, sich von ihrem Land abzuwenden.

Die Palästinenser merken, daß der Verkauf ihrer Arbeitskraft mehr einbrachte als die Bearbeitung ihrer Felder. In ländlichen Kollektiven, Kibbuzen oder Moschavs, in Fabriken und als Bauarbeiter fand die Mehrheit der Palästinenser Einkommensquellen, die eine Hebung des Lebensstandards ermöglichten. Nahezu jeder palästinensische Haushalt verfügt heute über Elektrizität und fließendes Wasser, ist mit Kühlschrank, Fernsehgerät und Elektro- oder Gasöfen ausgestattet.

Palästinensische Bauern werden als unqualifizierte Arbeitskräfte mit minimalen Kosten für den Arbeitgeber gehalten. Als Bewohner der besetzten Gebiete (mit jordanischen Pässen im Westjordanland und ägyptischen Reisedokumenten im Gazastreifen) wurden ihnen die Privilegien der Israelis vorenthalten. Demokratie und Sozialstaat gab es nur für Israelis. In der pragmatischen Welt der Wirtschaft waren Gaza und das Westjordanland weder annektiert noch befreit. Der israelischen Regierung zufolge blieb ihr Status unbestimmt – Ostjerusalem ausgenommen; man sprach verschleiernd von »verwalteten Gebieten«.

Gemeinhin werden palästinensische Arbeiter nicht direkt von israelischen Arbeitgebern unter Vertrag genommen. So wird etwa der Vertrag zwischen dem Manager eines großen Hotels und einem palästinensischen Angestellten über einen Dritten abgeschlossen. Für eine vertraglich festgelegte Summe übernimmt der Arbeitsvermittler die Ausführung der erforderlichen Arbeit. Die tägliche oder wöchentliche Bezahlung der Arbeiter bleibt der Schläue dieses Vermittlers überlassen. Sein Hauptinteresse besteht in der Maximierung seines Profits auf Kosten der Arbeiter.

Palästinensische Arbeiter werden mündlich unter Vertrag genommen. So ist der Arbeiter weder krankenversichert noch hat er ein Anrecht auf vermögenswirksame Leistungen vom Arbeitgeber. Braucht man ihn gerade nicht, so erhält er weder Überbrückungs- noch Arbeitslosengeld.

Weil das Westjordanland und der Gazastreifen nur besetzt, nicht aber annektiert sind, braucht die israelische Wirtschaft nicht für den Unterhalt dieser Arbeitskräfte aufzukommen. Israel benutzt die »verwalteten Gebiete«, aber ohne die soziale, medizinische oder wirtschaftliche Verantwortung für das Wohlergehen der palästinensischen Bewohner zu übernehmen.

Der erste Märtyrer

Ende Oktober 1987 begann in den besetzten Gebieten die »Politik der eisernen Faust«. Jitshaq Rabin wandte äußerst repressive Maßnahmen an, um die Araber Angst und Respekt vor der israelischen Armee zu lehren. Die Palästinenser waren ohnehin großen Belastungen ausgesetzt, die durch die rapide sich verschlechternde wirtschaftliche Lage noch verschärft wurden. Auf internationaler Ebene fühlten sie sich im Stich gelassen; der arabische Gipfel in Amman am 8. November und das folgende Treffen Reagan-Gorbatschow behandelten ihre Sache nur am Rande. Jitshaq Rabins harte Strafmaßnahmen verstärkten das Unbehagen.

Der »demographische Krieg«, der damals wütete, machte alles noch schlimmer. Die Israelis fürchteten, daß das stärkere Bevölkerungswachstum der Palästinenser sie zur Minderheit machen würde. Deshalb wandte man sich gegen Überlegungen, die besetzten Gebiete zu annektieren: Schwere moralische, wirtschaftliche und internationale Probleme wären die Folge, wenn Araber die gleichen Rechte wie Israelis erhielten. Statt dessen schlugen Radikale den Transfer vor: Durch die Massendeportation der Palästinenser aus den besetzten Gebieten nach Jordanien könnten die ethischen Probleme, die die fortgesetzte militärische Besetzung den Israelis verursachten, gelöst werden! Die israelische Haltung zu den Palästinensern und den besetzten Gebieten war klar: nicht das kleinste Zugeständnis. Der militärische Rückzug wurde nicht als gangbare Lösung angesehen. Vor diesem angespannten Hintergrund gab es zahlreiche Gewalttaten, die symptomatisch waren für Mißtrauen und Haß. Dies war der Rahmen, in dem die *intifada* ausbrach. Es kam zu einer Serie von Anschlägen, die alle überraschte. Die nächsten Monate blieben wir zu Hause: verwirrte Zuschauer, an unsere Lehnstühle gefesselt für die Abendnachrichten, die spannend wie ein Krimi waren.

Anfang Oktober wurden drei Palästinenser am Eingang des Flüchtlingslagers Bureidsch in Gaza umgebracht. Die Armee versuchte, die Leichen zu verstecken, wollte sie den Familien nicht übergeben und behauptete, sie seien bei einem Autounfall ums Leben gekommen. Die Sache erwies sich als gefährlicher Präzedenzfall.

Kurze Zeit später kam es zu einer Auseinandersetzung zwischen vier bewaffneten Mitgliedern des *dschihad*, einer muslimischen politischen Partei, und einer israelischen Militärpatrouille. Die Schießerei ereignete sich in Gaza, an einem Kontrollpunkt beim Schajaijjeh-

Viertel. Vier Palästinenser und ein israelischer Soldat wurden getötet. Als Antwort führte die israelische Armee massive Razzien durch und warf fünfzig Männer wegen Zugehörigkeit zum *dschihad* ins Gefängnis. Einer der Verhafteten war ihr Führer, der Scheich Abdalaziz Odeh, dem die Abschiebung drohte.

Die Eskalation der israelischen Repression, die »Politik der eisernen Faust«, hatte direkte Auswirkungen. Demonstrationen und tägliche Konfrontationen flackerten überall in den besetzten Gebieten auf.

Eine Woche verging, und ein israelischer Siedler erschoß ein elfjähriges Mädchen, Intisar Attar. Der Siedler benutzte den üblichen Vorwand, er sei mit Steinen beworfen worden, denn solchen Angriffen waren israelische Autos auf dem Hin- oder Rückweg zu ihren Siedlungen in den besetzten Gebieten oft ausgesetzt. Statt weiterzufahren, hielt der Siedler an, stieg aus, holte sein Gewehr heraus und schoß auf die Schüler, die gerade aus der Schule kamen.

Ein paar Tage später wurde ein jüdischer Kaufmann aus Rache erstochen, als er in Gaza Geschäften nachging. Der Händler, vor dessen Augen es passiert war, brachte den jüdischen Mann schnell ins Baptistenkrankenhaus. Als sich die Nachricht verbreitete, zogen in Gaza alle Ladenbesitzer die Rolläden herunter und eilten heim. Die Straßen leerten sich. Die Leute blieben aus Angst vor militärischen Vergeltungsakten im Haus. Jeder erwartete die Rache der Siedler und die üblichen militärischen Strafen.

Nichts geschah.

Kaum drei Tage später stieß ein jüdischer Lastwagenfahrer mit zwei palästinensischen Autos nördlich von Gaza zusammen. Vier der arabischen Insassen starben sofort, neun weitere wurden schwer verletzt. Gerüchte verbreiteten sich, der Lastwagenfahrer und der erstochene jüdische Kaufmann seien verwandt. Es wurde also nicht als Verkehrsunfall aufgefaßt; es war kaltblütiger Mord.

Am nächsten Tag, dem 9. Dezember 1987, kamen Abgesandte aus ganz Palästina zur Beerdigung. Die Versammlung entwickelte sich zu einer gewaltigen nationalen Demonstration der Wut. Das Militärhauptquartier in Gaza wurde mit Steinen angegriffen. Gleichzeitig schleuderten Schüler der Faludscha-Grundschule im Lager Dschabalja Steine und zwei Molotowcocktails auf eine vorbeikommende israelische Streife. Die Soldaten eröffneten das Feuer. Ein Jugendlicher, Hattem as-Sis, starb auf der Stelle.

Überall in den besetzten Gebieten erinnern Streiks am Neunten jeden Monats an den Tod von Hattem as-Sis, der als der erste Märtyrer der *intifada* angesehen wird.

Ein entscheidender Augenblick

Würden wir unser Verständnis der *intifada* auf die Eskalation gewaltsamer Konfrontationen zwischen palästinensischen Jugendlichen und israelischer Armee beschränken, so würden wir die *intifada* mit ihren Symptomen verwechseln. Würden wir das Ganze nach einem Teil beurteilen, könnten wir den Geist der *intifada* nicht fassen. Die Zusammenstöße, das Errichten von Barrikaden, das Steinewerfen, also die aufsehenerregenden Ausdrucksformen, die das Interesse der internationalen Presse erregten, hatten sich nämlich schon in den zehn Jahren vor der *intifada* in den besetzten Gebieten verbreitet.

Ursachen für die *intifada* gibt es ohne Zahl. Reichlich Artikel und Bücher sind verfaßt worden, die versuchen, die wirtschaftlichen und politischen Ursachen zu klären. Methode und Vokabular dieser Erklärungen kommen aus der Politik- und Wirtschaftswissenschaft; auch wenn sie sich auf die *intifada* anwenden lassen, liefern sie doch keine ausreichende Erklärung für den Ausbruch des kollektiven Aufstands zu diesem Augenblick. Die Palästinenser hätten zu jedem Zeitpunkt der letzten 20 Jahre einen Aufstand machen können.

Die ökonomischen und politischen Faktoren, scheinbar direkte Ursachen, sind »zum Vorschein gekommen« (hier werden uns die Grenzen des analytischen wissenschaftlichen Denkens bewußt; unser Verständnis von gesellschaftlichen Phänomenen gerät ins Stottern, zieht sich hinter einen dünnen Vorhang aus Wörtern zurück, in dessen Falten sich das »Wie« und das »Wann« im entscheidenden Moment des Bruchs, der plötzlichen Veränderung verbergen) – diese Faktoren also sind »zum Vorschein gekommen« durch einen qualitativen Wandel im palästinensischen Bewußtsein und Fühlen (*widschdan*), dessen Ausdruck dann politisch als *intifada* beschrieben wurde.

Die *intifada* darf nicht auf die Zusammenstöße und die politischen Ausdrucksformen des nationalen Widerstands reduziert werden. In den letzten 15 Jahren sind solche Ereignisse Alltag geworden. Die *muntafidin* (die an der *intifada* Beteiligten), das sind nicht nur die vermummten *nafada* (kleine Gruppe), die Steine schleudern, oder die Führer der *intifada*, sondern jeder Palästinenser in den besetzten Gebieten. Die *intifada* ist eine kollektive Euphorie, begleitet von einem besonderen Bewußtsein, vergleichbar einer Melodie, die die Seele ergreift und die Sicht der Realität umstößt. Sie ist eine gesellschaftliche Tatsache.

Im Schatten der *intifada* bekam unser Leben Sinn und Zweck – ein überwältigendes Gefühl, das uns völlig umfing.

Im Schatten der *intifada* wurden wir lebendig: nichts konnte unsere Hoffnungen bremsen, unsere Pläne, unseren Ehrgeiz, unsere Erwartungen an uns selbst.

Im Schatten der *intifada* leben wir einen historischen Augenblick, in vollem Bewußtsein seiner Bedeutung und in voller Kenntnis seiner Nichtwiederholbarkeit, denn im Schatten der *intifada* beobachten zukünftige palästinensische Generationen jeden unserer Schritte. Wir dürfen sie nicht enttäuschen.

Die *intifada* ist ein Moment der Verantwortung, ein Moment der Arbeit und ein Dauerzustand der Wachsamkeit.

Im Schatten der *intifada* ist kein Augenblick banal; jede Sekunde ist erfüllt.

Romantische Phantasien

Eine persönliche Beziehung

Abu Hasan und sein Vetter Tafesch besuchten uns. Seit fast acht Monaten waren wir befreundet. Ein Architekt vom Auqaf-Amt, dessen Rat wir oft suchten, hatte uns die beiden Beduinen als die zuverlässigsten Bauarbeiter für historische Jerusalemer Häuser empfohlen. Während sie an unserem Haus arbeiteten, entwickelte sich eine freundschaftliche Beziehung zwischen uns. Als die Renovierung abgeschlossen war, hörten Abu Hasans Besuche nicht auf. Jedesmal wenn er in der Aqsa-Moschee betete, kam er bei uns vorbei. Tafesch, seit zehn Jahren sein Lehrling, war anders. Ihm ging es um einen sachlichen Austausch von Geld gegen Arbeit. Deshalb überraschte uns der gemeinsame Besuch von Tafesch und Abu Hasan am 17. Juli 1989. Schließlich war unsere Beziehung zu Tafesch nie persönlich gewesen.

Abu Hasan und Tafesch sind *arab taamre*, Nomaden vom Stamm der Taamre. Im Arabischen bezeichnet die dreikonsonantige Wurzel *rb,* von der das Wort *arab* abgeleitet ist, »nomadisches Leben«. Das Gebiet der *arab et-taamre* reicht traditionell vom Toten Meer bis zu den Dörfern zwischen Bethlehem und Jerusalem.

Beide arbeiteten von 7 Uhr morgens bis 4 Uhr nachmittags, mit kurzen Unterbrechungen für Tee und Mittagessen. Sie zogen Gurken, Tomaten und ihr in einfachen Joghurt getunktes Brot unserer städtisch-palästinensischen Küche vor. Sie wollten unsere gekochten Mahlzeiten nicht mitessen; sie seien »zu schwer«. Gemeinsamkeiten und eklatante Unterschiede erstaunten uns immer wieder. Ich genoß die romantische Vorstellung, daß sie meine echten arabischen Wurzeln repräsentierten, unverfälscht durch städtische muslimische Zivilisation. Abu Hasan und Tafesch waren Beduinen, an ein genügsames Leben in der Wüste gewöhnt. Hammelfleisch, Hauptzutat in unserem *mahaschi* und *jahani* – »fettes Essen«, wie sie sagten –, wurde von Beduinen nur zu besonderen Gelegenheiten gegessen. Bei Hochzeiten und hohen Festen wurden Schafe geschlachtet. Das Hauptgericht ist das traditionelle *mansaf*. Noch drei Tage nach ihren Festen litten unsere Bauarbeiter unter schmerzhaften Bauchkrämpfen.

Die städtisch-palästinensischen Grundnahrungsmittel (Hammelfleisch, Ziegenkäse und geklärte Butter) werden von Beduinen hergestellt. Die großen Mengen, die wir davon essen, verblüfften meine Arbeiter, wie auch unsere Art der Konservierung und Zubereitung. Am Geburtstag des Propheten gab ihnen Elena traditionelles städtisches Gebäck, das sie genüßlich verzehrten; doch kurz danach bekamen sie schwere Zahnschmerzen.

Abu Hasan, mir der liebere von beiden, war im Gegensatz zu seinem muskulösen und gutaussehenden Vetter dünn und schmal. Wir konnten nie verstehen, woher Abu Hasan seine Energie und Ausdauer nahm, denn er hatte eine Herzoperation hinter sich. Sein zweieinhalbjähriger Sohn hatte das gleiche Problem. So hatte sein Besuch auch einen bestimmten Grund: Er brauchte meine Empfehlung bei einer karitativen Einrichtung, damit diese die dringende Herzoperation seines Sohns bezahlen würde.

Ich fragte ihn, ob er eine Krankenversicherung habe. Er hatte eine. Er zahlte seinen Beitrag an die Histadrut, die israelische Gewerkschaft, was ihn zur Inanspruchnahme medizinischer Dienstleistungen berechtigte.

»Aber«, sagte er, »nach dem Ausbruch der *intifada* hat die israelische Gewerkschaft als Kollektivstrafe die Mitgliedschaft der Bewohner des Westjordanlandes beendet und verweigert seither alle Dienstleistungen.«

Abu Hasan, ein echter Nomade, glaubte noch an das persönliche Element in menschlichen Beziehungen. An jenem Tag kam er mir außerordentlich erregt vor. Im Gespräch erfuhr ich, daß der israelische Chirurg, den er als persönlichen Freund betrachtet hatte, ihn verraten hatte. Er tröstete sich mit den Worten: »Juden ist einfach nicht zu trauen.«

Der Verrat

Abu Hasan hatte sich für die Herzoperation seines Sohnes auf seine persönliche Beziehung zu einem russischen Chirurgen im Hadassah-Krankenhaus verlassen. Der zwanglose Umgang der Israelis wird von den Palästinensern als Zeichen von Bescheidenheit und menschlicher Anteilnahme mißverstanden. Realistisch betrachtet ist ihre ungezwungene Haltung Ausdruck einer allgemeinen Höflichkeit, einer Geselligkeit ohne Ausgrenzung. Abu Hasan schloß vom freundlichen Verhalten der Israelis auf so tiefe Gefühle, wie sie Palästinenser haben, wenn sie sich so verhalten.

Während der Jahre der Besatzung wurden die Araber immer wieder von der mitfühlenden Seite der Israelis beeindruckt. Palästinensische Beduinen und Bauern werden in der Regel von ihren israelischen Arbeitgebern, Vorgesetzten und Mitarbeitern freundlich behandelt. Israelis essen sogar mit ihren palästinensischen Angestellten am gleichen Tisch. In der arabischen Gesellschaft ist es äußerst bedeutsam, mit jemandem Salz und Brot zu teilen. Gemeinsames Essen ist eine besondere Form der Gemeinschaft, ein bildlicher Ausdruck der Brüderlichkeit. Israelis verbrüdern sich schnell, als Abenteuer, aus Neugier oder aus reiner Menschenfreundlichkeit. Bei der Arbeit hat sich ein bestimmtes Niveau gegenseitiger Toleranz entwickelt. Die Israelis haben es sich nicht erlaubt, ihr Verhältnis zu ihren palästinensischen Arbeitskräften unpersönlich werden zu lassen.

Abu Hasan stattete dem Arzt einen persönlichen Besuch im Krankenhaus ab und bat ihn um einen Gefallen: den chirurgischen Eingriff zu einem Sonderpreis, den er sich leisten könne. Durch die persönliche Zurückweisung verstört, hatte Abu Hasan den Glauben an die Freundschaft mit Israelis verloren. Von Schuldgefühlen belastet, beschrieb er das letzte Treffen mit seinem Freund, dem Arzt: »Aber du hast mir gesagt, ich solle wegen der Operation wiederkommen, wenn er zwei Jahre alt ist! Letztes Jahr hast du doch gesagt, er sei noch zu klein.«

»Ja, aber ohne Krankenversicherung mußt du die Kosten voll bezahlen«, antwortete der Chirurg.

»Aber du weißt doch, daß ich mir das nicht leisten kann, und letztes Jahr, als ich ihn zum ersten Mal brachte, da hatte ich die Versicherung noch. Es sind die gegenwärtigen Umstände, die meine Krankenversicherung aufgehoben haben. Kannst du dein Versprechen nicht halten?« flehte er. »Es ist ein Dienst am Menschen!«

Der Chirurg, auch nur ein Angestellter, konnte so eine Entscheidung nicht fällen. Aber er erklärte Abu Hasan das System nicht. Statt dessen wich er aus: »Und warum sollte ich die Operation durchführen und ihn heilen? Damit er gesund wird und Steine auf mich wirft?«

Die Antwort verletzte Abu Hasan. Er hatte dem Chirurgen vertraut. Hatte er nicht seine eigene Herzoperation vor Jahren von eben diesem Arzt ausführen lassen? »Was haben mein Sohn oder ich mit der *intifada* zu tun?« Er schaute mich fragend an. »Ich erklärte ihm, daß unsere Beziehung älter als die *intifada* sei, aber er weigerte sich, die Operation auszuführen, wenn ich sie nicht bezahlen würde. Und wie soll mir das jemals gelingen?«

Ambivalenz ist mißlich. Abu Hasan schaute aufrichtig zu dem Arzt auf. Doch jetzt wurde sein Schmerz zu bitterem Vorwurf, denn er gehört nicht der Generation an, die herzlos hassen kann. Ich hakte nach: »Wenn das deine Gefühle sind, wieso arbeitest du dann für die Juden?«

»Meine Arbeit ist doch gar nichts«, verteidigte er sich, »und ich bekomme Geld dafür. Es ist, als ob ich es stehle.«

In einem Land voller Haß könnte ich nicht ohne Liebe
leben. Ich kann weder Menschen noch Ereignisse in
Schwarz und Weiß sehen und beurteilen, vielmehr erscheint mir alles in dazwischenliegenden Farbschattierungen. So bin ich außerstande, mich an das Leben unter
der Besatzung zu gewöhnen. Obwohl die Politik in alle
Bereiche unseres Lebens eindringt, habe ich immer versucht zu vermeiden, persönlich in den Konflikt einbezogen zu werden. Als Anthropologe finde ich immer soziologische, psychologische und historische Rechtfertigungen für das Verhalten beider Seiten. Sehr auf meinen
eigenen Schutz bedacht, lasse ich mich nie von überstürzten Gefühlen überwältigen und zu Haß hinreißen, zu
einer Gefühlslage, in der ich Gefahr laufe, die Klarheit
meiner Gedanken zu verlieren. Mit starkem Willen, Vernunft und einem bewußten Verlangen nach Glück arbeiten Elena und ich hart, uns von der Bitterkeit unserer
Umgebung abzuschotten. Gleichzeitig bedauern wir den
demoralisierenden Effekt der israelischen Besatzung auf
Palästinenser und Israelis. Je länger sie dauert, umso
mehr nimmt die Unterdrückung zu. Am beunruhigendsten ist das Durchsickern des Hasses von der unpersönlichen politischen Ebene zu den Menschen. Die Politik
des ökonomischen Anschlusses und die damit verbundenen repressiven Maßnahmen haben keinen einzigen Palästinenser verschont: Kollektivstrafen, Abschiebungen,
zerstörte Häuser, Landenteignungen und die Zerstörung
von Olivenbäumen und Weinbergen. Eine große Anzahl
verarmter Palästinenser ist gezwungen, sich außerhalb
ihrer Dörfer, Städte und Lager zu verdingen. Sogar die

Beduinen überschreiten die Grüne Linie, um Arbeiter in Israel zu werden.

Palästinenser und Israelis begegnen sich täglich. Es ist unvorstellbar, daß sich diese Individuen in Maschinen ohne Gefühl und Verstand verwandeln. Am Arbeitsplatz entwickeln sich menschliche Beziehungen zwischen Arabern und Israelis. Aber was einen mit Ekel und Horror erfüllt, sind der Argwohn und das Mißtrauen, die alle Beziehungen belasten und die jedes Vertrauen zwischen den beiden Seiten verhindern.

»Wie kann ein Araber sich sicher fühlen und einem Israeli trauen, wenn über tausend Palästinenser umgebracht und Tausende verletzt wurden?« gestand mir Abu Aschraf, der meiner Frau hilft, das Haus in Ordnung zu halten. »Man findet kaum eine palästinensische Familie, die niemanden verloren hat oder nicht wenigstens einen von einer israelischen Kugel schwer verwundeten Verwandten hat.« Gekränkt fügte er hinzu: »Wie kann man dem israelischen Chef trauen, wenn man sieht, wie sehr er seine israelischen Arbeiter bevorzugt.«

Abu Aschraf führte aus, daß sein langjähriger Chef – sein »Freund«, d.h. er sitzt, ißt, lacht mit ihm – nicht zögerte, ihm mit der Entlassung zu drohen, als er den gleichen, deutlich höheren Lohn forderte, den ein Israeli bekam, der gerade erst eingestellt worden war. Sein »Freund«, der israelische Arbeitgeber, sagte ihm einfach: »Wenn dir dein Gehalt nicht paßt, dann geh doch!«

Abu Aschraf, der auch als Angestellter der jordanisch verwalteten *auqaf* arbeitet, beschwerte sich: »Würden sie (die jordanische Regierung) nur mein Gehalt verdoppeln, ich würde nie für die Israelis arbeiten.« Entschieden schloß er in seinem breiten Hebron-Akzent: »Denkt ihr, ich gehe gerne rüber und arbeite mit diesen Leuten zusammen!«

Die Lebenshaltung in Israel ist teuer. Die Inflation ist enorm. Palästinensische Beschäftigte bei den nationalen arabischen Institutionen erhalten im Monat weniger als ein Viertel dessen, was man in Israel in der Woche bekommt. Das offizielle Gehalt reicht kaum für die Miete. Der arabische Angestellte der jordanischen Regierung behält seinen Arbeitsplatz wegen des Prestiges (er arbeitet für eine arabische Institution) und arbeitet abends als Tellerwäscher in einem israelischen Club, einem Restaurant oder Café – bis sich die Lage bessert.

Und der israelische Arbeitgeber ist dem Palästinenser gegenüber mißtrauisch, denn die Bilder der Auseinandersetzungen zwischen unseren Jugendlichen und ihren sind Teil der abendlichen Fernsehnachrichten, die alle sehen. Während die maskierten Palästinenser und die arabischen Arbeiter oft identisch, fast immer aber gleich alt sind, sind die israelischen Soldaten unweigerlich die Söhne, die Verwandten oder die Freunde des israelischen Arbeitgebers, denn auf relativ kleinem Gebiet leben weniger als sieben Millionen Israelis und Palästinenser.

Rote Rosen

Sich um einen Menschen zu sorgen belastet. Sich durch das Labyrinth der Emotionen hindurchzufühlen und sich über seine Gefühle klar zu werden ist mühsam.

Die Stärke der Feindseligkeit, die Abu Hasans Gefühl der persönlichen Zurückweisung und Verletzung hervorrief, ist analytisch erklärbar, aber ich akzeptierte die Beschreibung seiner Arbeit als Diebstahl nicht. Damals versuchte ich noch, mich von der häßlichen Realität um uns herum abzuschotten. Ich tat seine Gefühle herablassend ab, und dabei bezog ich mich auf die humanistische Ethik! Abu Hasans Mißtrauen und Haß sowie die pragmatische Interpretation seiner Beziehungen schien die Demoralisierung der Palästinenser auszudrücken.

Ich hatte die palästinensische Fähigkeit noch nicht verstanden, verschiedene Ebenen der Gefühle und Gedanken voneinander zu trennen. Bei genauer Analyse erweist sich hier ein Verhalten, das der westlichen Ethik als widersprüchlich erscheint und das von ihr als unaufrichtig und heuchlerisch verurteilt wird, als eine kulturspezifische Strategie der Realitätsbewältigung. Die unterschiedlichen Gefühle und Gedanken, die der einzelne durchlebt, müssen nicht zwangsläufig zur Synthese gebracht, in einen einzigen, in sich geschlossenen Standpunkt homogenisiert und zu einem Prinzip gemacht werden, das das individuelle Verhalten prägt und leitet. Daß bestimmte Kulturen ohne klar formulierte Prinzipien auskommen, besagt andererseits noch nicht, daß das Verhalten des einzelnen deshalb emotional, irrational und sprunghaft ist. Als Anthropologe muß ich mich ständig selbst anhalten, ein für eine Gruppe typisches Verhalten nicht von oben abzuurteilen.

Ichbezogen glaubte ich zu dieser Zeit noch an eine Idealform des Lebens, glaubte, daß das Leben bei uns zuhause perfekt und daß alles »normal« sei; sogar die Soldaten waren nur Statisten in einem Stück, in dem das Böse nicht existierte. Mit defensiver Arroganz wehrte ich Abu Hasans tiefe Verletztheit ab, fand, seinen Worten hinge »der Geruch von Grobheit« an, der das würdevolle Bild, das ich von ihm hatte, untergrub. Ich wechselte schnell das Thema und kam auf den Hauptgrund seines morgendlichen Besuchs zurück, die Krankheit seines Kindes. Ich verwies ihn an die Caritas, eine katholische Hilfsorganisation.

Im Jahr Eins der *intifada* drehten Israelis mehrere Dokumentarfilme, die arabisch-israelische Einstellungen untersuchten. In der Dokumentation *Frühling 1988* von Uri Goldstein interviewt dieser einen Lebensmittelhändler. Nachdem der seinen Haß und seine Abscheu gegenüber den Arabern zum Ausdruck gebracht hat, kommt er zu dem Ergebnis, daß man alle aus Israel rauswerfen sollte. Daraufhin der Interviewer: »Wenn das deine Gefühle sind, warum hast du dann einen Araber angestellt, der dir im Geschäft hilft?«

Verlegen sucht der Krämer nach einer Ausrede: »Ja, der Junge ist ein Araber, aber er erleichtert mir die Arbeit. Warum sollte ich ihn nicht beschäftigen?«

Es bringt nichts, den palästinensischen Bauarbeiter, den israelischen Chirurgen oder den Krämer anzuklagen. Die Schuld an dieser unglücklichen Komödie der Irrungen liegt nicht bei den Individuen. Das politische Patt der dreißiger Jahre hat auf beiden Seiten zu versteinerten Vorannahmen geführt, die niemand hinterfragt.

Israelis und Palästinenser sitzen in derselben Falle. Die Besatzung erzwang das Zusammenleben, das unter anderen Umständen nicht in dieser Hoffnungslosigkeit hätte enden müssen. Von der politischen Lage einmal abgesehen – der Kontakt zwischen Israelis und Palästinensern ist beschränkt geblieben, er wird von beiden Seiten nach reinen Nützlichkeitserwägungen gehandhabt. Unter den Gegebenheiten der Besatzung sind menschliche Beziehungen begrenzt auf die des Arbeiters zum Boß, des Patienten zum Arzt, des wehrlosen Zivilisten zum bewaffneten Soldaten. Jede Seite reagiert nur auf die Handlungsschemata der anderen. Angst und Mißtrauen prägen die israelisch-arabische Beziehung: beide Seiten sind in einem grausigen Gefängnis, jeder ist abwechselnd Gefangener und Gefängniswärter.

Das Abscheuliche an dieser von der Besatzung geschaffenen und verstärkten Beziehung ist, daß sie die zwei Seiten in ein ungerechtes Verhältnis zueinander setzt. Der Palästinenser tritt dem Israeli nicht als Gleicher gegenüber, da die Einmischung der israelischen Verwaltung in die palästinensische Infrastruktur den palästinensischen Bauern in einen Hilfsarbeiter unter israelischem Kommando verwandelt hat. Dies hat zu einem falschen Bewußtsein unter den Israelis beigetragen: sie halten sich für die Herren und die Palästinenser für ihre Sklaven. Der palästinensische Arbeiter erträgt die Demütigung, denn er kann nicht einfach seinen Verdienst aufgeben oder seinen Glauben, die israelische Wissenschaft, in Gestalt des israelischen Krankenhauses, könne jede Krankheit heilen.

Da es kein Vertrauen zwischen Israelis und Arabern gibt, aber vielschichtigen Haß und gegenseitige Verachtung, begegnen sich die Individuen nicht von gleich zu gleich. Die Beziehung ähnelt einem existentialistischen Drama, in dem beide Akteure wechselweise die Rolle des Sklaven und die des Herren spielen. Ironischerweise braucht der Herr den Sklaven zur Aufrechterhaltung seines Herrenstatus: er wird zu dessen Geisel! Der Unterschied zwischen Palästinensern und Israelis liegt in der falschen Ideologie, die die Identität des israelischen Herren entstellt, indem sie ihn als Wohltäter darstellt. Was den Palästinenser anbetrifft, den Sklaven, so weiß er, daß es für ihn von Vorteil ist, das Spiel mitzuspielen. So werden beide zur Verkörperung der niedrigsten Seite der menschlichen Seele. Denn ohne eine klar ausgesprochene Ideologie als Garant gerechter Beziehungen auf der Basis der Gleichheit, ohne Gesellschaftsvertrag gibt es weder Gerechtigkeit noch Frieden.

Dieses durch die Besatzung verursachte ethische Problem entgeht gewissenhaften Israelis durchaus nicht; sie sprechen die durch die Erfüllung des zionistischen Traumes entstandenen Widersprüche aus. In der Folge entstand innerhalb der Grünen Linie eine reiche Literatur zum Thema. Romane, Gedichte, Spiel- und Dokumentarfilme, liberale Vereinigungen schossen aus dem Boden, um die Übel der Besatzung und deren schädliche Auswirkungen auf das kulturelle Selbstverständnis der Juden und der israelischen Gesellschaft bloßzulegen. Demonstrationen, Sit-ins, Proteste und Hungerstreiks werden regelmäßig organisiert, um die Verletzungen der

Menschenrechte durch die israelische Armee im Westjordanland und im Gazastreifen anzuprangern. Doch diese Proteste beeinflussen die Masse der Israelis nicht, denn sowohl die Gestalt als auch der Inhalt, in denen die Problematik ausgedrückt wird, bedrohen die Stabilität des israelischen Staates. Außerdem wird das Thema ständig zurückgestellt, weil die Besatzung für die Sicherheit des jüdischen Staates nötig ist – sagt die Regierung.

Trotz Gewalt und Haß hat die Magie das Heilige Land nicht verlassen. Jeden Freitag gibt es in Westjerusalem ein kleines Schauspiel. Eine Gruppe schwarzgekleideter israelischer Frauen versammelt sich vor dem King's Hotel, um still das andauernde Übel zu betrauern – umringt von höhnisch johlenden, unsympathischen israelischen Fanatikern. Jeden Freitag hält der Kleinlaster des jungen Israeli Ezra Itshaq neben ihnen. Kühn bahnt er sich seinen Weg durch den äußeren Ring und beginnt, jeder der *Frauen in Schwarz* eine rote Rose zu überreichen: sein Beitrag zum Frieden und ein Zeichen seiner Achtung. In der Menge der schwarz Gekleideten entdecke ich zwei vertraute Gesichter: Schoschana Helper und Miriam Eitan.

Ramadan in Jerusalem

Rhythmuswechsel

Ich stehe auf meinem Kuppeldach und warte auf den Sonnenuntergang. Die Gebäude um mich herum sind in ein durchsichtiges Himmelblau getaucht. Bald ertönt der *adan al-maghreb*, der Ruf zum Abendgebet, der im Ramadan das tägliche Ende des Fastens ankündigt. Die Verse, die von den verschiedenen Minaretten um wenige Sekunden versetzt erklingen, vermischen sich zu einer überwältigenden kontrapunktischen Harmonie. Unter meinem Haus, im offenen mamelukischen *hosch* (Innenhof), sitzen bereits meine Nachbarn um ihre Eßtische. Wo ich meine Augen hinwende, warten Väter, Mütter, Brüder und Schwestern auf das Ende des Gebetsrufs, der das Zeichen gibt für das Ende eines weiteren Fastentages. Auch in diesem Ramadan werden die Jerusalemer ihr Fasten nach einem Kanonenschuß unterbrechen, eine Tradition, die meine Generation mit dem Ramadan assoziiert. Jedoch müssen sie beim Morgengrauen ohne den ersten Kanonenschuß aufwachen, um die letzte Mahlzeit, *suhur,* einzunehmen, und sie werden ohne den zweiten Kanonenschuß ins Bett gehen und den *imsak* beginnen, also nicht mehr essen und trinken.

Der *msahher*, ein Mann mit Turban und in fließender *dschellabija*, der mit dem Tamburin in der Hand von

Haus zu Haus ging und dafür sorgte, daß alle wach waren (ein Amt, für das er am Ende des Ramadan eine *idije* bekam, ein Geldgeschenk), ist für viele zu einem undeutlichen Bild geworden. Sein Ruf, der die Schlafenden ermahnte, aufzustehen und zu beten, ist mir noch im Ohr:

> *As-salat hair min an-naum.*
> *Ja naijem, wahhed ed-daim.*
>
> *Beten ist besser als Schlafen.*
> *O Schlafender, bekenne: Einer allein ist ewig.*

Der Klang des Tamburins, das seine Worte rhythmisch bekräftigte, hielt lebendig Schritt mit der Musik, die mich oft aus dem Schlaf weckte.

Ich erinnere mich genau an die Freude, fürs *suhur* aufzustehen. Meine Schwester und ich, kaum zehn und neun Jahre alt, flehten Vater und Mutter an, uns nicht verschlafen zu lassen, sondern uns für das *suhur* aufzuwecken, die letzte Mahlzeit vor dem *imsak*, dem Beginn des *siyam*, des Fastens.

Bei uns gab es nie schweres Essen zum *suhur*, obwohl das bei anderen Leuten üblich war. Fiel der Ramadan in die heiße Jahreszeit, aßen wir nur ein Ziegenkäse-Brot und einen köstlichen, für den Ramadan typischen Pudding, *mawardije*.

Fiel der Ramadan in den Winter, gab es *arschalle*, einen leicht gesüßten Krapfen mit Anissamen, den wir dann in warme Milch tunkten. Wenn es zu kalt war, um aufzustehen, brachte uns Vater die *arschalle* ans Bett.

Vater legte sich danach nicht gleich schlafen, sondern las – eingewickelt in seine irakische Kamelhaar-Abaje – den Koran. Jeden Ramadan las er den ganzen Koran, las die zahlreichen Suren von nachmittags bis frühmorgens. Für meinen Vater war der Ramadan ein »besonderer« Monat, den er mit Gebeten, Koran-Lesen und Meditation verbrachte. Er handelte, als beobachte Gott all seine Taten.

Ich erinnere mich daran, daß er mich als Kind zum Haram esch-Scharif nahm, um auf dem Weg Verwandte zu besuchen, seinen Bruder zu treffen, von dem für einen Tag getrennt zu sein er nicht aushielt, oder um mit Freunden Kaffee im Ansari-Zimmer zu trinken, im Hof um den Felsendom. Sie saßen da und unterhielten sich – es war der einzige Treffpunkt für die Männer der Stadt, die nicht regelmäßig in öffentliche Cafés gingen.

Er war fromm, aber ich sah ihn nie beten. Obwohl seine Familie von altersher eine Gebetsecke im Hof des Felsendoms hatte, ging er nie zu Freitagsgebeten. Doch er war zutiefst gottesfürchtig, was im Ramadan besonders deutlich wurde.

Suhad und ich aßen vergnügt unser Brot, tranken unsere Milch und schworen uns jedesmal, den ganzen Tag zu fasten. Mutter erlaubte uns, bis zu *daradschet es-sahra* zu fasten, wörtlich übersetzt »bis zur Stufe des Felsendoms«, was heißen sollte bis zum Mittag. Tatsächlich bekamen wir das Frühstück gegen zehn Uhr; Mutter konnte es nicht ertragen, uns länger ohne Essen zu sehen.

Ramadanlieder

Nach dem Ende des Fastens trinke ich in meinem Haus in der Wad-Straße, ein paar Schritte vom Felsendom entfernt, die erste Tasse Kaffee, bevor Elena und ich uns zu unseren Ramadanbesuchen aufmachen.

Geräusche fröhlich spielender Kinder dringen herauf; die Kuppel des Arbeitszimmers wirft ihr Echo zurück. Ich bewege mich auf das doppelbögige Fenster zu, steige auf den Sims und blicke durch die Nacht auf die Kinder, die unten im spärlich erleuchteten offenen Innenhof spielen. In besseren Tagen wurden die umliegenden Räume als Ställe benutzt, oder sie beherbergten die Dienerschaft des Hauses, in dem ich jetzt wohne. Die herausgeputzten Kinder rennen freudestrahlend und vor Begeisterung ganz unruhig auf dem Steinfußboden herum.

Bilder aus meiner Kindheit kommen mir in den Sinn. Im Ramadan kamen immer die *hawwaje*, eine Gruppe singender Kinder, mit Laternen in der Hand ihrer Anführer, zu unserer Villa außerhalb des Herodestors. Eine halbe Stunde nach dem *iftar* warteten Suhad und ich schon ungeduldig auf ihre Ankunft, die durch Lieder an der Gartentüre angekündigt wurde:

Um Ali willen kommen wir.
Öffnet eure geschlossenen Säcke
und gebt uns unseren süßen Lohn.
Wir haben uns zwei Bleche voll baklawa verdient.
Wir haben Stöcke dabei,
mit denen halten wir die anderen hawwaje ab.
Und zwei schöne Laib Brot, und Aleppo-Fladen ...

Der Rhythmus verlangsamte sich, und mit langer Betonung auf den Vokalen sangen sie:

> *Und Ali sitzt und saugt an seiner Mutter Brust.*
> *Sein Mund ist perlenübersät,*
> *Denn er ist der Besondere, der Teure.*

Das Finale war eine lebhafte Melodie, die die Belohnung forderte:

> *Gebt uns, gebt uns, die Tage des Geizes sind vorüber.*

Ich sehe immer noch den dunklen Garten vor mir, die fünf, sechs *hawwaje* unter sternenübersätem Nachthimmel, unter dem Silberhauch des zunehmenden Ramadanmondes in seinen verschiedenen Phasen.

Wir standen an der Schwelle des Hauses und durften aus Angst vor Luftströmungen nie hinaus. Jerusalemer fürchten sich sehr vor *madschra al-hawa*, Luftströmungen, denen jegliche Krankheit zugeschrieben wird. Mutter stand besorgt hinter meiner Schwester und mir. Schützend legte sie ihre Hand auf unsere Schultern und bat die singenden Kinder, unsere Lieblingsstrophen zu wiederholen.

Vater blieb im Haus, um zusammen mit seinem älteren Bruder Hasan *jischrab nafas*, wörtlich »Atem zu trinken«, d.h. *ardschile* zu rauchen. Sie waren einander genug; sie waren zufrieden, zusammen zu sein. Da ihr Vater, mein Großvater, Ali hieß, hatte ich immer das Gefühl, zwischen unserer Familie und der von Ali, dem engsten Freund und Vetter des Propheten Mohammed, bestünde eine Verbindung und eine große Ähnlichkeit.

Die Passionsgeschichte wurde uns erzählt, und wir hatten den Eindruck, Hasan und Husein hätten erst kürzlich das Martyrium erlitten. Wegen der tiefen Liebe und Zärtlichkeit zwischen meinem Onkel und meinem Vater schien sich muslimische Geschichte direkt vor meinen Augen zu ereignen. Ich konnte zwischen der Heiligen Familie, Ali und seinen Söhnen Hasan und Husein, und meiner eigenen Familie, Großvater Ali und dessen Kindern, die die gleichen Namen trugen, nicht unterscheiden.

Die singenden Stimmen der spielenden Kinder im *hosch* wecken mich aus meinen Tagträumen:

> *Bil roh bil dam, nifdik ja schahed.*
>
> *Mit unserer Seele, mit unserem Blut werden wir dich erlösen, o Märtyrer!*

Ich bin wieder in der Wirklichkeit, in einer klarer abgegrenzten zeitlichen Situation im nicht weniger tragischen Kontext der Gegenwart. In meinem Gedächtnis erscheinen die tragischen Ereignisse von Beita und Nahalin, deren Bewohner von der israelischen Armee und benachbarten Siedlern aus Rache terrorisiert wurden. Seit dem Martyrium der heiligen Familie in Kerbala haben wir solche Schrecken auch in unseren schlimmsten Alpträumen nicht mehr für möglich gehalten.

Ich erinnere mich an den Anblick einer Bäuerin, die an der Wand der Wad-Straße hockte und aus ihrem geflochtenen Korb Kürbisse, Tomaten und Gurken verkaufte, wie sie nickte und murmelte: »Möge Gott den Seelenfrieden bringen.«

Ich richte meine Augen zum Himmel und denke: »Welche Weisheit steckt hinter Deiner Prüfung?«

Nahalin

»Nehmen Sie den Bus nach Hebron. Steigen Sie direkt vor König Salomons Teichen aus. Warten Sie unter dem Torbogen des heiligen Georg. Irgendwann wird ein Auto anhalten und Sie mitnehmen.« Hawla, meine Studentin, ein lebhaftes, ehrgeiziges Mädchen von neunzehn Jahren, gab mir Anweisungen, wie ich in ihr Dorf gelangen sollte.

Nahalin hat einen aufrüttelnden Klang: *Nahalin* ist ein Adjektiv, das abgeleitet ist von *nahle*, Biene. Das Dorf Nahalin hat seinen Namen vom Bienenfleiß seiner Bewohner. Es besteht aus zwei Stämmen, den Schakarne und den Nadschadschre, die seit langem friedlich in einem komplizierten Netz sozialer Beziehungen zusammenleben, das zum Großteil von den Frauen gepflegt wird. Im Laufe der Zeit sind die beiden *hamail* in Familien zerfallen, jede mit eigenem Namen. Hawlas Familienname, Fanun, kommt von dem Wort *fan*, Kunst. Sie erklärte mir, daß die Familie den guten Namen für das künstlerische Geschick und die hervorragende Qualität erhalten habe, mit der sie jegliche Arbeit ausführte.

Elena und ich waren gerade aus dem Bus ausgestiegen und warteten auf eine Mitfahrgelegenheit, als der Lieferwagen eines Geflügelhändlers anhielt, um uns mitzunehmen. Nahalin ist auch für die Qualität seiner Hühnerfarmen bekannt. Der Fahrer war gerade auf dem

Weg, um eine neue Ladung abzuholen, die noch vor Beginn des Ramadans abgeliefert werden sollte.

Die Hauptstraße nach Nahalin führt durch zwei Dörfer: Al-Khader, ein Pilgerort sowohl für Muslime als auch für Christen, denn es ist der Ort, an dem der Tradition zufolge der heilige Georg den Drachen getötet hat, und Husan, wonach sich die Straße gabelt. Wir bogen in die Straße nach links. Etwa 15 Minuten lang folgten wir einer schmalen, gewundenen Straße, die in den Hügel hineingegraben war. Um uns herum, weiter oben auf dem Berg und entlang seiner abfallenden Seite, waren die Feigenbäume und Weinstöcke noch ohne Blätter. Die Pflaumen und Aprikosen standen schon in Blüte. Noch war die Erde grün und von wilden Blumen überzogen.

Ein hohes Minarett erschien in der Ferne. Der Lieferwagen beschleunigte, als wir den steilen Hügel hinauffuhren. Als wir den Gipfel erreicht hatten, lag Nahalin vor uns. Ein typisches palästinensisches Dorf: in der Mitte die Moschee, der kleine Kuppelbau eines Heiligenschreins außerhalb des Dorfes unter einem dicken Eichenbaum und in allen Himmelsrichtungen Anzeichen städtischer Zersiedlung und Entwicklung. Der alte Kern zerfiel in dem Maß, in dem neue Häuser sich über drei Kilometer hinweg die Abhänge hinauf bis auf den Bergrücken hoch ausbreiteten.

Die Eltern waren nicht zu Hause. Hawla paßte auf ihre Geschwister auf, die seit Beginn der *intifada* nicht mehr zur Schule gegangen waren. Sie erschrak über unsere Ankunft, benahm sich aber sehr liebenswürdig. Später erklärte sie mir, daß sie nicht geglaubt hatte, ich würde je in ihr weit entferntes, verlassenes Dorf kommen. Ihr Vater arbeitete auf dem Feld, und ihre Mutter war nach Jerusalem gefahren, um Lauch zu verkaufen. Hawla studiert Kulturanthropologie. Sie wußte, daß wir uns das Dorf ansehen wollten. Zuerst machte sie mit uns einen Rundgang durch ihr am Hang erbautes Haus. Es war bescheiden, aber äußerst sauber; in der Mitte des Wohn- und Schlafraums stand ein riesiger Fernseher. Anders als die teuren Steinhäuser entlang der Hauptstraße am Dorfeingang war es aus Beton. Ihr Vater, ein traditioneller Bauer, lebte noch von dem, was er auf den Feldern anbaute, und die Mutter verkaufte die Ernte. Das Geld ging in die Erziehung der Kinder.

Die Küche im bäuerlichen Stil war in Übereinstimmung mit den symbolischen kulturellen und religiösen Riten, die das Reine vom Unreinen trennen, von den Schlaf- und Wohnräumen getrennt. Küche und Speisekammer lagen unterhalb des Hauses und hatten einen separaten Eingang. In der südwestlichen Ecke des Gartens stand eine kleine Holzhütte, die meine Frau gleich als den Abort erkannte.

Hawla wußte, daß wir alles sehen wollten, und begann uns die verschiedenen Haustypen des Dorfes zu zeigen. Das Haus ihres Großvaters in der Mitte des alten Dorfteils war typisch für die Architektur eines Bauernhauses in den Hebroner Bergen. Der Spaziergang von Hawlas Haus den Hügel hinab zum Haus ihres Großvaters war anthropologisch unbezahlbar, ein zu Stein gewordener, dreidimensionaler Plan ihrer Verwandtschaft und ein lebendes Gemälde.

Frauen kamen uns entgegen und luden uns zum Kaffee ein. In Nahalin ist jeder mit jedem verwandt oder verschwägert – aber nach Jahrhunderten des Lebens in der gleichen Gegend ist das nur zu erwarten.

Wenn wir dann in einem Haus waren und Kaffee gebraut wurde, zeigte uns die jeweilige Frau ihre handgestickten Kleider. Jede hat ihre eigenen Muster und Farben. Bereitwillig erklärten sie uns die verschiedenen Schnitte der Kleider und die passenden Stickereien. Die Kunst der Stickerei erreicht im viereckigen Bruststück mit dekorativen Arabesken ihren Höhepunkt: stilisierte Muster, die Vögel, Blumen und Weizenähren darstellen, werden auf ein viereckiges Tuch vorne auf dem Kleid gestickt.

Die Stickereivorstellung war beendet, Intimität hergestellt, Bilder der geliebten Menschen wurden hervorgeholt: wir bekamen Photoalben von Geburtstagen, Abschlußfeiern, Hochzeiten und Familientreffen mit Kindern, die jetzt in Kuwait, Abu Dhabi, Detroit oder Boston arbeiten gezeigt.

Während wir auf eine Mitfahrgelegenheit zurück nach Jerusalem warteten, kam eine Frau in traditionellem Bauernkleid mit einem graziös auf dem Kopf balancierten Flechtkorb auf uns zu und lächelte schüchtern.

»Meine Mutter«, erklärte Hawla. »Sie ist vom Markt zurück.« Ihre Mutter hatte noch ein paar nicht verkaufte Stangen Lauch übrig und sah stolz auf ihre Tochter in Jeansrock und Jacke.

In Jerusalem sind die Straßenhändlerinnen, die im Damaskustor hocken, längst keine anonymen Kleinhändlerinnen mehr. Diese würdevollen Frauen sind Individuen, jede mit ihrem Familienalbum. Sie alle könnten Schwestern oder Mütter von Studentinnen und Studenten in meinen Einführungsvorlesungen über Strukturelle Anthropologie sein.

Vor ein paar Tagen fragte ich die zwei Frauen, denen ich zu Beginn des Frühlings Narzissen abgekauft hatte und die jetzt Petersilie, Minze, Salbei und Kamille verkauften: »Wo seid ihr her?«

»Nahalin.«

»Kennt ihr Hawla Fanun?«

»Ist sie die Tochter von *hadsch* Jasser?«

Ich nickte zustimmend. Sie kannten sie.

»Sie nimmt morgens den Bus mit uns zusammen und sitzt dann neben dem Mädchen dort«, sagten sie und zeigten auf ein vierzehnjähriges Mädchen, das die frischen grünen Weinblätter zu hübschen kleinen Stapeln ordnete. »Hawla ist ein sehr ehrgeiziges Mädchen«, erklärten sie voller Stolz.

Ramadan, Freitagmorgen, der 15. April 1989. Auf der Liste der Opfer eines israelischen Überfalls auf Nahalin fand ich, neben vielen anderen, zwei Namen aus der Familie Fanun unter den Toten und vier aus der *hamule* Schakarneh unter den Verletzten.

Als ich am Damaskustor vorbeiging, saßen die zwei Frauen zum erstenmal, seit ich in die Altstadt gezogen war, nicht an ihren Plätzen.

In jener Nacht konnte ich nicht schlafen.

Heute nacht wird es nicht besser sein. Nahalin ist kein namenloses, gesichtsloses Dorf.

Tage der Lobpreisung

Die meisten Anzeichen der mit dem Ramadan verbundenen Festlichkeiten sind verschwunden: Bis spät in die Nacht war der *suq* erleuchtet, denn die Geschäftsleute kehrten nach dem *iftar* zurück, um ihre Läden wieder zu öffnen. Die Straßen und Gassen Jerusalems waren voller Menschen. Einige waren auf ihrem Weg in die Aqsa-Moschee zu den Tarawih-Gebeten, andere – ganze Familien – waren unterwegs, um einen Ramadan-Abend mit ihren Verwandten oder Freunden zu verbringen.

Die Cafés blieben geöffnet, ihre hellen, bunten Lichter schienen bis auf die Straße und blendeten die Augen. Tische und Strohstühle wurden herausgetragen. Über Kartenspielen wurden hitzige Diskussionen geführt; die Spieler waren von Zuschauern umringt, von denen sie begeistert angefeuert wurden. Aus dem aufgeregten Stimmengewirr hörte man einzelne Stimmen nach dem Ober rufen und *findschan ahweh mazbuta* (Kaffee mit besonders viel Zucker), *wahed schai* (Tee) oder *tumbak*, mehr Tabak für die *ardschile,* bestellen. In ruhigen Momenten nahm das gurgelnde Geräusch der *ardschile* hörbar zu.

Mein Vater pflegte in diesen Cafés – Jahrzehnte vor meiner Geburt – der Rezitation epischer Gedichte zuzuhören: Ein Erzähler trug die Geschichten von *Antar* und *Die Abenteuer des Abu Zeid el-Hilali* vor. Was meinen Vater am meisten beeindruckte, war die Geschicklichkeit, mit der der *hakawati* seine Erzählung jeden Abend an einer besonders spannenden Stelle abbrach – so brachte er sein Publikum dazu, am nächsten Abend wiederzukommen, um zu erfahren, wie die Geschichte weiterging.

Hinter zugezogenen Vorhängen hörte man damals fröhliche Stimmen und Gelächter, und auf der Straße drängten sich Menschenmengen, denn der Ramadan ist die geselligste Zeit im palästinensischen Jahr.

Jetzt sind die Straßen fast leer; nur ein paar israelische Soldaten patrouillieren. Alle Zeichen der Feiern, die mit dem heiligen Monat verbunden sind, sind verschwunden. Keine Zeichen der Freude mehr.

Aus dem Haus des Nachbarn tönen Koranverse zu uns herüber, ein Zeichen für Tod und Trauer. Innerhalb der letzten zehn Tage haben zwei Nachbarn Söhne verloren. Meine Frau und ich werden heute abend unsere täglichen Ramadan-Besuche mit einem *akhed khater* beginnen, einem Kondolenzbesuch bei den Eltern des Märtyrers nebenan.

Heilige Zeit / Unheilige Zeit

Der Ramadan ist ein Monat des gesellschaftlichen Verkehrs. Für den Rest des Jahres, in der unheiligen Zeit, ist die Gesellschaft auf den Kreis der unmittelbaren Familie und der engen Freunde konzentriert. Im Ramadan, in der heiligen Zeit, erweitert sich der Kreis auf entferntere Verwandte und zufällige Freunde. Die Stadt hat einen anderen Rhythmus. Jerusalemer besuchen nach dem *iftar* den Bereich des Felsendoms für ein besonderes Gebet, den *tarawih*. Statt der üblichen zwei oder vier Kniefälle und Verbeugungen machen sie im Ramadan acht, zwölf oder zwanzig. Im Laufe der Lesung des ganzen Koran, der langen Nachmittage im Haram esch-Scharif, der abendlichen Tarawih- und der Suhur-Gebete, verändert sich die Beziehung zum Allmächtigen; die Wahrnehmung des Nächsten wird intensiver, die religiösen Gefühle vertiefen sich; auf die Art und Weise, in der die Menschen zueinander in Beziehung treten, fällt ein anderes Licht. Ramadan ist ein Geisteszustand, ein verändertes Bewußtsein.

Ramadan karim (der Ramadan ist freigebig), denn Großzügigkeit ist ein Charakteristikum des Ramadan.

Ramadan karim ist ein Gruß, mit dem die Muslime einander während des Fastenmonats begrüßen. Die Antwort ist *Allahu akram* (Gott ist großzügiger). In diesem formelhaften Austausch wird der Willkommensgruß entrichtet und erwidert, wenn tagsüber ein Gast vorbeikommt. Während des Fastens ist es nicht üblich, das sonst gebräuchliche kalte Getränk oder Kaffee anzubieten. Der Gastgeber entschuldigt sich, indem er *Ramadan karim* sagt, der Gast antwortet, indem er *Allahu akram* sagt. Die Formeln des Austausches sind eine sprachliche Beifügung; sie bezeichnen, unterstreichen und qualifizieren den speziellen Moment als einen besonderen und einmaligen.

Ramadan karim ja, aber *Allahu akram*.

Palästinensische Küche

Ramadan karim. Der Ausdruck löst viele Geruchs- und Geschmackserinnerungen aus. Ramadan-Süßigkeiten, *atajef* und *kulladsch,* kommen einem sofort in den Sinn. Über Nacht entstehen überall in der Stadt Atajef-Stände, und die frischgebackenen kleinen Pfannkuchen werden noch warm kiloweise verkauft.

Atajef heißt im klassischen Arabisch *qatajef.* Im Jerusalemer Dialekt wird *qa* in ein weiches *a* verwandelt, in Gaza in ein *ga* wie in »Gans«: *gatajef.* Bauern andererseits verwandeln *qa* in *ka,* wie in »Katze«: *katajef.* Atajef wird wie eine Crêpe gerollt und mit zerkleinerten Walnüssen gefüllt, darüber kommt etwas Zucker und Zimt. Der Atajef-Pfannkuchen wird zu einem Halbmond geformt und entweder fritiert oder gebacken.

Die Jerusalemer haben eine besondere Vorliebe für *samne baladije*; die *atajefs* mögen sie am liebsten in aromatischer, selbstgemachter geklärter Butter herausgebacken.

Samne baladije ist ein unerläßlicher Bestandteil der palästinensischen Küche: ohne *samne* verliert das Essen seine Substanz, wird zum Imbiß, *nawaschef* – für Gäste ungeeignet.

Samne baladije erhält man, indem man Ziegenbutter kocht, die nur im Frühjahr zu haben ist, wenn sich die Wüste zeitweilig in üppiges Grün verwandelt. Jede Jerusalemer Familie pflegt Kontakte zu den Halbnomaden, die in den umliegenden Bergen wohnen und deren Haupteinnahmequelle die Viehwirtschaft ist: Ziegen und

Schafe. Die beste Zeit, um Ziegenbutter zu kaufen, so wurde Elena von meiner Großmutter unterwiesen, ist während des *sijam ar-rum*, des Fastens der Griechisch-Orthodoxen im Frühjahr, d.h. vierzig Tage vor Ostern. In dieser Zeit fressen die Ziegen nur frisches Gras, und die Christen dürfen, ihren religiösen Gesetzen entsprechend, Tierprodukte weder verbrauchen noch kaufen. So wird das Angebot größer, und die Preise fallen.

Atajef in *samne baladije* ausgebacken und, ehe es serviert wird, ein paar Sekunden in *ater* getaucht, ist das Ramadan-Dessert par excellence. *Ater* wird hergestellt, indem man Zucker mit etwas Zitronensaft und Wasser kocht. Wenn er eingedickt ist, kann man noch Rosenwasser hinzufügen. *Samne baladije* und *ater* machen das Aroma und den unvergleichbaren Geschmack palästinensischer Desserts aus.

Kulladsch, dünne Schichten aus vorgebackenem Grieß und Weizenfäden, ist eine Ramadan-Delikatesse, die besonderen Gästen vorgesetzt wird. Zuerst kommen vier mit Milch und *samne baladije* betupfte Lagen, die fünfte wird mit einer Walnußmasse, wie sie zum Füllen von *atajef* gemacht wird, dick und gleichmäßig bestrichen. Dann kommen noch fünf Schichten. Das Ganze wird gebacken, bis die oberste Schicht knusprig braun ist. Wenn es abgekühlt ist, kommt *ater* oder Ziegenkäse hinzu; der Käse wird über Nacht gewässert, um ihn zu entsalzen.

Außer *atajef* und *kulladsch*, die selbst gemacht werden, gibt es auf Bestellung vom Bäcker zubereitete Süßigkeiten, besonders *nammura, buadsch, asabees-sit*.

Diese Köstlichkeiten aus normalen Teigfädenschichten, mit entsalztem Ziegenkäse oder Schmand gefüllt, mit Pistazien oder Pinienkernen verfeinert und dekoriert, unterstreichen den einzigartigen Charakter des Ramadan.

Auch der köstliche Aprikosenpudding *mawardije* gehört zum Ramadan. Er wird Gästen serviert und zum *suhur* gegessen, oder wenn sich zwei Stunden nach dem *iftar* der Hunger meldet. *Mawardije* wird aus *amar ed-din* hergestellt, der aus getrockneten Aprikosen gemacht ist und in dünnen, viereckigen Bögen verkauft wird. Der syrische *amar ed-din* gilt allgemein als der beste und wird sehr vermißt. Aber da die Lage ist, wie sie ist, haben sich die Jerusalemer murrend mit einer hiesigen, schlechteren Sorte aus Hebron abgefunden. *Amar ed-din* wird in zu Vierecken zusammengelegten Streifen verkauft. Bevor man sie kocht, werden diese Streifen in winzige Stückchen zerkleinert und für ein paar Stunden in warmem Wasser eingeweicht. Die Flüssigkeit wird dann durch ein Sieb passiert, mit Weizenstärke und Zucker nach Belieben gekocht, bis sie eingedickt ist. Einige Leute verfeinern den Geschmack mit Pflaumen (eine sehr saure Sorte namens *arasia*). Als Variante werden frische grüne Blätter der *otra* hinzugefügt, einer immergrünen Pflanze aus der Familie der Geranien, die die Jerusalemer in großen Töpfen ziehen.

»Qais und Jemen« – dunkelorangefarbene *mawardije* auf weißem *mhallabije*, Milchpudding – ist Symbol für nord- oder südarabische Loyalität. Je nach Haushalt ist die oberste Schicht dunkelorange oder weiß; daran erkennt man die fortdauernde Identifikation mit den uralten semitischen Wurzeln, die der modernen palästinensischen Kultur zugrunde liegen.

Im Ramadan ißt man sehr förmlich. Suppe, *schorba*, die die Palästinenser hauptsächlich in der kalten Jahreszeit zu sich nehmen, ist besonders wichtig. Großmutter besteht darauf, daß es während des Ramadan mindestens dreimal *schorbet frikeh*, eine Suppe aus ganzen Weizenkörnern, gibt. Vorspeisen wie *falafel, hummus, sambuske, fattusch, tabbule* und alle möglichen eingelegten Essiggemüse erscheinen täglich auf dem Tisch.

Das Hauptgericht – oder die Hauptgerichte, der Ramadan ist ja *karim* – ist Gemüse, *mahaschi*, gefüllt, oder *jahani*, zusammen mit Fleisch geschmort. Die palästinensische Küche geht mit den Jahreszeiten; ihre Menüs folgen einem festen Muster, dem Ernterhythmus.

Das Auftauchen der ersten Früchte einer Sorte ist ein festliches Ereignis, das viel Aufregung bringt; jede hat ihre eigene, ganz spezielle Aura, *bahdsche*. Wenn das erste Obst des Frühlings in den geflochtenen Körben aus den Bergen auf den Markt kommt, eilen die Palästinenser zum Einkaufen und wünschen einander, daß sie die Jahreszeit noch viele Male erleben mögen.

Frische Mandeln signalisieren das Ende des Winters und den Beginn des wärmenden Frühlings. Die grünen, sauren Mandeln mit Blütenblättern an den Stielen werden auf den sonnigen Veranden verzehrt. Die Leute bieten sie ihren Gästen an, und man wünscht sich gegenseitig *kul sane wi intu salmin* (Möge jedes neue Jahr euch wieder gesund antreffen). Die *bahdsche*, der spezielle

Glanz und die besondere Freude über das erste Obst und das erste Gemüse, ist einzigartig. Den Mandeln folgen bald die Kirschen. Wegen der *bahdsche*, die sie hervorrufen, werden alle Sorten von grünen Pflaumen, Kirschen und Zwetschgen gleichermaßen genossen. Die erste Frucht, die voll zur Reife gelangt, ist die Aprikose. Sie ist nur eine Woche lang reichlich vorhanden; daher kommt der Ausspruch *dschuma mischmischije* (eine Woche wie Aprikosen) für Vergänglichkeit. Danach reifen die Sommerfrüchte, es tauchen verschiedene Sorten von Pflaumen und Zwetschgen auf. Den Höhepunkt erreicht der Sommer mit der Ankunft der Feigen, Weintrauben und Granatäpfel auf dem Markt. Die herbstlichen Datteln und Guaven reifen im September. Im Laufe des Oktobers erscheinen grüne Orangen auf dem *suq*, dem Markt. Das Duftgemisch aus Guaven und Orangen kündigt das Ende des Sommers und den Beginn des trostlosen Winters an.

Die Wintersonnwende liegt im November. Während der Olivenernte geht die Sonne gegen vier Uhr unter, drei Stunden eher als an Sommertagen. Das palästinensische Sprichwort drückt das so aus: »*Ajjam ez-zeit, asbahet amset* (während der Tage der Oliven wünscht man kaum Guten Morgen, da ist es auch schon Zeit, Guten Abend zu sagen).«

Gewürze werden in der palästinensischen Küche sparsam verwendet; die Palästinenser haben eine große Vorliebe fürs Saure. Der besondere Geschmack der palästinensischen Küche entsteht durch die richtige Kombination von Säure (*hamuda*) und Fett (*dasame*). So werden unsere gefüllten (*mahaschi*) Gemüse und die Gemüse-Fleisch-Eintöpfe (*jahani*) in Saucen mit unterschiedlichen Säuregraden gekocht, die verschieden schmecken: nach reiner Zitrone, Joghurt, ungesüßter Tamarinde, Tomaten, saurem Granatapfel oder Frühlingsweintrauben. Gefüllte Karotten und Gurken werden zum Beispiel in saurer Tamarindensauce gekocht, Zucchini, *qussa, jaqtin* und Auberginen *bitindschan battiri*, in Tomatensauce; *jaqtin*, eine Kürbissorte, und *qussa* kann man auch in Joghurt-Sauce kochen.

Das typischste palästinensische Gericht, *malube*, ist ein Schmortopf mit Reis, Hammelfleisch und Auberginen. Es wird nicht in Sauce gekocht. Aber da kein Gericht *naschef*, »trocken«, gegessen wird, nicht einmal das volkstümlichere *kebab* und *schisch kebab*, gegrilltes Fleisch, muß es unbedingt von einem Gurkensalat mit Joghurt oder einem frischen Gemüsesalat mit frisch gepreßtem Zitronensaft begleitet werden. Für den palästinensischen Gaumen sind *hamuda* und *dasame* vollkommen ausgeglichen im Festmahl *el-mansaf*, dessen Hammelfleisch in getrocknetem Ziegenjoghurt gegart wird.

Die Liebe der Palästinenser für das Saure drückt sich am klarsten in der Leidenschaft für noch unreife Früchte aus – frische grüne Frühmandeln sind im April heiß begehrt. Wenn die Blüten noch nicht abgefallen sind, werden die Früchte schon gepflückt und auf den Märkten verkauft. Das gleiche aufregende Gefühl gibt es auch bei grünen Orangen, Kirschen und Pflaumen.

Dasame hat in der palästinensischen Küche verschiedene Formen: reines Olivenöl, *siredsch* (Sesamöl), geklärte Butter und natürliches Hammelfett, *lije*. *Samne baladije* ist notwendig, damit der Reis den richtigen Geschmack bekommt. Ein Löffel davon im *jakne fasulije*, einem Bohneneintopf in Tomatensauce, steigert den Geschmack des am weitesten verbreiteten palästinensischen Gerichts.

Olivenöl ist für Salate und Vorspeisen unerläßlich. *Musahan* ist ein spezielles Bauernessen zur Feier von *hamuda* und *dasame*, wobei statt Hammelfleisch Huhn als Grundlage genommen wird. Huhn wird in einem speziellen Ofen gebacken, dem *tabun*, dessen Hauptenergiequelle Kamel- oder Schafdung ist. Statt auf Reis wird das Huhn auf einem runden Fladen aus Vollkornweizenbrot, mit Zwiebeln bedeckt und langsam in Olivenöl gegart, serviert. Hühnerfett und Öl in riesigen Mengen bringen die *dasame*. Die *hamuda* wird durch eine Mischung aus Zitronensaft (der auch als unerläßlich für die übliche Reinigung der Hühner und die Beseitigung ihres *zanaha*, des üblen Eigengeruchs von Geflügel, erachtet wird) und einem sehr sauren tiefroten Gewürz namens *sumaq* hergestellt.

In Sommer und Herbst gibt es Huhn mit Olivenöl, *sumaq* und mit ölgetränktem Tabun-Brot. So braucht man vor der neuen Ernte das alte Öl auf.

Sesamöl wird zum Braten verwandt. Ein Eßlöffel voll, zusammen mit Hackfleisch, Reis und Gewürzen, steigert den Geschmack von *mahaschi* und verleiht ihm erst den unabdingbaren Geschmack der *dasame*.

Aus Sesamöl macht man *tahine*. Die weiße, dicke, schwere Flüssigkeit gehört unbedingt in *hummus*, ein glattes Püree aus Kichererbsen, *tahine*, reichlich Knoblauch und Zitronensaft; es ist das typische palästinensische Frühstück.

Tahine mit Zucker und Pistazien ergibt *halawe*, das Kinder als süßen Snack mögen; es ist der Erdnußbutter ähnlich, aber mit einer dicken, krümeligen Konsistenz.

Samne baladije, Sesamöl und Hammelfett gehören alle in das beliebteste palästinensische Gericht, *karschat*, gefüllte Därme. Die Vorbereitungen sind mühsam. Mit *karschat* erlangte meine Frau den Status einer echten *bint balad*, einer richtigen Jerusalemerin, als wir fünfunddreißig Verwandte damit bewirteten.

Niemand mag die Arbeit, die zur Vorbereitung von *karschat* nötig ist. Fast fünf Tage Säubern, Zerschneiden, Zunähen, Füllen und Kochen. Die Innereien müssen klein zerteilt werden, nachdem sie mehrfach gewaschen und gründlich gereinigt wurden, bis sie gebleicht und vollkommen geruchlos geworden sind. Dann muß jedes Stück zu einer kleinen Tasche zusammengenäht werden, die anschließend mit Reis, Hackfleisch oder Kichererbsen gefüllt wird. Im eigenen Saft auf Lammknochen gegart, ist *karschat* ein besonders fettes Essen. Die *hamuda* wird in einigen Familien dadurch erzeugt, daß man es in selbstgemachter Joghurtsauce kocht.

Fettreiches Essen gibt es meistens an weltlichen Tagen, aber nie allein. Wenn Mutter, meine Großmutter oder mein Onkel beschließen, *karschat* zu machen, dann kommt es zu einer *azime*, einem Familienessen. In der

Großfamilie darf niemand ein besonderes Gericht zubereiten, ohne die Geschwister, Schwäger und Neffen einzuladen. Jeder muß einmal probieren. Die *azime*, bei der die Mahlzeiten der jeweiligen Jahreszeit zubereitet werden, liefert einen immer wiederkehrenden Vorwand für die Veranstaltung von fröhlichen Familientreffen.

Nach einem langen Fastentag kommt schweres, fettes Essen nicht in Frage. Nach der Suppe, bei den Salaten und Vorspeisen, ist man bereits so voll, daß man nicht weiteressen kann. Um Magenkrämpfe wegen Völlerei um acht Uhr abends zu vermeiden, ißt man nur leichte Sachen zum *iftar* und nimmt während der endlosen nächtlichen Ramadan-Besuche Kleinigkeiten zu sich. Gekochtes, *mahaschi* und *jahani*, wird aufgewärmt und zum *suhur* gegessen.

Das Auftragen des Iftar-Mahls erfolgt nach dem festen Muster der *sunna*, dem Leben und den Taten des Propheten Mohammed, wie sie von seinen Gefährten aufgezeichnet und von seinen Ehefrauen beschrieben wurden. Mindestens eine Viertelstunde vor dem Gebetsruf muß man seinen Platz am Tisch einnehmen.

Man beendet das Fasten mit einem Glas Wasser und zwei Datteln. »Beim Wassertrinken gibt es eine Vorschrift«, unterrichtete mich ein sachkundiger Beduine, »man trinkt es nicht in einem Zug, sondern langsam in drei Schlucken und mit Pausen dazwischen.«

Im Ramadan wird das Essen in folgender Reihenfolge aufgetragen: Suppe, Vorspeisen, Hauptgericht. Danach verläßt jeder den Tisch, um im Wohnzimmer, wo bald darauf die Gäste empfangen und großzügig bewirtet werden, Kaffee zu trinken und ein Dessert einzunehmen. Der Ramadan ist *karim*.

Die Nacht des Schicksals

Der Ramadan ist *karim*, weil der Koran am 27. des Mondjahresmonats Ramadan offenbart wurde, bekannt als *leilat al-qadr*. In dieser Nacht öffnet sich nach weitverbreitetem Glauben der Himmel und der Wunsch dessen, der Zeuge des wundersamen Ereignisses ist, geht in Erfüllung. Früher versammelten sich die Leute dann im Haram esch-Scharif, beteten und hofften, daß ihre Bitten als ein Zeichen göttlichen Segens erhört würden. *Leilat al-qadr*, die Nacht des Schicksals: in ihr öffneten sich die Himmel, und der Koran wurde herabgesandt, *leilat nuzul el-Quran el-Karim*. Im muslimischen Glauben geht man davon aus, daß der Koran nicht in einem bestimmten Moment erschaffen wurde, sondern daß er ewig ist. Deshalb wird so viel Wert auf den Begriff der »Offenbarung« gelegt.

In der Hochzeit der muslimischen Kultur hatten gewitzte Dialektiker das spitzfindige Argument entwickelt: »Wenn der Koran ewig ist, dann ist er genauso ewig wie Gott!« Logisch schlossen sie auf die Existenz zweier Ewigkeiten: der Gottes und der des Korans. Für diese Philosophen, die *mutakallimun*, stand dieser Dualismus im Widerspruch zu dem strengen Monotheismus. Eine der beiden Ewigkeiten mußte fallengelassen werden, und das war die des Korans. Viele Jahrzehnte lang führte das aus der griechischen Zivilisation ererbte dialektische Denken zu einer positivistischen Verdinglichung des Korans, die in der Erkenntnis gipfelte, daß er erschaffen sein muß. Später in der Entwicklung der muslimischen Theologie löste al-Ghazali diesen logischen Fehler auf.

Die Nacht der Offenbarung nimmt in der muslimischen Theologie eine zentrale Stellung ein und gibt dem Ramadan einen besonderen Status. Aber der theologische Konflikt zwischen den Dialektikern und den muslimischen Philosophen sowie die ganze Problematik von Erschaffung und Ewigkeit des Korans berührten mich im Alter von zwölf weder emotional, noch bekümmerten sie mich intellektuell.

Die jordanische Regierung hatte gerade die Restaurierungsarbeiten am Felsendom abgeschlossen und statt der alten, verblaßten Bleikuppel die neue goldene aufsetzen lassen, die mit ihrem Glanz die Augen blendete. Als ein *dschahel*, ein unwissender Junge, wartete ich auf *leilat al-qadr*. Ich wartete ungeduldig auf den nächtlichen Ausflug, wenn meine Onkel Mohammed, Husein, Wadschih und Isaaq uns durch das Labyrinth der Altstadtgassen zum Felsendom bringen und wir endlich zum Haram esch-Scharif gehen würden, wo wir bis zum Sonnenaufgang blieben.

Die religiösen Feste vermischten sich in meinem Kopf; alles war so verwirrend, daß ich *leilat el-qadr* und *leilat al-isra wal miradsch*, die Nacht von Mohammeds nächtlicher Reise nach Jerusalem, verwechselte. In beiden heiligen Nächten kamen meine Onkel mütterlicherseits und nahmen uns mit auf eine Reise durch die Altstadt.

Unterwegs kamen wir an Jungen und Mädchen vorbei, die Bleche mit *kaek* und *mamul* zu den Öfen des Viertels trugen und wieder zurück. Es waren die letzten drei oder vier Tage des Ramadan, und die Vorbereitungen für das kleine Fest (*Id el-Fitr*) zum Ende der Fastenzeit waren im Gange. Der Geruch brennenden Olivenholzes, mit dem die öffentlichen Öfen beheizt wurden, das feine Aroma des frischen Gebäcks, mit Weihrauch gewürzt, das waren magische Momente unter dem dunkelblauen Himmel.

Ich fragte meinen Vater, ob sich ihm je der Himmel geöffnet habe. Er bejahte das. Ich erinnere mich, wie ich ihn fragte:»Was hast du gesehen? Worum hast du gebeten?« Seine Antwort war rätselhaft. Er sagte, er habe Licht gesehen, aber er habe um nichts gebeten.»Warum hast du dir denn nicht ein paar Millionen Dinare gewünscht?« nörgelten meine Schwester und ich. Er antwortete, was er gesehen habe, sei so schön gewesen, daß er nicht daran habe denken können, um etwas zu bitten. Er sei einfach überwältigt gewesen vom Glanz des Augenblicks.

Vater hatte andere Werte, Ziele und eine andere Ethik als meine Generation. Er war ein *hamidi*, geboren und aufgewachsen in der Zeit des türkischen Sultans *Abd el-Hamid* (1876-1909). Alles an ihm war anders, sogar seine Handschrift war so wie die arabische Kalligraphie, die man auf alten türkischen Manuskripten sieht. Er versuchte sein Bestes, in uns die Tugend einzupflanzen, so wie seine Generation sie verstand. Sich nach Geld zu sehnen, Ruhm und Pracht zu erstreben, die Aufmerksamkeit auf sich zu lenken, darüber wurde die Stirn gerunzelt. Uns schien dies bizarr, und wir fanden *hamidi* blöd.

Mein Vater, der mit 58 Jahren geheiratet und ein neues Leben begonnen hatte, wiederholte immer, daß seine einzige Bitte an Gott *sutra* sei, d. h. stets genug zu haben, nie auf jemanden angewiesen zu sein und so Stolz und Würde zu wahren. Wir fanden, daß das Leben weit mehr sei als *sutra*. Suhad und ich wollten einen Lebensstil, der über die von *sutra* gesetzten Parameter hinausging. Er antwortete, daß man mit dem zufrieden sein müsse, was man habe, denn das Gefühl innerer Zufriedenheit sei ein unerschöpflicher Schatz, *el-qanaa kanzun la jafna*.

Im Laufe der Zeit wurde mir die Bedeutung klar, die seine Werte bei der Ausprägung meines Charakters hatten.

Seit kurzem verstehe ich meinen Vater besser. Meine Frau und ich waren auf dem Weg zu einem Ramadan-Besuch. Ich schaute zum schönen sternenübersäten Himmel hinauf, als eine Sternschnuppe, ein Meteor, sich vor mir zu bewegen begann. Ich hätte sofort etwas wünschen sollen, und es gibt so viele Sehnsüchte in mir, die darauf warten, in Erfüllung zu gehen. Aber der Meteor war riesig. Ein wunderschöner orange-bläulicher Glanz umgab den massiven, brennenden Brocken, dessen Lichtspur Richtung Suwaneh am westlichen Abhang des Ölbergs zog. Ich stand wie angenagelt an meinem Platz; mein Verstand war ausgeschaltet.

Meine künstlerische Sensibilität und all mein Talent sind, trotz der Politur durch Erziehung und Training, Erbe meines Hamidi-Vaters.

Die Hamidi-Haltung zum Leben war eine asketische, analytische, kontemplative Sicht, die ihren besten Ausdruck in der türkischen und persischen Miniatur findet. In diesen Kunstwerken wird das Ideal des 19. Jahrhunderts dargestellt: ein Mann in kontemplativer Stimmung mit einer Rose, deren Duft er einatmet, in der einen und einem Buch in der anderen Hand. Das Schwert, eine schöne geschwungene Linie, hängt senkrecht herab von einer gleichfalls eleganten, aber viel dünneren Linie, die sich um seine Taille schlingt und einen Gürtel andeutet. Denn die *hamidi* achteten sehr auf Schönheit, waren für sie sehr empfänglich. Die Neigung für alles Verfeinerte und Künstlerische, *sababa*, umfaßt auch die Leidenschaft für Anekdoten, Musik, Dichtung, Kalligraphie, Natur, kurz: die Liebe zu allem, was schön und bezaubernd ist.

Wegen Vaters wunderschöner Kalligraphie hatte ich nie den Mut, mit der Hand zu schreiben. Auch jetzt benutze ich immer die Schreibmaschine. Ich erinnere mich noch an seine schönen Koran-Rezitationen bei Großmutter während unserer wöchentlichen Besuche. Wir verbrachten jeden Freitag mit ihr, und erst wenn der Koran rezitiert war, gab es Musik und Lieder von Abdel Wahhab und Saijed Darwisch. Zusätzlich zu seiner Meisterschaft auf der *ud* und am Klavier hatte er eine sehr schöne Stimme, aber für ihn wäre Kunst als Beruf, zum Geldverdienen, nie in Frage gekommen. Sein Verständnis von *rida* und *sutra* sowie seine Zufriedenheit mit dem Leben und dem kleinen Kreis enger Freunde und der Familie ließen ihn jede öffentliche Selbstdarstellung vermeiden.

Seine Worte haben immer noch ihr Echo in meinen Ohren, *ar-rida kher min as-saade*, eine Wahl treffen, die man akzeptiert, und an diese Wahl glauben; der Zustand der *rida*, der Annahme des Gegebenen, ist besser als vergängliches schwankendes Glück, *as-saade*.

Neumond

Durch den ständigen Unruhezustand sind die meisten äußeren Anzeichen der Festlichkeiten für den heiligen Monat Ramadan verschwunden. Von meinem Dach aus erkenne ich Lichterketten, die traurig auf den Minaretten leuchten und die Zeit als eine besondere, herausgehobene kennzeichnen. Nur die Freude in den Herzen der Kinder und das tiefe Gefühl von Frömmigkeit, das die Erwachsenen ausstrahlen, sind als Zeugnis der Bedeutung, die dem Ramadan im muslimischen Kalender zukommt, übriggeblieben.

In keinem anderen Monat des muslimischen Mondjahres gewinnt der Himmel über uns solche Bedeutung. Das Interesse beginnt mit der Suche und dem Auffinden der ersten dünnen Linie der Mondsichel, die die Geburt des neuen Monats ankündigt. Deshalb schauen die Menschen ständig nach oben, beobachten das schrittweise Zunehmen und Abnehmen, bis der Ramadan-Mond verschwindet und die Suche nach dem neuen Mond, der neuen Mondsichel, beginnt.

Wenn zwei vernunftbegabte, erwachsene Männer den Mond gesehen haben, verkündigen die religiösen Autoritäten den Beginn des *Id el-Fitr*, des kleinen Festes, mit dem das Ende der Fastenzeit gefeiert wird.

Das große Fest ist das *Id el-Adha*, das Opferfest, das die Gründung des arabischen Volkes symbolisiert, als es unserem Urahn Ismael, dem ältesten Sohn Abrahams, erspart wurde, geopfert zu werden, indem an seiner Stelle ein Opferlamm geschlachtet wurde. [Im Gegensatz zu Juden und Christen glauben die Moslems, daß nicht Isaaq, sondern Ismael von Abraham geopfert werden sollte; A.d.Ü.]

Den ganzen Tag über sieht man Kinder in den Gärten außerhalb der Mauern Jerusalems; jedes weidet stolz sein Lamm. Sie sind erstaunlich weiß und rein. Elena und ich sind uns ganz sicher, daß jeder Junge sein Lamm mit Sanso wäscht, bevor er es spazierenführt.

Gegen Ende des Ramadan beginnen fromme Muslime, die Pilgerfahrt nach Mekka und den Besuch des Prophetengrabs in Medina vorzubereiten. Während der Pilgerfahrt, *el-hadsch*, wird die Verwandtschaft der Muslime mit Abraham über seinen Sohn Ismael rituell zum Ausdruck gebracht. Die Pilger laufen siebenmal um die *kaba*, die von Abraham erbaut worden sein soll. In Nachahmung Haggars, Abrahams ägyptischer Frau, die Wasser suchte, um den Durst ihres Säuglings Ismael zu löschen, laufen die Pilger zwischen As-Safa und Al-Marwa hin und her. Das Kind zapfte eine verborgene Quelle an, als es gegen den Boden trat. Die Rettung Ismaels (der als Urahn der Araber gilt) und ihre arabische Herkunft begehen die Pilger im Ritual des Trinkens aus der Quelle Zamzam.

Die Pilgerschaft erreicht ihren Höhepunkt im Opfer von Tausenden von Lämmern am Berge Arafat. Hier, so glauben die Muslime, hat Gott Gabriel mit dem Bock für das Sündopfer geschickt, um Ismael, den Vater der Araber, zu retten und so die Kontinuität der Dynastie nordarabischer Propheten zu sichern, deren letzter der Prophet Mohammed ist.

Ramadan karim: Von meinem Haus in der Altstadt aus beobachte ich die Väter und Mütter, Brüder und Schwestern, die sich um den Tisch drängen und auf das *iftar* warten.

Im Schatten der *intifada* hören die Jerusalemer kaum die Kanonenschüsse, aber die Koran-Rezitationen und die abendlichen Gebetsrufe von den Minaretten dringen in jedes Haus.

Der Märtyrer

Er fehlt mir,
wie er nach der Schule das Haus betritt.
Er fehlt mir,
wie er erfrischt aus der Dusche kommt.
Er fehlt mir, wie er zu mir in die Küche kommt,
wo ich am Kochen bin.
Ich sehe seine leere Matratze und sage mir:
Das war's nicht, was ich als dein Schicksal
erträumt hatte.
Umm Aschraf, Gaza, 6. Mai 1989

Ein Familienbild

Umm Aschraf und Abu Aschraf stellten sich mit ihren Kindern zu einem Familienphoto auf dem Dach ihres Hauses in Gaza auf. Jeder wählte seine Position nach seinem Rang in der Hierarchie der traditionellen arabischen Familie. Aschraf, der älteste Sohn, stand neben Vater und Mutter hinter seinen Geschwistern. Die achtjährige Mirfat hielt die zwei jüngeren Schwestern fest. Die Mutter hielt ein Kleinkind auf dem linken Arm. Den rechten Arm hatte der Vater sanft um Umm Aschrafs Schulter gelegt (eine seltene öffentliche Demonstration ihrer Zuneigung), der linke Arm lag entspannt auf der Schulter des vor ihm stehenden Zweitgeborenen Scharif, der seinen Kopf auf den beruhigenden väterlichen Arm legte. Die Pose fürs Familienphoto brachte die Mitglieder der modernen palästinensischen Kleinfamilie einander so nahe wie möglich. Auf dem glänzenden Papier wurden die Gefühlsbande zwischen ihnen sichtbar und zugleich als glückselige Erinnerung eingefroren. Der Onkel mütterlicherseits, *el-khal*, hatte das Photo aufgenommen, als er einmal die Schwester besucht hatte und seine Kamera dabei hatte.

Ein Held weint

Das Schifa-Krankenhaus in Gaza war nicht so schäbig, wie ich es erwartet hatte. Die Wände hätten gestrichen werden können, der Boden hätte sauberer und die Bettwäsche und Decken für die Patienten in einem wesentlich besseren Zustand sein können. Doch an diesem ersten Tag des *Id el-Fitr* beschwerte ich mich nicht. Ich hatte mich auf das Schlimmste eingestellt.

Die Schmerzensschreie eines Jugendlichen zogen unsere Aufmerksamkeit auf sich. Wir eilten zu seinem Bett. Er hatte hohes Fieber und war von Furcht und Schmerz überwältigt. »Sie haben sich nicht richtig um mein Bein gekümmert«, murmelte er. »Sie haben den Gipsverband angelegt, ohne die drei Blätter zu entfernen, die in der Wunde lagen. Ich werde mein Bein verlieren.« Er schrie: »*Jamma, ja habibti* (oh Mutter, geliebte)!«

Dann plötzlich hörte er auf zu jammern und sich vor Schmerz zu winden, seine Augen verloren ihren Glanz, und er stammelte im Delirium: »Warum spielen wir nicht Karten?«

Ich nahm meinen Mut zusammen und sah mir sein Bein an. Es steckte in einem frischen, schon blutverschmierten Gips. Die Zehen schauten unten dunkelblau heraus.

Ich wünschte, ich wäre Arzt.

Normalerweise wird mir beim Anblick von Blut schlecht. Ich kann den Anblick menschlichen Blutes und menschlicher Verletzbarkeit nicht ertragen. Ich mag die Ambivalenz von Mitleid und Bedauern nicht, in ihnen steckt Herablassung. Ich gehe entsprechenden Situationen gern aus dem Weg. Selbst als Kind wollte ich nie Arzt werden. Das Bild des Menschen als Bündel von Haut, Muskeln und Knochen ist angsterregend. Meine Wahl, als Anthropologe kulturelle Symbole zu sezieren, ist kein Zufall. Ich habe mich für die Analyse der geistigen Aspekte des Menschen entschieden und gegen alles, was mich an unsere Körperlichkeit erinnert. An diesem Tag, dem 6. Mai 1989, in Gaza konnte ich vor den Schreien eines schmerzgequälten Mitmenschen nicht wegrennen.

Die Schreie des Jungen, der ausgestreckt auf dem Krankenbett lag, begannen von neuem. Er war wieder bei Bewußtsein, und der Schmerz war unerträglich. »*Jamma, ja habibti, jaba* (Mutter, meine Liebste, Vater)!« schrie er. Er begann sich zu winden und fing an zu weinen.

»Sei ein Mann, reiß dich zusammen«, hörte ich eine Stimme sagen.

»Der Doktor wird gleich bei dir sein«, hörte ich die beruhigende Stimme eines anderen Mannes.

»*Aib* (Schande)«, rief ein weiterer, »ein Held, der weint!«

Der Jugendliche hörte auf, seinen Rumpf, seine Arme und seinen Kopf hin und her zu werfen. Er bat mich, zur Seite zu gehen, ihm aus der Sicht zu gehen. Er hielt Ausschau nach einem bekannten Gesicht, doch da war keines. Furcht ergriff ihn, er schrie und wand sich vor Schmerz.

Ein sechsjähriges Kind, das sich vom Arm des Vaters losgemacht hatte und ins Zimmer gekommen war, erschrak und begann aus Mitleid mit dem älteren Jungen, der vor Schmerz schrie, zu jammern. »*Jaba, ja baa* (oh Vater)!« Elena fing zu weinen an, ihr war schwindelig; eine Frau begleitete sie nach draußen.

Ich wünschte, ich wäre Arzt.

Vor ein paar Tagen ging ich bei meiner Großmutter, Umm M'hammed, vorbei. Sie schien ganz aufgelöst. »Was ist los?« fragte ich. Sie trauerte um zwei junge Tauben und ihre Katze. Die zwei jungen Tauben waren von der Pinie in ihrem Garten gefallen, und die Katze hatte sie verschlungen. Noch am selben Morgen hatte ein Kater ihre Katze angegriffen und ihr die Jungen weggefressen. »Und nun sieh sie dir an, sie läuft ununterbrochen im Haus herum und ist traurig, ohne zu verstehen, worüber sie traurig ist.«

Meine Großmutter und meine Tante Widschdan waren in letzter Zeit nicht glücklich. »Sie versuchen, uns umzubringen«, beschwerte sich Tante Widschdan angeekelt. »Das Leitungswasser ist nicht trinkbar, es ist voller Chemikalien.« Meine Großmutter sah traurig aus in ihrem Bett neben dem Fenster, in dem sie gewöhnlich bis 10 Uhr liegen bleibt. »Ich kann nicht einmal mein Fenster offenlassen. Unsere Jasmin- und Geißblattbüsche unter dem Fenster stehen in Blüte, und ich kann die frische Luft nicht atmen. Jedesmal wenn ich das Fenster öffne, nimmt uns das Tränengas den Atem!«

Ein Photo für den Personalausweis

Umm Aschraf und Abu Aschraf hielten sich gut, als wir sie am ersten Tag des *Id el-Fitr*, am Ende des Ramadan, besuchten. Der Verlust ihres jüngeren Sohns Scharif wurde in religiösen Formen verarbeitet, ihre Trauer als göttliche Prüfung verstanden. »Kinder«, erklärte der Vater, »sind uns nur anvertraut, und derjenige, der sie uns anvertraut hat, hat sein Gut zurückgenommen.« Die Mutter, die Stärke und stolze Belastbarkeit ausstrahlte, sagte schließlich: »Alles wird klein geboren und wird größer, außer der Traurigkeit, die groß geboren wird und kleiner wird.«

Scharif al-Hatib starb an dem Tag, an dem er seinen Personalausweis erhielt. Das letzte Photo von ihm ist das auf dem Personalausweis. Er ist gerade sechzehn Jahre alt. Er hat noch keinen Schnurrbart. Seine blauen Augen sind durchdringend. Das Bild des gerade in die Kamera Starrenden verrät Unschuld und starke Verunsicherung.

Im Gegensatz zu mir hat seine Mutter ihn als Lebendigen in Erinnerung:

> *Er fehlt mir,*
> *wie er nach der Schule das Haus betritt.*
> *Er fehlt mir,*
> *wie er erfrischt aus der Dusche kommt.*
> *Er fehlt mir, wie er zu mir in die Küche kommt,*
> *wo ich am Kochen bin.*
> *Ich sehe seine leere Matratze und sage mir:*
> *Das war's nicht, was ich als dein Schicksal*
> *erträumt hatte.*

Eine Frage der Identität

Der Arzt kam. Ich erkannte ihn, ein Kommilitone, den ich seit über dreizehn Jahren nicht gesehen hatte, seit unserer Studienzeit in Bir Zeit.
»Wo tut es dir weh?«
»Überall«, murmelte der Junge.
»Konzentriere dich, und sag es mir genauer.«
Doch Schmerz und Angst verwirrten den Jungen zu sehr, um vernünftig zu antworten. Der Arzt untersuchte das Bein. Er fragte die Krankenschwester nach der Röntgenaufnahme.
»Wie heißt du?« fragte er.
Stille.
»Wie heißt du?« wiederholte der Arzt.
Der Junge konnte sich nicht erinnern, welchen Namen er benutzt hatte. Die Männer um das Bett herum sahen sehr beunruhigt aus. Die Schmerzensschreie wurden immer lauter. Der Junge suchte noch einmal nach

einem vertrauten Gesicht; enttäuscht fuhr er fort, sich vor Schmerz zu winden und zu heulen: »Mein anderes Bein tut auch weh. Ich werde beide Beine verlieren!« Die Krankenschwester kam mit einer Röntgenaufnahme zurück. Der Arzt studierte die Aufnahme genau. Er wandte seine Aufmerksamkeit auf die dunkelblauen Zehen und gab dem Jungen Anweisungen: »Schau nicht hin«, er berührte die Zehen und fragte dabei den namenlosen Patienten: »Welchen Zeh berühre ich jetzt?«
»Ich weiß es nicht«, schrie der Junge voller Angst.
»Das ist ernst«, sagte der Arzt streng. »Konzentriere dich, und gib eine klare Antwort.«
Gespannt hörten alle zu reden auf.

In meiner anthropologischen Vorlesung an der Jerusalem Arab University hatte ich große Schwierigkeiten, »Identifikation« ins Arabische zu übersetzen. Was das deutsche (bzw. englische) Wort »Identifikation« (*identification*) bezeichnet, sein Bezug zum Begriff der »Identität«, hat im Arabischen keine Parallele; nur für die Bedeutung »völlig gleich, deckungsgleich« gibt es Äquivalente.

Im Gegensatz zur arabischen Literatur geht es in der Kultur des Westens von Anfang an um das Selbst. In der griechischen Mythologie beginnt Ödipus diese Suche nach dem Ich, indem er seine »wahren Eltern« sucht: ein Thema, das Form und Inhalt der klassischen Tragödien bestimmt. Dieser Rückbezug auf sich selbst, das gesteigerte Bewußtsein des eigenen Selbst, von dem man entfremdet ist und das man erkennen will, findet seinen schönsten Ausdruck im delphischen Motto: »Erkenne dich selbst.« Indem die moderne Psychoanalyse »dem Unbewußten« einen Ort im geistigen Leben des Menschen zuweist, bringt sie diesen Ansatz zum Abschluß. Freud legte großen Wert darauf, daß das Unbewußte durch den komplizierten Prozeß des Mitleidens und der Identifikation geprägt wird, den das Kind in der sogenannten ödipalen Phase durchläuft. Die Suche, die Entdeckung und die Aussöhnung mit einem Ich, von dem man entfremdet ist, ist kein Gegenstand muslimischen Denkens. Mitleid, *schafaga*, ein unabdingbarer Aspekt der Identifikation mit dem eigenen Ich durch Vermittlung des anderen, drückt im Arabischen etwa das gleiche aus wie im Englischen oder Deutschen. Aber ist der Diskurs, die Sprache notwendig, um die Erfahrung zu machen? Kann man mit jemandem mitfühlen, kann man sich mit dem anderen identifizieren ohne die positivistische Vermittlung der Sprache?

Eine Familie

Die Stimme des Arztes erklang wieder. In bestimmtem Ton erteilte er Anweisungen: »Beruhige dich, hör auf zu schreien, und laß mich dir helfen: Welchen deiner Zehen berühre ich?« Die Stimme des Jungen, vom Schmerz gedämpft, murmelte: »Der mittlere Zeh – der große Zeh.« Alle atmeten erleichtert auf. Der Arzt spritzte ihm ein Schmerzmittel und ging. Noch einmal schaute sich der Junge nach einem bekannten Gesicht um und erlebte die gleiche Enttäuschung. In seinem Dorf galt eine Ausgangssperre, niemand von dort konnte in Gaza sein. Die meisten anderen Verwundeten waren aus dem Lager Dschabalja.

»Wir sind keine Fremden«, versicherte ein Mann.

»Wir sind alle eine Familie«, sagte ein anderer.

Der namenlose palästinensische Jugendliche nahm seinen ganzen Mut zusammen und sah auf sein verletztes Bein hinunter. Sein Blick blieb an den zerrissenen, blutbefleckten Hosen hängen, die schlaff an seinem Hintern hingen. Erschreckt schrie er: »Schneidet das weg!« Ein Mann kam mit einer Schere und schnitt den blutverschmierten Stoff ab.

Das Schmerzmittel hatte zu wirken begonnen. Die geballte Faust des Helden entspannte sich, seine zusammengepreßten Lippen lockerten sich. Seine Angst nahm ab. Er wurde ruhig. Er versuchte, an den Nachttisch zu langen, konnte ihn aber nicht erreichen. Einer der Männer wollte ihm helfen. Der Jugendliche bat ihn, aus der Schublade eine Schachtel mit Süßigkeiten herauszunehmen. Er nahm sie in die Hand, öffnete die Verpackung, lächelte und bot allen *baklawa* an.

»Frohes Fest.«

»Ein gutes Neues Jahr.«

»Mögest du das Fest noch oft glücklich und gesund erleben.«

Im Gedächtnis höre ich Umm Aschrafs Stimme.

»Nein, *Id el-Fitr* war nicht traurig«, hallen ihre Worte wider, »im Gegenteil: die vielen Leute, die sich um uns versammelten, verwandelten den Vorfall in ein Nationalfest.« Für ein paar Augenblicke hielt sie inne, dann

fügte sie erklärend hinzu: »Wen Gott liebt, den läßt er von allen geliebt werden, und Scharif hatten alle gern.«
Umm Scharif sieht ihren Sohn immer noch lebendig. Sie sieht ihn ins Haus kommen, wenn er von einem Botengang heimkommt.
Sie sieht ihn erfrischt aus der Dusche treten.
Sie sieht ihn in die Küche kommen und sie überraschen, wenn sie kocht.

Sommer 1990

Terror in Tqu

Außerhalb von Tqu steht ein grünes Straßenschild mit dem Namen der palästinensischen Stadt in drei Sprachen, Hebräisch, Englisch und Arabisch. Wir waren an einer Kreuzung und zögerten, in welche Richtung wir fahren sollten. Ich kannte die Gegend nicht, denn es war meine erste Fahrt in die Wüste östlich des Hirtenfelds von Bethlehem. Links schlängelt sich eine gut ausgebaute Straße in Richtung auf eine gut sichtbare israelische Siedlung, die den alten biblischen Namen Teqoa trägt. Die andere Straße führt in die arabische Stadt unseres Freundes Abu Hasan, die noch nicht zu sehen war. Zuerst als Bauarbeiter, dann als Freund, wurde er ein regelmäßiger Besucher, seit wir in die Altstadt gezogen waren. Seit drei Monaten hatte uns Abu Hasan nicht mehr besucht, und seine lange Abwesenheit beunruhigte uns.

Wir hatten uns an Abu Hasan gewöhnt und freuten uns auf seine Besuche. Monate nachdem er seine Restaurierungsarbeiten in unserem Haus beendet hatte, kam er immer noch früh am Morgen, um eine Tasse Tee zu trinken. Er brachte uns dann Hausgemachtes mit, von seiner Frau am selben Morgen im *tabun* gebackenes Brot oder getrocknete Ziegenjoghurtbällchen von seiner Mutter. Er erzählte uns endlose Geschichten über sein Dorf und die dortigen Sitten. Während er Minztee trank, bat er um die Erlaubnis, in mein Arbeitszimmer zu gehen. Er stützte dann den Kopf auf die Hände, die er um sein Kinn gelegt hatte und bewunderte die perfekte Rundung der Kuppel und die gerade gezeichneten Kanten der Bögen, die er verputzt hatte.

Ich hatte meine Staffelei bereits aufgestellt, überall standen Leinwände in verschiedenen Vorbereitungsstadien. Er vermied es, sie anzusehen. Einerseits gehört es sich nicht, Neugierde zu zeigen, andererseits waren die Bilder für ihn offenbar ohne Bedeutung. Daran gewöhnt, erkennbare Alltagsobjekte zu sehen, erwartete Abu Hasan von einem gemalten Bild photographisch vertraute Sichtweisen mit klaren Parallelen zur Außenwelt. Meine Gemälde enttäuschen jedoch solche Erwartungen: statt sich mit Objekten der Wahrnehmung zu befassen, beschreiben sie mit Farbe, Linie, Schatten und Licht das Sehen selbst. Einmal fragte er mich nach dem »Sinn« meiner Gemälde. Ich fing an, ihm zu erklären, daß Kunst nicht auf Dinge Bezug nehmen muß. Er sah mich aufmerksam an, aber ich konnte sein Interesse nicht wecken. Rückblickend habe ich das Gefühl, daß er sich in seiner Weise einen eigenen Zugang zu ihnen verschafft hätte, wenn ich ihn mit den Arbeiten alleine gelassen hätte.

Elena und ich bewunderten Abu Hasans außerordentliches handwerkliches Können, seinen Sinn für Schönheit und seine intuitive, zur Synthese führende Intelligenz: er war ein geborener Handwerker. Elena wollte eine Trennwand haben und erklärte ziemlich allgemein, wo er anfangen solle. Abu Hasan nahm seine nachdenkliche Haltung ein. Sein Körper neigte sich, halb um den Rumpf gedreht, sein linkes Bein war leicht gebeugt, während das andere sein Gewicht trug. Er legte die linke Hand über seinen Bauch, der andere Arm, auf den Ellenbogen gestützt, trug das Kinn – er verlor sich in das Projekt, das vor ihm lag. Kontemplativ griff er die verschiedenen Elemente heraus, analysierte und organisierte sie – ganz ohne irgend eine abstrakte Methode, nach der man den Abstand oder die Menge des benötigten Materials berechnet. Er begann nicht an der Wand, sondern setzte an einem scheinbar beliebigen Punkt im Zimmer an. Wir sahen zu, wie er die Steine zusammenfügte – perfekt. Außerdem brauchte er Zement, Sand und Steine genau auf.

Elena und ich überlegten, warum er nicht mehr kam. Wir wußten nahezu nichts über ihn, außer über die medizinischen Probleme in seiner Familie, über die üblichen Streitereien zwischen seinen zwei Frauen und seiner Mutter und über seine Rivalitäten und Konflikte mit seinen Vettern. Ich war allgemein informiert über seine familiären Beziehungen, aber ich kannte weder seinen Vornamen noch seinen Familiennamen, den der *hamule*. Wie in der palästinensischen Gesellschaft üblich, riefen wir ihn beim Namen seines erstgeborenen Sohnes, Hasan. Für uns war er einfach Abu Hasan, Hasans Vater.

Tqu selbst war ein Geheimnis. Die Taamre-Araber sind ein bekannter Nomadenstamm, der bis in die sechziger Jahre hinein meist in Ziegenhaarzelten wohnte.

Die örtliche Mythologie führt ihre Herkunft auf die Kreuzfahrer im Mittelalter zurück. Nach deren endgültiger Niederlage verließ die Mehrheit des Kreuzfahreradels Palästina, aber viele Leute aus dem Fußvolk – englischer, französischer oder deutscher Herkunft – blieben, nahmen den Islam an und heirateten in die örtliche Bevölkerung ein.

Die palästinensische Architektur ist faszinierend. Im Gegensatz zur Türkei, die große Architekten wie Sinan hervorgebracht hat, ist in Palästina weder eine Schule der Architektur noch ein einzelner Architekt mit eigenem Stil hervorgetreten. Sogar das architektonische Meisterstück, der Felsendom, wurde von byzantinischen Handwerkern entwickelt und ausgeführt; sein Architekt bleibt unbekannt. Über palästinensische Architektur weiß man wenig. Bestimmte charakteristische Merkmale weisen auf die jeweilige Zeit hin, in der ein Haus gebaut wurde; man kann den Kreuzfahrer-, Mameluken- und Osmanen-Stil unterscheiden. Steine von älteren Gebäuden wurden jedoch für neuere benutzt, und von den großen repräsentativen Gebäuden abgesehen wurden frühere Strukturen einfach umfunktioniert. Die Rekonstruktion und Instandhaltung der Häuser blieb beiläufig und eklektisch. In meinem Haus mit seiner palastartigen Grandezza sind die Bögen nie symmetrisch; die Formen sind, obwohl ästhetisch angenehm, mathematisch nicht perfekt. Bis in die fünfziger Jahre hinein bauten Palästinenser auf dem Lande ihre Häuser selbst und stellten dafür einen *muallem* (Baumeister) an, jemanden wie Abu Hasan, der andere Maurer engagierte.

Das Straßenschild in Hebräisch, Englisch und Arabisch macht mich wütend, denn die Siedler (seien sie nun Amerikaner, Italiener, Russen – alle von der israelischen Regierung unterstützt) haben beschlossen, daß jede im Alten Testament erwähnte Stadt unveräußerliches jüdisches Eigentum ist und deshalb ihnen gehört. So wird ständig arabisches Land konfisziert: Straßen werden gebaut, und über Nacht werden barackenartige Häuser aufgestellt.

Ich erinnere mich an meine Freundin Zohra aus Ramallah, die ironisch ausrief:»Ramallah ist *alhamdulillah* (Gott sei Dank) im Alten Testament nicht erwähnt. Wenigstens weiß ich, daß mein Haus und mein Land mir nicht weggenommen werden.«

Ich wählte die Straße, die sich durch die Berge schlängelt, in der Hoffnung, daß sie uns in das arabische Tqu führen würde. Gleich darauf kamen wir auf einen Gipfel, von dem man auf die mit Zementhäusern, Moscheen und Minaretten übersäten Hügelkuppen hinuntersah.

»Tqu«, sagte ich zu Elena und lachte über meine eigene Dummheit,»ist kein Beduinenlager aus Ziegenhaarzelten mit zwei Zementhäusern in der Mitte. Es ist eine Stadt. Wie werden wir je Abu Hasan finden?«

Es war bereits Mittag, und die Schulkinder waren – entsprechend der Regelung der *intifada* für Tage mit normalem Streik – auf dem Heimweg. Gruppen von

Kindern liefen die Hauptstraße entlang, die von der Schule am Rande der Stadt ausging.

Wir fuhren langsamer und hatten fast die erste Gruppe erreicht, als die Kinder voller Angst die Flucht ergriffen. Wir fuhren weiter auf eine Gruppe etwa zwölfjähriger Jungen zu. Wir verlangsamten die Geschwindigkeit, als wir näher kamen. Als sie uns entdeckten, liefen auch sie davon und versteckten sich vor uns hinter den Felsen. Wir fühlten uns unwohl, aber wir waren den ganzen Weg nach Tqu hergefahren, und wir wollten sehen, ob Abu Hasan krank war, verwundet oder in einer der häufigen Auseinandersetzungen erschossen.

Weiter vorn beugte sich jemand hinter der offenen Motorhaube über den Motor seines Autos.»Der«, sagte Elena,»wird nicht wegrennen.«

»*Es-salamu aleikum* (Friede sei mit dir)«, grüßte ich.

»*Wa aleikum alf salam* (euch tausendmal Frieden)«, antwortete er spontan, während er den Kopf hob, um uns zu grüßen. Er ließ das Auto stehen und kam zu uns herüber.

»*Ahlan wa sahlan* (Willkommen), *her, inscha Allah* (ich hoffe, es ist alles in Ordnung, so Gott will). Kann ich Ihnen behilflich sein?«

»Wir suchen Abu Hasan. Können Sie uns vielleicht den Weg zu seinem Haus zeigen?«

Er lächelte.»Fast alle Familien hier haben einen Abu Hasan, es ist ein sehr gebräuchlicher Name ...«

»Derjenige, dessen Sohn einen angeborenen Herzfehler hat?«

Er schob seine Lippen nach vorn und bemerkte traurig: »Dies ist ein bei uns sehr verbreitetes Problem.«
»Derjenige, dessen Vetter Tafesch heißt?«
Sein Gesicht entspannte sich. »Tafesch gibt es nur einen.« Er wies auf das nächste Minarett und fragte: »Sehen Sie dieses Minarett?«
»Ja.«
»Gut, sehen Sie das dahinter?« Er zeigte mir fünf Minarette, bis wir beim hintersten angekommen waren. »In dem Stadtteil wohnt die *hamule* Ihres Abu Hasan.«
Ich kam zu Abu Hasans Haus. Er war nicht da, aber die Frauen begrüßten uns und gaben uns Tee. Sie hatten viel über uns gehört und waren froh, uns endlich kennenzulernen.
»Wo ist Abu Hasan?« fragte ich schließlich.
»Er ist in die Stadt gefahren, um nach Arbeit Ausschau zu halten.«
»Wie steht es um die Gesundheit Ihres Sohnes? Wurde er operiert?«
»Ja, er wurde im Hadassah-Krankenhaus operiert, aber er starb kurz darauf.«
Um das Thema zu wechseln, zeigte eine Schwester von Abu Hasan, die die Highschool besucht hatte, Elena ihre Stickereien und erkundigte sich bei mir nach der Möglichkeit, zur Universität zu gehen. Ob ich ihren Bruder davon überzeugen könne, ihr zu erlauben, sich an der Bethlehem University einzuschreiben?

Zwei Tage später, an einem Freitag und vor dem Mittagsgebet, kam Abu Hasan zu Besuch. Ich erzählte ihm über meine Erlebnisse mit den Kindern von Tqu.

»Sie kennen keine Jerusalemer, sie haben euch für Siedler gehalten.«

»Selbst wenn ich ein Siedler wäre, warum sollten sie dann weglaufen?«

»Wißt ihr nicht, daß die Siedler diese Kinder angreifen? Sie steigen aus den Autos, zerren sie hinein, fahren sie in die Wüste, schlagen sie zusammen und setzen sie in der Wildnis aus.«

Ich war schockiert. Ich wußte nicht, daß Kinder 25 Kilometer südlich von Jerusalem leben, die von einem ständigen Alptraum namens *al-mustautun*, die Siedler, terrorisiert werden.

Eine Hochzeit in Hizma

Gerade hatten wir die Hauptstraße verlassen und fuhren auf der holprigen Straße, die zum Zentrum von Hizma führt, als uns eine Militärpatrouille anhielt. Einer der Soldaten murmelte etwas auf Hebräisch. Elena bat ihn, Arabisch zu sprechen. Da sie blond ist und offensichtlich Ausländerin, ging er höflich zum Englischen über.

»Es ist verboten, das Dorf zu betreten ... «

»Unser Gastgeber erwartet uns, und wir müssen pünktlich zur Hochzeitsfeier dasein.«

»Heute gibt es keine Hochzeitsfeierlichkeiten im Dorf. Kehren Sie nach Jerusalem zurück!« sagte er abrupt.

»Wir sind zu einer Hochzeit eingeladen, und wir müssen hin. Wer ist hier verantwortlich? Lassen Sie mich mit ihm sprechen.« Elena hat einen unbeugsamen Willen, und sie war nicht bereit, den willkürlichen Anordnungen des Soldaten nachzugeben. Mutter und ich blieben ruhig, während Elena dem Vorgesetzten die Bedeutung unserer Fahrt klar machte. Der freundliche Offizier brauchte nicht viel Überredung. Er war schwer bewaffnet wie die anderen, aber als er die Geschichte hörte und ihren ausländischen Paß sah, lächelte er und bedeutete uns mit einer Geste, daß wir weiterfahren dürften. »*Mabruk* (viel Glück)«, sagte er. Elena ließ den Wagen an, und wir fuhren durch die Armeesperre.

Nach einem halben Kilometer wurde die Weiterfahrt unmöglich. Offenbar war es gerade zu einer Auseinandersetzung zwischen den Jugendlichen von Hizma und den Soldaten gekommen. Steine, Felsbrocken und brennende Reifen waren über die Straße verstreut und behinderten unseren Peugeot.

Palästinensische Bauern sind im anthropologischen Sinne des Wortes keine Bauern mehr, weil sie nicht mehr von der Landwirtschaft leben. Der israelischen Politik des wirtschaftlichen Anschlusses ist es gelungen, die traditionelle Bindung der Bauern an das Land zu unterminieren. Die traditonelle Landwirtschaft – der wir das romantische Bild des einsamen Bauernhofs mit Hühnern und Ziegen und des sich selbst versorgenden Bauern verdanken – ist für die neue palästinensische Generati-

on, die unter israelischer Besatzung aufwuchs, nur noch eine romantische Vorstellung, ein Mythos.
Nur noch ein paar Schafhirten ziehen durch die Täler und über die Berge. Die Männer sind meist weg, arbeiten innerhalb der Grünen Linie, und die Frauen bleiben daheim, erledigen die Hausarbeit, kümmern sich um die Kinder. Nach der Arbeit sitzen sie auf der erhöhten Schwelle ihrer Häuser und beschäftigen sich mit Sticken, denn die Arbeit einer Frau geht nie zu Ende, wie es im Sprichwort heißt: *El-umor bi-juhlos wil schughul ma bihlos* (das Leben geht zu Ende, die Arbeit nimmermehr). Die ganze Woche über sind die Dorfstraßen leer.

Auf meinen Fahrten durch unser Land wird es immer schwieriger, die Berggipfel zu sehen, wie sie immer kleiner werden, bis sie im rosa Horizont verschwinden. Statt des unendlichen Horizonts hat heute jedes Dorf eine israelische Siedlung vor der Nase – höchstens fünf Kilometer entfernt. Die Projekte der Israelis kommen immer näher.

Die Zukunft sieht für die Palästinenser trostlos aus. Es ist nur eine Frage der Zeit, bis die besetzten Gebiete in israelische Wohngebiete verwandelt sind. Parallel zu dieser demographischen und ökologischen Veränderung verkommen die arabischen Dörfer und Städte zu Fremdarbeitersiedlungen, die Israel mit Bauarbeitern versorgen, mit Tellerwäschern, Straßenkehrern und unqualifizierten Arbeitskräften.

Heute ist es in den palästinensischen Dörfern üblich, Hochzeiten am Samstag, dem jüdischen Ruhetag und israelischen Wochenende, zu begehen. So können die

Männer, die innerhalb der Grünen Linie arbeiten, an ihnen teilnehmen. Wegen der fortwährenden Unruhen und der steigenden Zahl der Märtyrer beschränken sich die Feierlichkeiten auf das gemeinsame Festmahl. Noch immer werden, wie von Robertson Smith in seinem epochalen Werk über die religiösen Gebräuche der alten Semiten beschrieben, viele Ziegen und Schafe rituell geschlachtet, um als *mansaf* zubereitet zu werden. Die Regeln der *intifada* verbieten – solange Märtyrer zu beklagen sind – das Tanzen, Singen und Jubilieren.

Die Steine auf der Straße nahmen an Größe und Zahl zu, bis es unmöglich wurde, weiterzufahren. Wir stiegen aus und gingen zu Fuß zum Haus von Abu Sanad, dem Vater des Bräutigams. Wir gingen auf der Hauptstraße, versuchten den Steinen auszuweichen. Einige der Jugendlichen von Hizma liefen noch auf den Feldern umher, sprangen über die Steinterrassen und gruppierten sich neu. Wir gingen weiter zum Haus von Abu Sanad, um am festlichen *mansaf* teilzunehmen.

Am Freitagabend, dem Vorabend des Fests, werden Opfertiere, *dabaih*, seien es Lämmer oder Ziegen, geschlachtet und gekocht. Die Gäste aus entfernteren Dörfern können nicht zu einer bestimmten Zeit am gemeinschaftlichen Mahl teilnehmen, weil man den häufigen Ausgangssperren ausgeliefert ist. Gäste kommen einzeln oder in kleinen Gruppen vom frühen Morgen bis spät am Nachmittag. Sie treten ein, beglückwünschen den Vater des Bräutigams und seinen Sohn, küssen einander und erhalten ein kaltes Getränk. Sobald mehr als drei

Personen zusammen sind, wird auf einem runden Aluminiumtablett *mansaf* serviert. Nach dem Essen wird Kaffee angeboten, ein Zeichen, daß sie danach gehen sollen. Glückwünsche werden nochmals ausgesprochen, und der Gast, der gehen muß, bevor die Armee wieder Probleme macht, wird zur Gartentür geleitet.

Das feierliche Festmahl besteht nicht nur aus einem Lamm oder zweien, sondern eine riesige Menge wird geschlachtet, keine Kosten werden gescheut, da Hochzeiten eine große gesellschaftliche Bedeutung beigemessen wird. Es ist eine der seltenen Gelegenheiten, zu denen der Vater des Bräutigams seine Männlichkeit unter Beweis stellen kann, zeigen kann, daß er wirklich ein *zalame* (ein richtiger Mann) im Sinne eines guten Ernährers und großzügigen Gastgebers, *adha widud*, ist.

Im ganzen gesehen leben die Palästinenser in der Tradition. Nach der Heirat verläßt der Sohn das Vaterhaus nicht, sondern zieht in seinen Bereich, ein Zimmer mit eigenem Bad im Garten. Wie in Großfamilien üblich, wird die Küche und der allgemeine Haushalt von der Mutter des Mannes geführt.

Obwohl Abu Sanad vergleichsweise arm ist, gab er ein wundervolles Fest. Über zwanzig Lämmer wurden zu Sanads Ehren geschlachtet. Selbst Straßenkehrer in Westjerusalem, kämpft Abu Sanad für die Ausbildung seiner Kinder. Aber keiner seiner Söhne hat mehr als die Grundschule besucht. Sie haben einfach aufgehört: Zwei wurden vom schnellen Geld der israelischen Wirtschaft angelockt, während der dritte, Saqer, der seit seiner Kindheit ganz von der Natur begeistert ist, Schäfer geworden ist. Nadia, Abu Sanads Älteste, ist eine meiner Lieblingsstudentinnen und war zum Ende des Frühjahrssemesters gerade dabei, ihren Abschluß zu machen. Sie träumt davon, Lehrerin zu werden. Man sieht immer öfter, daß die jungen Frauen zur Universität gehen, die jungen Männer hingegen erschreckend ungebildet sind. Mit vierzehn verlassen sie die Schule, um sich den Reihen der Bauarbeiter und Tellerwäscher in Israel anzuschließen oder, wenn der Vater etwas Kapital hat, um Ladenbesitzer zu werden. Jungen Frauen wird normalerweise nicht erlaubt, die Grüne Linie zu überschreiten, um zu arbeiten. Die Haare unter einem schwarzen oder weißen Kopftuch versteckt und in Kleider gehüllt, die die Arme und Beine ganz bedecken (*schari*), ist es den Mädchen erlaubt, ihre höhere Ausbildung fortzusetzen, bis »der richtige Mann kommt«.

Nadia, hoch gewachsen und von rebellischer Natur, änderte weder ihre äußere Erscheinung noch wartete sie auf den Mann, der sie von ihrer Familie unabhängig machen sollte. Sie war eine Weile lang in einen jungen Zimmermann verliebt, einen Flüchtling aus Lod, und dachte, sie würde das Glück finden. »Mit einem Mann aus der Stadt ist die Ehe eine Beziehung eins zu eins«, hatte sie meiner Frau anvertraut. »Bei einem Dorfbewohner müßte ich seiner Mutter, meiner Schwiegermutter, beim Putzen des Hauses, beim Wäschewaschen helfen und mich um seine ganze Familie kümmern, das ist viel zu schwer für mich ...«, erklärte sie, um sich selbst von der Richtigkeit ihrer Wahl zu überzeugen. Später fand sie heraus, daß er es nicht erlauben würde, daß sie als Lehrerin arbeitete. Während der Hochzeit ihres Bruders nahm sie uns zur Seite und sagte uns, daß sie ihre Verlobung gelöst habe.»Wofür habe ich studiert? Um im Haus zu sitzen, zu kochen und zu putzen? Ich habe es versucht, aber er verstand mich einfach nicht.« Das Geräusch von Schüssen ganz in der Nähe unterbrach unser Gespräch. In Sorge, daß die Situation eskalieren könnte, beschlossen wir zu gehen. Nadias Vater begleitete uns auf einem Seitenweg aus festgetretenem Schlamm durch Feigen- und Mandelfelder zum Wagen.

Hizma und Anata sind Nachbardörfer. Palästinensische Dörfer sind keine Inseln; vielmehr verbindet sie ein vielschichtiges Geflecht von jahrhundertealten Bluts- und Heiratsbeziehungen.

Während wir gingen, sah ich, daß die Häuser, die Moschee und das Minarett von Anata auf dem Gipfel gegenüber unter einer schweren grauen Wolke aus Tränengas und dem Rauch brennender Reifen lagen. Die Berge hallten wider vom Echo zischender Kugeln und periodischer Explosionen von Tränengasbomben.

In der Nacht davor, am Freitag, dem 9. März 1990, war es um 18 Uhr zu einem Zusammenstoß zwischen der Jugend Anatas und den Soldaten gekommen. Während des Scharmützels wurden einige Palästinenser schwer verletzt; heimlich brachte man sie ins Krankenhaus. Um Mitternacht waren zwei von ihnen tot, und die *schabibe* (aktive nationalistische Jugendliche), die mit ins Krankenhaus gekommen waren, stahlen die Leichen und begruben sie auf dem Dorffriedhof. Das Schaufeln der Gräber und die Beerdigung fanden in aller Hast statt.

Am nächsten Tag mußte tiefer gegraben werden: Es gab ein Märtyrerbegräbnis entsprechend den religiösen Vorschriften. Da die israelische Armee öffentliche Beerdigungen von Märtyrern verbietet, mußte das Ritual heimlich stattfinden. Jedesmal informieren Kollaborateure die Behörden und es kommt zu Zusammenstößen – wie gerade auf dem Berg gegenüber. Die Solidarität mit den Nachbarn und Verwandten stachelte Hizmas Jugendliche an: Am Samstag, dem 10. März 1990, kam die *intifada* in Hizma an.

Von meiner Kollegin Fathieh von der Bir Zeit-Universität hörte ich folgendes Gleichnis: »Die *intifada* im Westjordanland und im Gazastreifen ist wie ein ständig brennender *tob* (Bauernkleid). Immer brennt ein Stück. Den einen Tag brennt es in Nablus, den nächsten Tag lodert es in Ein Arik; Anabta fängt Feuer, und eine Woche später entzündet ein Funke Biddu ... Natürlich, wenn ich die *intifada* mit einer ihrer Randerscheinungen gleichsetze, nämlich mit den Zusammenstößen, dann nur, um die Angst und den Schrecken auszudrücken, der die Palästinenser angesichts der Aneignung ihres Lebens und ihres Landes durch einen übermächtigen Gegner ergriffen hat.«

Verlorenes Paradies

Im Jahr 1990 kam eine Familie zum erstenmal seit dem Krieg 1967 wieder zusammen. Drei Brüder über sechzig trafen sich dank des Sommerprogramms, das den Palästinensern einen Monatsbesuch in der Heimat erlaubte.

Man traf sich beim Ältesten in Dschelazun – die anderen zwei lebten im Flüchtlingslager el-Wahdat im Haschemitischen Königreich Jordanien. Sie kamen mit ihren Frauen, Kindern und Enkeln.

Bevor die Visa abgelaufen waren, wollten sie an ihren Geburtsort Inabeh bei Ramleh fahren. Sie mieteten Autos und fuhren vom Westjordanland über die Grüne Linie in die Küstenebene. Im Schatten eines wilden Johannisbrotbaums oberhalb des Heimatdorfes stellten sie die Autos ab. Die Kinder fingen an, den Holzkohlegrill (*kanun*), die Kühltasche, das Fleisch, das Gemüse, das Obst und die allgegenwärtigen Wassermelonen auszupacken. Sie waren gerade dabei, die Tücher, die Bälle, Tee- und Kaffeekessel und die Wasserpfeifen (*aradschil*) herauszuholen, als plötzlich ein bewaffneter Mann erschien.

»Was macht ihr hier?« fragte er aggressiv in fließendem Arabisch.

»Was soll das heißen?« antwortete der Gastgeber überrascht. »Wie man sieht, machen wir ein Familienpicknick. *Itfaddal*, bitte, willkommen!«

»Nein, ihr seid gekommen, meine Früchte zu stehlen. Wie alle Bewohner des Westjordanlandes denkt ihr, daß das Land euch gehört, und ihr kommt in Scharen, um von meinen Bäumen zu stehlen. Ja, tut nicht so überrascht. Dieses Land gehört mir, ich habe alles von der israelischen Regierung gepachtet.«

Sie zeigten ihm die Masse des mitgebrachten Essens. Der Anblick der Unmengen, die sie für den einen Tag mitgebracht hatten, beschämte ihn.

»In Ordnung, ihr könnt bleiben.«

Sie luden ihn ein. Er lehnte ab und ging. Er blieb in der Nähe, behielt sie im Auge.
Sie machten das Feuer an. Als die Flammen klein wurden und die Holzkohle rot glühte, grillten sie *kebab* und *schisch kebab*. Als der erste Spieß gar war, wurde ein Fladenbrot gefüllt, und der älteste Sohn, Walid, brachte es dem Wachmann. Zuerst lehnte er ab. Doch später setzte er sich zu ihnen unter den alten Johannisbrotbaum.

Die drei Familien waren extra gekommen, um die Überreste ihres Heimatortes zu besuchen. Anders als die meisten palästinensischen Dörfer und Städtchen an der Küste ist Inabeh nicht dem Erdboden gleichgemacht worden. Seine Häuser wurden nicht beschädigt, wurden nicht in einen Kibbuz oder Moschav integriert. Nach 1948, als die palästinensischen Bewohner Inabeh voller Angst verließen, blieb es verlassen; nur der Zahn der Zeit hatte an einigen Mauern genagt und Dächer zum Einsturz gebracht.

Die drei Brüder gingen durch die öden Straßen und suchten nach Spuren; sie riefen sich die Leute ins Gedächtnis, die einst die leeren Häuser bewohnt hatten. Die Grundschule war leicht zu erkennen. Bei den Häusern war es schwieriger; aus Überbleibseln mußte der Besitzer erraten werden.

»Der Zitronenbaum stand im *hakuret* (Hof) von Umm Isa«, erzählte Fathi, der jüngste der drei, seinen in Jordanien geborenen Kindern. »Ihr kennt sie, die Frau, die neben eurer Tante Afifeh in Zarqa wohnt.«

»Der Maulbeerbaum, das muß *el-hadsch* Jassers Haus sein.« Abu'l Walid, der älteste der Brüder, schaute Jihja an und neckte ihn: »Erinnerst du dich, als du dich in den Ästen verfingst und nicht mehr runterkamst?«
»Nicht vor den Kindern«, Jihja lächelte verlegen. Zärtlich betrachtete er den Baum, seufzte und sagte: »Es ist soviel Zeit vergangen. Aber Gott segne ihn, er war der beste Vater, den man sich wünschen konnte.« Und um von der sentimentalen Stimmung loszukommen, zeigte er auf die vertrockneten Äste: »Schaut, er ist alt und stirbt.«

Guter Stimmung sprachen sie über die fast vergessenen Problemchen des Dorflebens: die skandalöse Liebesaffäre zwischen Inabehs Schönheit, Jasmin, und Faruq, dem Lehrer aus der Stadt. »Erinnert ihr euch an den Aufruhr, als sie mit ihm nach Amerika ausriß?«

Die Sonne stand hoch, und sie hatten Durst.

»Ah, Wasser ist ein Problem«, sagte der Beduine. »Wenn ich meine Schafe hier weide, muß ich mit ihnen zehn Kilometer ziehen, um sie zu tränken.«

»Laß mal sehen«, sagte Abu'l Walid. Er bückte sich nach einem Ast, der vom Maulbeerbaum gefallen war. »Kommt mit«, winkte er allen.

Ein paar Meter weiter, im Schatten eines verfallenen Hauses, schlug er aufmerksam mit dem Stock auf den Boden, horchte, als ob er auf einen vertrauten Ton wartete. Plötzlich strahlte er, rief aufgeregt: »Hier ist es!« Er schob den Staub beiseite. Der rostige Deckel eines Brunnens tauchte auf. Er öffnete die Klappe. Der Brunnen war bis an den Rand mit kristallklarem Wasser gefüllt.

Glücklich tranken sie. Der Beduine war entzückt; die Entdeckung würde ihm viel Arbeit ersparen.

Wieder im Schatten des Johannisbrotbaumes, rauchten sie ihre *aradschil*, tranken Kaffee, aßen weiter Wassermelonen, rekelten sich in der Sonne und erinnerten sich der alten Tage.

Schnell versank die Sonne am Horizont. Man mußte aufbrechen. Sie packten, legten die Tücher zusammen, sammelten ihren Abfall auf. Dann nahmen die beiden Brüder aus dem Lager el-Wahdat bei Amman die beiden Plastiktüten, die sie dafür mitgebracht hatten, und füllten sie mit Muttererde, verschlossen sie sorgsam, stiegen in die Autos und fuhren ins Lager el-Dschelazun zurück.

Schuldig

Ich kann nicht hassen

Ich kann nicht hassen, wenn ich glücklich bleiben will. Wenn ich solche heftigen Gefühle gegen jemand anders hätte, wäre mir der Tag verdorben, der Schlaf gestört. Die Besessenheit würde mein Leben behindern. Wie könnte ich schreiben? Wie könnte ich mich auf Kunst konzentrieren oder auch nur das Zusammensein mit Freunden und Verwandten genießen? Und vor allem, wie könnte ich ruhig in den Spiegel schauen, wenn ich diesem häßlichen Gefühl die Tür öffnete und ihm erlaubte, meine innere Harmonie zu zersetzen. Der Haß ist eine Krankheit. Wie Krebs verbreitet er sich, hat er sich erst einmal festgesetzt; man kann sich nur retten, indem man das befallene Organ entfernt. Ist aber die Seele erst einmal von Haß angenagt, gibt es kaum einen Ausweg. Man steckt in einem Teufelskreis blinder, einseitiger Gefühle, die das ganze Leben schaurig einfärben.

Ich kann mit Haß nicht leben. Doch auch ich bin ein Mensch: Ich reagiere auf Leid, und Greueltaten lassen mich nicht ungerührt. Unter den Bedingungen der israelischen Besatzung ist es nicht einfach, nicht zu hassen: in Jerusalem werde ich nicht wie ein Mensch behandelt. Unter israelischer Besatzung werden die Palästinenser – und ich bin da keine Ausnahme – nach dem Personalausweis eingeteilt, den sie Tag und Nacht dabei haben müssen, um ihn den Soldaten zeigen zu können.

Unter israelischer Besatzung verliere ich meine Individualität und werde zu einem Exemplar einer Sorte, zu einem muslimischen Araber, zu einem Verdächtigen. Das ethnische Klischee unterscheidet mich von einer anderen Sorte Mensch, den Juden, und ich werde das Objekt von Unterdrückungsmaßnahmen und Kollektivstrafen, die israelische Soldaten regelmäßig verhängen.

Da ich in Ostjerusalem lebe, wo die Palästinenser etwas weniger belästigt werden als im Rest der besetzten Gebiete, und da ich relativ helle Haut habe, da ich eher wirke wie ein westlicher Professor, komme ich immer ungeschoren davon. Die Soldaten lassen mich in Frieden.

Während der *intifada* mußte ich weder in eines der riesigen behelfsmäßigen Gefangenenlager, noch wurde ich an eine Wand gestellt; ich wurde weder aus meinem Haus geholt, um mit Dutzenden von Jungen und Männern auf dem Boden zu hocken, noch wurde ich aufgeweckt und dazu gezwungen, im eiskalten Regen nationalistische Slogans zu übermalen, die, während ich schlief, an mein Haus geschrieben worden waren. Mir befahl auch keine Patrouille, die Steine einer Straßensperre wegzuräumen, noch wurde ich wild zusammengeschlagen oder von zwölf Soldaten sadistisch getreten. Im Gegenteil, da Elena blond ist, lassen sie uns sogar durchs Damaskustor, wenn es für die anderen arabischen Bewohner der Altstadt geschlossen ist.

Daß sie mich durchlassen, verstärkt meine Beklemmung. Meine Wut und meine Ohnmacht werden noch bedrückender, wenn sie uns durchlassen, während sie einen Jugendlichen zusammenschlagen. Ich möchte einmal genau beschreiben, was das heißt: Der Soldat, der den jungen Mann routinemäßig angehalten hat, um seinen Personalausweis zu sehen, stößt ihn mit dem Ellbogen in die Brust. Da bekommt er Unterstützung von einem anderen, der den Araber tritt. Ein dritter kommt von hinten und schlägt mit dem Gewehrkolben zu. Die vier Mann einer Patrouille schlagen und treten den hilflosen Palästinenser. Jedesmal bekommen sie Unterstützung von anderen Patrouillen, die sich verhalten »wie vom Teufel besessen«. Weniger als eine Minute nach dem ersten Schlag liegt der Jugendliche, die Hände schützend vorm Gesicht, am Boden. Aus den leichten Schlägen werden rücksichtslose, kräftige Hiebe mit Füssen, Gewehren und Schlagstöcken.

Man darf sich – selbst als Jude – nicht einmischen und versuchen, die Soldaten zur Räson zu bringen; man würde selbst geschlagen. Das Ganze dauert keine zehn Minuten, dann bringt man den Jungen zur Polizeiwache, wo man ihn freiläßt. Ist er aber schwer verletzt, hält man ihn solange fest, bis die Wunden fast verheilt sind. Dann schickt man ihn heim, denn sein einziges Verbrechen war es, ein Palästinenser zu sein, der das Pech hatte, zur falschen Zeit am falschen Ort an den Falschen zu geraten, an einen Soldaten, dem sein Gesicht nicht gefiel.

Wie könnte es mich nicht beunruhigen, daß ich durchgelassen werde. Ich bin empört nicht nur, weil man mich nach meiner Erscheinung beurteilt, sondern auch, weil man mich wegen dieser Äußerlichkeiten von anderen

Palästinensern absondert. Die mir so teure Identität, meine Individualität, die sich in einem bestimmten Bild von mir ausdrückt, das wiederum »ich« bin, wird von den israelischen Soldaten benutzt, um mich als »guten Araber« einzuordnen, als einen, der die Sicherheit des Staates Israel nicht gefährdet.

Ich will nicht geschlagen werden, ich will aber auch nicht durchgelassen werden. Doch in den Straßen meiner Stadt kann ich es nicht verhindern, als ethno-politisches Objekt gesehen zu werden, als »guter Araber«. Der bloße Gedanke, daß ich nur deshalb weitergehen kann, weil mich jemand derart bewertet, bringt mich in Wut. Die Entscheidung, daß ich durchgehen darf, beleidigt mich. Sie beruht in erster Linie auf der Annahme, daß ein gebildeter Mittelschichtspalästinenser weniger nationalistisch ist als ein verarmter, landloser Bauer, der nicht lesen kann. Und vor allem erinnert mich diese Entscheidung daran, daß mein Freiheitsgefühl nur eingebildet ist.

Werde ich meine Erkennungszeichen ändern, damit mich die Soldaten der israelischen Armee nicht mehr für einen »guten Araber« halten? Ich weigere mich, den Israelis einen Nationalisten vorzuspielen. Warum sollte ich? Damit sie mich herausgreifen, mich befragen, mich verprügeln? Statt dessen meide ich die Soldaten, versuche, mit ihnen so wenig wie möglich zu tun zu haben. Wenn ich ihnen nicht entkommen kann, muß ich so tun, als ob es sie nicht gäbe. Doch dies setzt die bewußte Entscheidung voraus, eine unaufrichtige Haltung einzunehmen, und – ich gestehe es – ich fürchte, daß dies auf lange Sicht eine entmenschlichende Wirkung hat.

Vor zwei Jahren sind wir in ein Haus in der Altstadt gezogen. Zufällig wohnen wir in der gleichen Straße, in der sich Ariel Scharon als Symbol des Expansionismus ein Haus auswählte; so muß ich mehrmals am Tag an der Patrouille vorbei, die den Eingang zur Straße bewacht. Da Palästinenser allen auch entfernt Bekannten einen guten Tag wünschen, grüße ich die Nachbarn und Ladeninhaber der Wad-Straße. Schließlich komme ich zu den Soldaten bei Scharons Haus. Mir ist unbehaglich, denn trotz der Armeeuniformen sind israelische Soldaten Menschen. Und was Menschen so bedrohlich macht, ist die Tatsache, daß ihre Augen, ohne es zu wollen, deinen Blick treffen können – und dabei treffen sich zwei Menschen.

Weil ich das ganze Jahr über immer den gleichen Soldaten begegne, ist die tägliche Begegnung unangenehm und peinlich. Ich habe sie im Winter zittern sehen, nervös von einem Fuß auf den anderen hüpfen, um warm zu bleiben, oder aufgeregt das warme Mahl essen, das ihnen gerade gebracht wurde. Im Frühling habe ich gesehen, wie sie sich in die wärmende Sonne stellten, im Sommer, wie sie vor der Gluthitze Schutz suchten.

Die Soldaten der israelischen Armee sind Individuen mit Augen, die einen ansehen. Nach einem Jahr flüchtigen Augenkontakts kann man ihre Anwesenheit schlecht ignorieren, sie sind vertraut geworden. Aber ich kann sie nicht aufnehmen in die Tagesroutine der Grüße und der kleinen Höflichkeiten, als stünden sie auf einer Stufe mit den Jerusalemern. In ihren Uniformen verkörpern sie die Besatzung. Ich bereite mich jedesmal vor, damit der kurze Kontakt so unpersönlich abläuft wie möglich. Mein Gesicht wird unbeweglich, meine Augen halte ich starr nach vorn. So vermeide ich direkten Augenkontakt und die damit zusammenhängende Pflicht, ihre Gegenwart durch Grüßen anzuerkennen.

Elena und ich gingen zusammen spazieren. Wir stiegen die Stufen hoch, die von der Wad-Straße zum Damaskustor führen, als ich von weitem einen »unserer« Soldaten sah. Er unterscheidet sich durch eine gewundene Locke, die ihm in die Stirne fällt. Er ist groß, schön und immer gutgelaunt.

Aufgrund seiner Größe fiel er auf. Ich war unruhig, denn wenn ich produktiv bin – ich war wieder am Malen, bereitete eine Ausstellung vor – werde ich sehr müde, und wenn ich kraftlos auf die Straße gehe, habe ich meine Gefühle nicht mehr unter Kontrolle. Die Maske, die ich sonst aufsetze, bevor ich rausgehe, löst sich auf, als entfernte mich die Schöpferkraft von mir selbst – oder wahrscheinlich versetzt sie mich eher in kindliche Unschuld.

Der Soldat hatte uns auch gesehen. Sein Dienst hatte noch nicht begonnen; er war noch in Zivil. »Jetzt«, sagte ich mir, »ist er ein normaler Bürger und kein Soldat.« Als er näherkam, wandte ich mich aufgeregt an Elena:

»Was soll ich machen?«

»Dreh dich nur um, schau weg.«

Ich folgte dem Rat meiner Frau. Der Augenblick ging vorbei, ohne daß wir uns grüßten. Doch ich hatte ein schlechtes Gewissen.

Ich fühle mich immer noch schuldig ...

Epilog

Im Schatten der *intifada*

Kurz vor Kofr Ein hielten wir an einem Hügel; wir stiegen aus, um gelbe Huwwar-Erde, Kaolin, mitzunehmen. In fast allen palästinensischen Küchen fallen einem die großen Gläser mit gelbem *huwwar* auf. Man braucht es, wenn man Trauben kocht, denn es verhindert die Gärung. *Dibs, malban, inabije* und *habisa* sind hausgemachte Trauben-Süßigkeiten, deren Zubereitung – und das ganze Drumherum – dem Sommer einen besonderen Glanz verleihen. Da Elenas Doktorarbeit mit der palästinensischen Küche zu tun hat, sammeln wir volkstümliche Rezepte und probieren sie aus.

Kurz vor Sonnenuntergang waren wir mit dem Schaufeln der Huwwar-Erde fertig. Von dort, wo wir standen, übersahen wir das ganze Dorf: In diesem engen Tal nordwestlich von Ramallah standen die Häuser eng übereinandergetürmt. Es war der vierzehnte Tag des Mondmonats: Vollmond. Wir bewunderten die untergehende Sonne im Westen, während der volle Mond zwischen den Berggipfeln im Osten hervorlugte.

Während Farben und Schatten verschmolzen, brachen die Schritte eines Tieres die Stille. Ein Bauer trieb seinen Esel durch von gut gepflegten Steinmauern gestützte Oliven-Terrassen zu einer Quelle. Daß jeder

Stein an seinem Platz war, wunderte uns nicht, denn die Bewohner von Kofr Ein weigern sich, ihr Land aufzugeben. Und da es abseits liegt, haben die Israelis es noch nicht enteignet, um darauf Siedlungen zu errichten.

Da die Olivenbäume das Dorf mit einem dichten Gürtel umgeben, der die israelischen Hubschrauber am Landen hindert und es gleichzeitig den jungen Männern erleichtert, zu fliehen und sich zu verstecken, sieht man nur selten israelische Soldaten. So wurde Kofr Ein als befreites Dorf berühmt. Überall palästinensische Flaggen – an den Eukalyptus- und Pinienbäumen, oben auf den Strommasten, an den Drähten und am Turm der Dorfburg aus dem 18. Jahrhundert, der auch als Minarett dient. Kofr Ein ist als Zentrum der Volksdichtung bekannt, besonders für Ataba-Gedichte und Midschana-Lieder. Während der *intifada* wurde es die Quelle nationalistischer Lieder in den alten Metren.

Zu unserer Rechten ging der Mond auf, hinter der westlichen Gebirgskette war die Sonne schon untergegangen. Die Silberblätter der Olivenbäume glänzten über dem vielfarbigen Boden – er war rot an einigen Stellen, an anderen weiß und um die Quelle herum gelb. Am Hügel gegenüber zogen sich die Felsen quer zu den Terrassen bis zum Gipfel.

Der Bauer stieg von seinem weißen Esel und näherte sich der Quelle, die in einer gegrabenen Vertiefung entsprang. An einer Seite ging ein Rohr ab; ein dünner Wasserfaden tröpfelte heraus.

Ich schaute mir den Mann genauer an. Weder seine *qumbaz*, seine weiten Hosen, noch was er sonst anhatte, interessierte mich besonders. Die Gummistiefel zogen mich an. Sie waren unterschiedlich hoch: der rechte ging bis zum Knie, der linke kaum bis zum Knöchel.

Dem alten Mann – er war fast achtzig – war egal, wie er aussah. Er stieg zum Wasserloch hinab, um einen Plastikkanister zu füllen, während der Esel aus einer Steintränke, *dschurun*, außerhalb der Vertiefung trank.

Ich wurde abgelenkt. Das Bild der Olivenfelder unter der im Westen strahlenden Venus, der Anblick der Steinterrassen im Mondlicht, das war einfach überwältigend. Die frische Abendbrise und das Aroma von Tabun-Feuer, vermischt mit dem Duft grüner Oliven und unserer trockenen Erde, begeisterten mich. Als ich wieder auf den alten Mann achtete, hatte er den *dschurun*, den Trog, aus dem der Esel getrunken hatte, gewissenhaft aufgefüllt. Er ging zum Esel und prüfte den Sattel. Da hörte ich die Worte eines Volkslieds, das er vor sich hin sang:

> *Ba kate asbuq li farh ed-dib wisch-schib*
> *Wa anham ala duhur el-hel wa aschib*
> *Daani el-jom dai el-kabar wisch-schib*
> *Wa ahwadschni li akkaz el-asa.*

> *Früher lief ich jungen Wölfen nach und alten.*
> *Auf Pferderücken stieg ich hoch und sprang.*
> *Jetzt hat das Alter mich gerufen und das weiße Haar.*
> *Und zum Gehen brauch' ich einen Stock.*

Er stieg wieder auf seinen Esel, und zwischen den Olivenbäumen ritt er weiter Richtung Kofr Ein.

Im Schatten der *intifada* geht das Leben weiter ...

Gernot Rotter

ALLAHS PLAGIATOR

Die publizistischen Raubzüge
des »Nahostexperten«
Gerhard Konzelmann

180 Seiten · DM 26,80 · ISBN 3-9802298-4-X

PALMYRA

Verena Klemm
Karin Hörner (Hrsg.)

DAS SCHWERT DES »EXPERTEN«

Peter Scholl-Latours verzerrtes Araber- und Islambild

Vorwort von
Heinz Halm

Mit Beiträgen von:
Arnold Hottinger
Gernot Rotter
Petra Kappert
Sabine Kebir
Karin Hörner
Marc Thörner
Dorothee Bölke
Anis Hamadeh
Daniel Schwarz
Georg Auernheimer
Anne-Kathrin Reulecke

PALMYRA

Weitere Bücher zur arabischen Welt im
PALMYRA VERLAG

Georg Stein (Hrsg.)

Nachgedanken zum Golfkrieg

Vorwort von Robert Jungk

300 Seiten · 14 x 21 cm · Broschur · DM 29,80
ISBN 3-9802298-2-3

Die erste kritische Gesamtdarstellung über Hintergründe und Auswirkungen des Golfkrieges. Mit Beiträgen von Johan Galtung, Horst-Eberhard Richter, Margarete Mitscherlich u.a.

Huda Al-Hilali

Von Bagdad nach Basra
Geschichten aus dem Irak

Vorwort von Freimut Duve

190 Seiten · 12,5 x 18,5 cm · Gebunden · DM 29,80
ISBN 3-9802298-3-1

Die Geschichten von Huda Al-Hilali sind ein wichtiger Beitrag zur Annäherung an die Menschen im Irak, an ihre Kultur und Tradition. Sie vermitteln aber auch ein besseres Verständnis für die arabische Welt insgesamt.